高职高专"十三五"规划教材

基础会计在实际业务中的应用

JICHU KUAIJI ZAI SHIJI YEWU ZHONG DE YINGYONG

主编 ● 耿聪慧

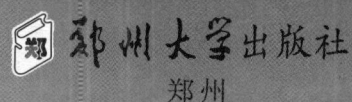
郑州大学出版社
郑州

图书在版编目(CIP)数据

基础会计在实际业务中的应用/耿聪慧主编. —郑州:郑州大学出版社,2017.8
ISBN 978-7-5645-4544-4

Ⅰ.①基… Ⅱ.①耿… Ⅲ.①会计学-高等学校-教材 Ⅳ.①F230

中国版本图书馆 CIP 数据核字(2017)第 151862 号

郑州大学出版社出版发行
郑州市大学路 40 号　　　　　　　　　邮政编码:450052
出版人:张功员　　　　　　　　　　　发行部电话:0371-66966070
全国新华书店经销
郑州市诚丰印刷有限公司印制
开本:787 mm×1 092 mm　1/16
印张:17
字数:392 千字
版次:2017 年 8 月第 1 版　　　　　　印次:2017 年 8 月第 1 次印刷

书号:ISBN 978-7-5645-4544-4　　　　定价:32.00 元
本书如有印装质量问题,请向本社调换

作者名单

主　编　耿聪慧
副主编　张　春　王金鑫
编　委（以姓氏笔画为序）
　　　　　王金鑫　刘军丽　张　春
　　　　　周丽媛　耿聪慧　郭　静

前言 PREFACE

基础会计课程的教学特点主要有两个：一是会计学的入门性，二是核算方法具体操作的技巧性。作为"入门性"，需要通过大量的概念建立来进行引导；作为"技巧性"，需要通过大量的具体操作来加以运用。

为了提高学生分析问题、解决问题的能力以及应试能力，从而准确地把握基础会计课程的全部内容，本书囊括要点精讲和思考练习两大模块，并配有基础会计实训，这种教、学、练合一的教学模式，有助于学生在学习过程中准确理解和掌握会计的基本理论和操作技能，也有助于学生实际工作能力的培养和职业习惯的养成，还有助于进一步锻炼和提高学生分析问题和解决问题的综合职业能力。全书共设计了十一个项目，包括总论、会计要素与会计等式、会计科目与账户、复式记账、工业企业主要经济业务的核算、会计凭证、会计账簿、财产清查、账务处理程序、财务报表和基础会计实训。

本书由郑州财税金融职业学院的耿聪慧、张春、王金鑫、刘军丽、周丽媛和郭静负责编写工作。具体分工如下：耿聪慧担任主编，负责项目一、项目二和项目三的编写；张春担任副主编，负责项目四和项目五的编写；王金鑫担任副主编，负责项目八和项目九的编写；刘军丽负责项目十和项目十一的编写；周丽媛负责项目六的编写；郭静负责项目七的编写。

编者在编写过程中参考了大量的文献和著作，在此向这些著作的作者深表谢意。由于编写时间紧迫，加之编者学识水平有限，书中难免有不当、不足之处，恳请读者和同仁批评指正，以便日后修改和完善。

编者

2017 年 5 月

目录 CONTENTS

项目一 总论 ··· 1
  任务一　认识会计 ·· 1
  任务二　会计假设与会计基础 ··· 7
  任务三　会计信息使用者及其质量要求 ·································· 14
  任务四　会计方法 ··· 19

项目二 会计要素与会计等式 ··· 22
  任务一　会计要素 ··· 22
  任务二　会计等式 ··· 31

项目三 会计科目与账户 ··· 38
  任务一　会计科目 ··· 38
  任务二　会计账户 ··· 45

项目四 复式记账 ··· 52
  任务一　会计记账方法概述 ··· 52
  任务二　借贷记账法 ·· 54

项目五 工业企业主要经济业务的核算 ································· 66
  任务一　工业企业主要经济业务概述 ····································· 66
  任务二　筹集资金业务的核算 ··· 66
  任务三　采购业务的核算 ··· 75
  任务四　生产业务的核算 ··· 83
  任务五　销售业务核算 ·· 90
  任务六　利润形成与分配业务核算 ·· 97

项目六 会计凭证 ··· 105
  任务一　会计凭证概述 ·· 105

    任务二　原始凭证 ·· 108
    任务三　记账凭证 ·· 116
    任务四　会计凭证的传递与保管 ·· 132

项目七　会计账簿 137
    任务一　会计账簿概述 ·· 137
    任务二　会计账簿的设置与登记 ·· 142
    任务三　对　账 ·· 150
    任务四　结　账 ·· 155
    任务五　错账查找与更正方法 ·· 158
    任务六　会计账簿的更换与保管 ·· 165

项目八　财产清查 168
    任务一　财产清查概述 ·· 168
    任务二　财产清查的方法 ·· 173
    任务三　财产清查结果的账务处理 ··· 177

项目九　账务处理程序 188
    任务一　账务处理程序概述 ··· 188
    任务二　记账凭证账务处理程序 ·· 191
    任务三　汇总记账凭证账务处理程序 ····································· 195
    任务四　科目汇总表账务处理程序 ··· 200

项目十　财务报表 206
    任务一　财务报表概述 ·· 206
    任务二　资产负债表 ··· 209
    任务三　利润表 ·· 216
    任务四　现金流量表 ··· 224

项目十一　基础会计实训 231

参考答案 ··· 238

项目一 总论

任务一 认识会计

培养目标

1. 了解会计的含义、会计的产生发展史；
2. 理解会计的基本特征、会计的目标以及会计的作用；
3. 掌握会计的基本职能、会计对象以及工业企业资金运动过程。

要点精讲

一、会计的产生和发展

（一）会计是生产活动发展到一定阶段的产物

原始社会：结绳记事、刻木记事。

（二）会计发展史

会计学家一般将会计的历史分为古代会计、近代会计、现代会计三个阶段。

1. 古代会计阶段

（1）周朝：《周礼》中最早出现"会计"二字。每月的零星计算称为"计"，年终的总合计算称为"会"。

（2）宋代：出现了"四柱清册"，"四柱"是指"旧管""新收""开除""实在"，其含义分别相当于"期初余额""本期收入""本期支出""期末余额"，四柱之间的平衡关系为："旧管+新收=开除+实在"。

（3）明末清初："龙门账"出现，把全部账目划分为"进""缴""存""该"四大类。"进"指全部收入、"缴"指全部支出、"存"指全部资产（包括债权）、"该"指全部负债（包括业主投资）。四者关系为"进−缴=存−该"或"进+该=存+缴"。

2. 近代会计阶段

1494年意大利数学家、会计学家卢卡·帕乔利所著《算术、几何、比及比例概要》一书中总结介绍了复式记账法,标志着近代会计的形成。

3. 现代会计阶段

形成了财务会计和管理会计两大分支。

二、会计的含义

会计是以货币为主要计量单位,采用一系列专门的方法对企事业、机关单位或其他组织的经济活动进行连续、系统、全面、综合的核算和监督的一项经济管理活动,它也是一项经济管理工作。

三、会计的基本特征

(一)会计以货币为主要计量单位

会计是以货币为主要计量单位或者统一计量单位,但并非唯一计量单位,还辅以实物量度和劳动量度。

(二)会计采用一系列专门的方法

会计方法一般包括会计核算方法、会计分析方法、会计检查方法、会计预测方法、会计决策方法等。会计核算方法是基础会计学习的重点。

(三)会计所反映的数据资料具有连续性、系统性、综合性和完整性

会计必须按顺序对企业已发生或完成的各项经济活动进行不间断的记录和计算,通过分类、汇总和加工整理,得出综合性的指标。

(四)会计的核算职能与监督职能相结合

(五)会计是一种经济管理活动

【例题1·多选题】 下列关于会计的表述中,正确的有( )。

A. 会计的职能是指会计在经济管理过程中所具有的功能

B. 会计采用一系列专门方法

C. 会计是一种经济管理活动

D. 会计是以货币为主要计量单位

【答案】 ABCD

【解析】 本题考核会计的基本特征。

四、会计职能

会计职能就是会计是用来做什么的。会计具有核算和监督两项基本职能和预测经济前景、参与经济决策、评价经营业绩等拓展职能。

（一）基本职能

会计的基本职能包括核算职能和监督职能。

1. 会计的核算职能（反映职能）（首要职能）

核算职能是指会计通过确认、计量、记录、报告，从数量上反映各个经济实体已经发生或完成的经济活动，为经营管理提供经济信息的功能。

【例题2·单选题】（　　）是会计核算的主要环节。

A. 确认、计量、记录和报告

B. 填制会计凭证和登记账簿

C. 计划、监督和分析

D. 记账、算账、报账

【答案】 A

【解析】 会计核算的主要环节包括确认、计量、记录和报告。

2. 会计的监督职能（检查职能）（控制职能）

监督职能是指利用专门的方法，对经济活动进行监督，督促经济活动按照规定的要求进行，以达到预期目标。会计监督包括事前监督、事中监督和事后监督的全过程的监督。

3. 会计核算职能与监督职能的关系

会计的核算职能和监督职能关系密切，两者相辅相成。核算职能是监督职能的基础，而监督职能是会计核算职能质量的保证。

（二）扩展职能

1. 预测经济前景　2. 参与经济决策　3. 评价经营业绩

【例题3·多选题】 下列关于会计职能关系表述正确的是（　　）。

A. 会计核算职能是会计的首要职能

B. 会计监督是会计核算职能的基础

C. 会计拓展职能只包括预测经济前景

D. 会计监督是会计核算的保证

【答案】 AD

【解析】 会计核算是会计监督的基础。会计拓展职能包括预测经济前景、参与经济决策、评价经营业绩。

五、会计对象

会计对象就是会计所要核算和监督的内容，即会计工作的客体。从宏观上来说，会计对象就是社会再生产过程中的资金运动；从微观上来说，会计对象就是一个单位能够用货币表现的经济活动。

【例题4·单选题】 下列各项中，不属于会计对象的是（　　）。

A. 会计核算和监督的内容
B. 资金运动或价值运动
C. 社会再生产过程中的经济活动
D. 社会再生产过程中能以货币表现的经济活动

【答案】 C

【解析】 会计对象就是会计所要核算和监督的内容,即会计工作的客体。从宏观上来说,会计对象就是社会再生产过程中的资金运动;从微观上来说,会计对象就是一个单位能够用货币表现的经济活动。显然,C选项是错误的。

资金运动 $\begin{cases} ①资金投入 \\ ②资金的循环与周转(供应、生产、销售) \\ ③资金退出 \end{cases}$

【例题5·单选题】 资金投入企业是资金运动的起点,主要包括(　　)。
A. 对外销售产品
B. 向所有者分配利润
C. 购置固定资产
D. 接受投资

【答案】 D

【解析】 选项AC属于资金的运用,选项B属于资金的退出。

【例题6·判断题】 企业资金退出包括偿还债务、支付材料货款、缴纳所得税。(　　)

【答案】 ×

【解析】 支付材料货款,是由货币资金变为了生产储备资金,属于资金的循环与周转。

六、会计的目标

(一)根本目标

实现企业的经营目标。

(二)具体目标

第一层次是向财务会计报告使用者提供对决策有用的会计信息;第二层次是反映企业管理层受托责任的履行情况。

七、会计作用

会计作用是向内部和外部信息使用者提供信息。

从我国目前的会计实践工作来看,会计的作用主要有以下四点:①为国家进行宏观调控、制定经济决策提供信息;②加强经济核算,为企业经营管理者提供经营数据;③保证企业投入资产的安全和完整;④为投资者、债权人等提供会计报告,以便其进行正确的投资、信贷决策等。

思考练习

一、单项选择题

1. 会计作为经济管理的一种活动,主要采用(　　)为计量单位。
   A. 实物　　　　　　　　　　　B. 货币
   C. 劳动　　　　　　　　　　　D. 时间
2. 会计核算和监督的内容是(　　)。
   A. 人力、物力、财力　　　　　B. 商品货币
   C. 经济业务　　　　　　　　　D. 财产物资
3. 会计是(　　)的组成部分。
   A. 经营活动　　　　　　　　　B. 经济管理
   C. 核算和监督　　　　　　　　D. 社会再生产
4. 会计是对经济业务进行核算和监督的一种(　　)的活动。
   A. 经济管理　　　　　　　　　B. 计量、记录
   C. 分析、检查　　　　　　　　D. 复式记账
5. 会计人员在进行会计核算的同时,对特定主体经济活动的合法性、合理性进行审查称为(　　)。
   A. 会计预测职能　　　　　　　B. 会计核算职能
   C. 会计监督职能　　　　　　　D. 会计分析职能
6. 会计最基础的工作是(　　)。
   A. 核算　　　　　　　　　　　B. 记账
   C. 监督　　　　　　　　　　　D. 算账
7. 下列不属于会计核算的环节的是(　　)。
   A. 确认　　　　　　　　　　　B. 计量
   C. 报告　　　　　　　　　　　D. 分析
8. 下列各项中,(　　)不属于企业资金循环和周转环节。
   A. 供应过程　　　　　　　　　B. 生产过程
   C. 销售过程　　　　　　　　　D. 分配过程
9. 在会计职能中,属于监督职能的是(　　)。
   A. 实施会计事中监督　　　　　B. 预测经济前景
   C. 参与经济决策　　　　　　　D. 评价经营业绩
10. 会计是对特定单位的经济活动进行确认、计量和(　　),实施监督,通过所提供的会计资料参与预测、决策和评价。

A. 计算 B. 分析
C. 记账 D. 报告

二、多项选择题

1. 会计随着人类社会生产的发展和经济管理的需要而产生、发展并不断得到完善，其中，会计的发展可划分为（　　）阶段。
   A. 古代会计 B. 近代会计
   C. 现代会计 D. 未来会计

2. 下列关于会计的表述中，正确的有（　　）。
   A. 会计是一种经济管理活动
   B. 会计的基本职能是对经济活动进行核算和监督
   C. 会计的主要计量单位是货币
   D. 会计也是一项经济管理工作

3. 会计核算的内容是指特定主体的资金活动，包括（　　）等阶段。
   A. 资金的投入 B. 资金的循环与周转
   C. 资金的储存 D. 资金的退出

4. 下列属于资金的运用的是（　　）。
   A. 偿还债务 B. 购买原材料
   C. 支付生产工人的工资 D. 收回货款

5. 下列各项活动中，属于企业资金退出的有（　　）。
   A. 偿还各种债务 B. 缴纳各种税费
   C. 发放工资薪金 D. 向所有者分配利润

6. 下列各项中，属于会计职能的有（　　）。
   A. 预测经济前景 B. 参与经济决策
   C. 评价经营业绩 D. 实施会计监督

7. 以下属于会计核算具体内容的是（　　）。
   A. 债权、债务的发生和结算 B. 资本的增减
   C. 签订购销合同 D. 制定财务计划

8. 资金进入企业是资金运动的起点，主要包括（　　）。
   A. 取得借款 B. 向所有者分配利润
   C. 购置固定资产 D. 接受投资

9. 下列关于会计核算和会计监督之间关系的说法中，正确的有（　　）。
   A. 会计核算是会计监督的基础
   B. 会计监督是会计核算的保障
   C. 两者之间存在着相辅相成、辩证统一的关系
   D. 会计监督是会计核算的前提和基础，会计监督是对会计核算的实现

10. 在财产所有权与管理权相分离的情况下，会计的具体目标是（　　）。
    A. 向财务报告使用者提供决策有用的会计信息
    B. 核算和监督特定主体的经济活动

C. 反映企业管理层受托责任履行情况
D. 实现企业的经营目标

三、判断题

1. 会计既是一个信息系统，又是一个管理决策系统。（ ）
2. 会计核算必须而且只能采取价值的形式。（ ）
3. 会计核算和监督两项基本会计职能是相辅相成、辩证统一的关系，会计核算是会计监督的基础，没有核算所提供的各种信息，监督就失去了依据。（ ）
4. 资金的退出指的是资金离开本企业，退出资金的循环与周转，主要包括偿还各项债务，上缴各项税费以及向所有者分配利润等。（ ）
5. 企业资金投入包括偿还债务、支付工资薪金、缴纳所得税。（ ）
6. 会计是以货币为唯一计量单位，核算和监督一个单位经济活动的一种经济管理工作。（ ）
7. 会计能核算企业所有的经济活动。（ ）
8. 资金周转就是从货币资金开始，依次转化为储备资金、生产资金、产品资金，最终又回到货币资金的过程，资金周而复始的周转称为资金的循环。（ ）
9. 预测经济前景、参与经济决策、评价经营业绩是会计的基本职能。（ ）
10. 会计事中监督是指对正在进行中的经济活动进行监督，以纠正活动过程中的失误和偏差，使经济活动按预定的目标进行。（ ）

任务二　会计假设与会计基础

培养目标

1. 掌握会计假设含义及其应用；
2. 理解会计两个核算基础的含义；
3. 掌握不同会计核算基础对计算收入、费用产生的影响。

要点精讲

一、会计假设

（一）会计主体

会计主体是会计工作为其服务的特定单位或组织。也就是说，会计核算是反映一个特定企业的经济业务，只记本主体的账。其核算的范围既不包括企业所有者本人，也不包括其他企业的经济活动。会计主体假设明确了会计工作的空间范围。

法律主体必然是会计主体(任何一个法人都要按规定开展会计核算);但会计主体不一定是法律主体(如企业集团、内部销售部门和生产车间均可以作为一个会计主体来核算,但它们不是法人。)。即会计主体可以是法人也可以是非法人。

【例题1·判断题】 会计主体所核算的生产经营活动也包括其他企业或投资者个人的生产经营活动。(　　)

【答案】 ×

【解析】 会计主体所核算的生产经营活动是不包括其他企业或投资者个人的生产经营活动。

【例题2·多选题】 关于会计主体说法不正确的是(　　)。

A. 子公司、分公司既是会计主体又是法律主体

B. 可以是一个企业,也可以是企业内部的某一个单位

C. 可以是单一的企业,也可以是由几个企业组成的企业集团

D. 当企业与业主有经济往来时,应将企业与业主作为同一个会计主体处理

【答案】 AD

【解析】 分公司是会计主体,但不是法律主体。所以A选项错误。企业只核算本企业的经济业务,不能将企业与业主作为同一个会计主体来处理。所以D选项错误。

(二)持续经营

持续经营是指会计主体的生产经营活动将无限期延续下去,在可以预见的未来不会因破产、清算、解散等原因而不复存在。持续经营假设明确了会计工作的时间范围。

(三)会计分期

会计分期是指把企业持续不断的生产经营活动期间划分为若干连续、长短相同的期间。会计期间分为会计年度和会计中期。我国以公历年度作为会计年度,即从公历的1月1日至12月31日为一个会计年度。短于一个完整会计年度的报告期间称为会计中期,会计中期包括半年度、季度和月度。

【例题3·判断题】 由于有了持续经营这个会计核算的基本假设,才产生了当期与其他期间的区别,从而出现了权责发生制与收付实现制的区别。(　　)

【答案】 ×

【解析】 有了会计分期,才产生了本期与非本期的区别,才产生了收付实现制和权责发生制,进而出现了应收、应付、折旧、摊销等会计处理方法。

(四)货币计量

货币计量是指会计主体在会计核算过程中应采用货币作为主要计量单位,记录、反映会计主体的经营情况。我国企业会计核算以人民币为记账本位币。业务收支以人民币以外的其他货币为主的企业,也可以选定该种货币作为记账本位币,但编制的会计报表应当折算为人民币反映。

【例题4·单选题】 会计主要的计量单位是(　　)。

A. 货币

B. 劳动量

C. 实物
D. 人民币

【答案】 A

【解析】 会计是以货币作为主要计量单位的。我国的会计核算应以人民币作为记账本位币。

二、会计基础

(一) 收付实现制

亦称现金制。是以款项是否实际收到或付出作为确定本期收入和费用的标准。

无论收入的权利和支出的义务归属于哪一期,只要款项的收付在本期,就应确认为本期的收入和费用。

(二) 权责发生制

亦称应计制,以收入的权利和支出的义务是否归属于本期来确认收入和费用。

凡是属于本期实现的收入和发生的费用,不论款项是否实际收到或实际付出,都应作为本期的收入和费用入账;凡是不属于本期的收入和费用,即使款项在本期收到或付出,也不作为本期的收入和费用处理。

【例题5·单选题】 下列会计处理方法中,符合权责发生制基础的是( )。
A. 销售产品的收入只有在收到款项时才予以确认
B. 产品已销售,货款未收到也应确认收入
C. 厂房租金只有在支付时计入当期费用
D. 职工薪酬只能在支付给职工时计入当期费用

【答案】 B

【解析】 ACD 选项符合收付实现制。

【例题6·业务题】 某企业1月份发生下表所示经济业务:

	举例	权责发生制		收付实现制	
		收入	费用	收入	费用
1	本月预收下月销货款5 000元	0		5 000	
2	本月预付全年的水电费2 400元		200		2 400
3	本月销售货物8 000元,实际收到货款5 000元,余款下月收到	8 000		5 000	
4	本月购入办公用品1 000元,款项尚未支付		1 000		0

【解析】

(一) 权责发生制下

1. 本月预收下月销货款5 000元,不作为本月的收入,收入为0元。

2. 本月预付全年的水电费 2 400 元,本月确认的费用 = 2 400/12 = 200 元。

3. 本月销售货物 8 000 元,实际收到货款 5 000 元,余款下月收到。权责发生制下,不管款项是否收到,销售货物为 8 000 元,所以确认收入为 8 000 元。

4. 本月购入办公用品 1 000 元,款项尚未支付。我们一般认为办公用品随买随用,即使款项尚未支付,也确认为本月的费用,确认为 1 000 元。

(二)收付实现制下

1. 本月预收下月销货款 5 000 元,本月实际收到款项应确认为本月的收入,收入为 5 000 元。

2. 本月预付全年的水电费 2 400 元,本月实际付出款项应确认为本月的费用,费用为 2 400 元。

3. 本月销售货物 8 000 元,实际收到货款 5 000 元,余款下月收到。收付实现制下,实际收到款项应确认为本月的收入,故确认收入为 5 000 元。

4. 本月购入办公用品 1 000 元,款项尚未支付。收付实现制下,本月并未实际付出款项,故费用为 0 元。

思考练习

一、单项选择题

1. 界定从事会计工作和提供会计信息的空间范围的会计基本前提是( )。
   A. 会计职能　　　　　　　　B. 会计主体
   C. 会计内容　　　　　　　　D. 会计对象

2. 乙企业是甲企业的全资子公司,下列各项不属于甲企业核算范围的是( )。
   A. 甲企业购买原材料　　　　B. 甲企业向乙企业投资
   C. 乙企业购买原材料　　　　D. 甲企业从乙企业取得分红

3. 形成权责发生制和收付实现制不同的记账基础,进而出现应收、应付、预收、预付、折旧、摊销等会计处理方法所依据的会计基本假设是( )。
   A. 货币计量　　　　　　　　B. 会计年度
   C. 持续经营　　　　　　　　D. 会计分期

4. 在中国境内设立的中国企业向国内报送的财务会计报告,应当以( )反映。
   A. 所在国货币　　　　　　　B. 人民币
   C. 所在国货币或人民币二者选一　D. 所在国货币和人民币二者同时

5. 企业会计的确认、计量和报告应当以( )为基础。
   A. 会计主体　　　　　　　　B. 权责发生制
   C. 复式记账　　　　　　　　D. 收付实现制

6. 某企业 2016 年 12 月份销售商品收到货款 1 000 万元,已售出商品未收到的货款 400 万元,则该企业 12 月份商品销售收入为( )万元。

A.1 000   B.1 300
C.1 400   D.1 700

7. 某企业本月发生以下经济业务：①销售A商品售价6万元，款已收到；②本月共发生电费5万元，款未付；③现金购买2 000元办公用品；④销售B商品售价8万元，款未收。⑤支付上月的水电费5.5万元。不考虑其他因素，按照权责发生制计算本月利润为（　　）。

A.83 000   B.33 000
C.3 000   D.88 000

8. 某企业2016年12月份发生下列支出：(1)年初支付本年度保险费2 400元，本月摊销200元；(2)支付下年第一季度房屋租金3 000元；(3)支付本月办公开支800元，按照权责发生制要求，本月费用为（　　）元。

A.1 000   B.800
C.3 200   D.3 000

9. 会计分期假设是对（　　）假设的延续。

A.会计主体   B.持续经营
C.货币计量   D.会计分期

10. 确认本月使用办公用楼租金100万元，用银行存款支付10万元，剩余90万元未付。按照权责发生制和收付实现制分别确认的费用为（　　）万元。

A.10、100   B.10、0
C.10、90   D.100、10

二、多项选择题

1. 下列属于会计主体假设的意义的是（　　）。

A.明确了会计确认、计量和报告的空间范围
B.产生了本期与其他期间的区别
C.为会计核算确定了时间范围
D.能够正确地反映一个经济实体所拥有的经济资源及所承担的义务

2. 会计分期这一基本假设的主要意义在于（　　）。

A.使会计原则建立在非清算基础之上
B.产生了当期与以前期间、以后期间的差别
C.界定了提供会计信息的时间和空间范围
D.为分期结算账簿、编制财务报告以及相关会计原则的使用奠定了理论与实务的基础

3. 下列项目中，可以作为一个会计主体进行核算的有（　　）。

A.销售部门   B.分公司
C.母公司   D.企业集团

4. 根据我国《企业会计准则》的规定，会计期间分为（　　）。

A.月度   B.季度
C.半年度   D.年度

5. 会计中期包括( )。
A. 月度　　　　　　　　　　　B. 季度
C. 半年度　　　　　　　　　　D. 年度
6. 以收付实现制为核算基础,下列各项属于6月份收入或费用的是( )。
A. 6月份支付下期的房租
B. 6月份预收的款项
C. 6月份预付的款项
D. 6月份采购设备尚未支付的款项
7. 本月收到上月销售产品的货款存入银行,下列表述中,正确的有( )。
A. 收付实现制下,应当作为本月收入
B. 权责发生制下,不能作为本月收入
C. 收付实现制下,不能作为本月收入
D. 权责发生制下,应当作为本月收入
8. 以权责发生制为核算基础,下列各项不属于本期收入或费用的是( )。
A. 本期支付下期的房屋租金　　　B. 本期预收的货款
C. 本期支付上期的房屋租金　　　D. 本期售出商品但尚未收到货款
9. 关于货币计量,下列说法正确的有( )。
A. 在境外设立的中国企业向国内报送的财务报告,应当折算为人民币
B. 业务收支以外币为主的单位可以选择某种外币作为记账本位币
C. 会计核算过程中采用货币为主要计量单位
D. 我国企业的会计核算只能以人民币作为记账本位币
10. 下列属于会计假设的是( )。
A. 会计主体　　　　　　　　　B. 持续经营
C. 会计分期　　　　　　　　　D. 货币计量

三、判断题

1. 会计主体是指会计确认、计量、记录和报告的空间范围,即界定了从事会计工作和提供会计信息的空间范围。 (   )
2. 法人一般都是会计主体,但会计主体不一定是法人。 (   )
3. 会计中期,是指短于一个完整的会计年度的报告期间,一般指半年度。 (   )
4. 由于有了持续经营这个会计核算的基本前提,才产生了本期与非本期的区别,从而出现了权责发生制与收付实现制。 (   )
5. 权责发生制基本要求,企业应当在收入已经实现或费用已经发生时就进行确认,而不必等到实际收到或支付现金时才确认。 (   )
6. 甲企业2016年9月售出一批商品给乙企业,合同规定乙企业应于当年12月支付汇款。乙企业信誉良好,甲企业确认该批商品销售收入的时间应为当年9月份。(   )
7. 权责发生制基础下,企业本期付出的现金或银行存款一定与本期费用相关。(   )
8. 根据权责发生制,凡是不属于当期的收入和费用,即使款项在当期收付,也不作为当期的收入和费用。 (   )

9. 持续经营是指企业能持续经营下去，因而它仅仅是种假设，缺乏客观存在的基础。

（　　）

10. 会计主体就是法律主体。（　　）

四、实务操作题

兴旺公司2016年第二季度发生下列经济业务：

1. 4月销售一批商品给繁盛公司，价值10万元，商品已经发出，款项于4月收到并存入银行。

2. 4月预收伊顿公司20万元货款，5月发货，货物价值60万元，6月收回余款40万元。

3. 4、5、6月对镇远公司各月的销售收入均为30万元，上述款项于6月一次性收回并存入银行。

4. 4、5、6月各计提短期借款利息10万元，6月30日，银行一次性从公司账户转走第二季度利息共计30万元，并通知公司。

5. 6月末，预付下半年房租60万元。

6. 6月用银行存款支付本月水电费20万元。

要求：根据以上资料回答下列问题：

1. 以权责发生制为记账基础，该公司4月的收入和费用分别为（　　）万元。
   A. 60、10 B. 40、10
   C. 30、30 D. 40、30

2. 以收付实现制为记账基础，该公司4月的收入和费用分别为（　　）万元。
   A. 30、10 B. 60、0
   C. 60、30 D. 30、0

3. 以权责发生制为记账基础，该公司5月的收入应为（　　）万元。
   A. 90 B. 60
   C. 70 D. 3

4. 以收付实现制为记账基础，该公司6月的收入和费用分别为（　　）万元。
   A. 130、110 B. 70、90
   C. 130、90 D. 70、110

5. 以权责发生制为记账基础，该公司6月的收入应为（　　）万元。
   A. 70 B. 10
   C. 90 D. 30

任务三　会计信息使用者及其质量要求

培养目标

1. 理解会计信息使用者分类以及信息需求；
2. 理解并掌握八条会计信息质量要求。

要点精讲

一、会计信息使用者

包括内部信息使用者和外部信息使用者。

(一) 内部信息使用者

内部管理者。

(二) 外部信息使用者

政府、投资者、债权人、供应商、客户等。

【例题1·多选题】　下列属于会计信息使用者的是(　　)。

A. 股东

B. 债权人

C. 政府与有关部门

D. 供应商

【答案】　ABCD

【解析】　会计信息使用者包括企业管理者、投资者、债权人、政府及相关部门、供应商、客户等。

二、会计信息质量要求

(一) 可靠性

也称客观性、真实性，是对会计信息质量的一项基本要求。可靠性要求会计核算的各个阶段，都力求真实可靠、内容完整，必须以实际发生的经济活动及表明经济业务发生的合法凭证为依据。

(二) 相关性

也称有用性。它也是会计信息质量的一项基本要求，信息要成为有用的，就必须与使用者的决策需要相关。

【例题2·判断题】 相关性要求会计核算的各个阶段,都力求真实可靠、内容完整,必须以实际发生的经济活动及表明经济业务发生的合法凭证为依据。( )

【答案】 ×

【解析】 可靠性要求会计核算的各个阶段,都力求真实可靠、内容完整,必须以实际发生的经济活动及表明经济业务发生的合法凭证为依据。

(三)可理解性

也称明晰性。要求企业提供的会计信息应当清晰明了,便于财务报告使用者理解和使用。

(四)可比性

同一企业不同时期发生的相同或者相似的交易或者事项,应当采用一致的会计政策,不得随意变更,确需变更的,应当在附注中说明;不同企业发生的相同或者相似的交易或者事项,应当采用规定的会计政策,确保会计信息口径一致、相互可比。

【例题3·判断题】 可比性要求企业采用的会计处理方法和程序前后各期应当一致,不得变更。( )

【答案】 ×

【解析】 可比性要求同一企业采用的会计处理方法和程序前后各期应当一致,不得随意变更(不是不得变更)。

(五)实质重于形式

企业应当按照交易或者事项的经济实质进行会计确认、计量和报告,不仅仅以交易或者事项的法律形式为依据。对于融资租入固定资产应当视同自有固定资产来处理。

(六)重要性

是指企业提供的会计信息应当反映与企业财务状况、经营成果和现金流量等有关的所有重要交易或者事项。重要的经济业务:独立核算、分项反映;不重要的经济业务:简化核算、合并反映。

(七)谨慎性

又称稳健性,企业对交易或者事项进行会计确认、计量和报告应当保持应有的谨慎,不应高估资产或者收益、低估负债或者费用。

【例题4·多选题】 谨慎性要求会计人员在选择会计处理方法时( )。

A. 不高估资产和收益

B. 不低估负债和费用

C. 高估资产和收益、低估资产和收益

D. 设置秘密准备

【答案】 AB

【解析】 谨慎性要求企业不应高估资产或者收益、低估负债或者费用。谨慎性的应用并不允许企业设置秘密准备。

(八)及时性

及时性要求企业对于已经发生的交易或者事项,应当及时进行会计确认、计量和报告,不得提前或者延后。

【例题5·单选题】 下列符合会计信息质量基本要求的有( )。

A. 企业提供的会计信息应当清晰明了,便于理解

B. 对于相似的交易或事项,不同企业应当采用一致的会计政策

C. 会计信息根据交易或事项的经济实质和法律形式进行确认、计量和报告

D. 企业可以通过设置秘密准备来规避估计到的各种风险和损失

【答案】 A

【解析】 对于相似的交易或事项,不同企业应当采用规定的会计政策。会计信息根据交易或事项的经济实质重于法律形式进行确认、计量和报告。企业不可以设置秘密准备。

思考练习

一、单项选择题

1. ( )是企业内部主要的会计信息使用者。
   A. 企业管理者　　　　　　　B. 企业职工
   C. 债权人　　　　　　　　　D. 政府部门

2. 在遵循会计核算的基本原则,评价某些项目的( )时,很大程度上取决于会计人员的职业判断。
   A. 真实性　　　　　　　　　B. 完整性
   C. 重要性　　　　　　　　　D. 可比性

3. 企业任意设置各种秘密准备属于( )。
   A. 执行配比原则　　　　　　B. 执行谨慎性原则
   C. 执行可比原则　　　　　　D. 滥用谨慎性原则

4. 下列关于谨慎性原则运用正确的是( )。
   A. 计提秘密准备金
   B. 高估资产或收益
   C. 对可能发生的各项资产损失,按规定计提资产减值准备
   D. 少计负债或费用

5. 企业将融资固定资产按自有固定资产的折旧方法对其计提折旧,遵循的是( )要求。
   A. 谨慎性　　　　　　　　　B. 实质重于形式
   C. 可比性　　　　　　　　　D. 重要性

6. 下列说法中,能够保证同一企业会计信息前后各期可比的是( )。
   A. 为了提高会计信息质量,要求企业所提供的会计信息能够在同一会计期间不同企业之间进行相互比较

B. 存货的计价方法一经确定,不得随意改变,如需变更,应在财务报告中说明
C. 对于已经发生的交易或事项,应当及时进行会计确认、计量和报告
D. 对于已经发生的交易或事项进行会计确认、计量和报告时,不应高估资产或者收益、低估负债或者费用

7. 企业的会计核算方法前后各期应保持一致,不得随意变更,这体现的会计信息质量要求是( )。
   A. 可靠性   B. 重要性
   C. 可比性   D. 可理解性

8. 企业在进行会计核算时,要合理核算可能发生的费用和损失,不高估资产和收益,这体现了会计信息质量的( )要求。
   A. 可比性   B. 可靠性
   C. 谨慎性   D. 可理解性

9. 企业对于已经发生的交易或者事项,应当及时进行会计确认、计量和报告,不得提前或者延后。这个信息质量要求是( )。
   A. 可靠性   B. 及时性
   C. 可比性   D. 可理解性

10. 会计核算的各个阶段,都力求真实可靠、内容完整,必须以实际发生的经济活动及表明经济业务发生的合法凭证为依据。这个信息质量要求是( )。
    A. 可靠性   B. 谨慎性
    C. 可比性   D. 重要性

二、多项选择题

1. 企业的债权人包括( )。
   A. 银行   B. 债券购买者
   C. 非银行金融机构   D. 提供贷款的单位或个人

2. 我国新准则规定的会计信息质量要求包括( )。
   A. 可靠性   B. 相关性
   C. 重要性   D. 完整性

3. 谨慎性要求会计人员在选择会计处理方法时( )。
   A. 不高估资产和收益   B. 不低估负债和费用
   C. 高估资产和收益   D. 低估资产和收益

4. 下列属于会计信息质量要求的是( )。
   A. 货币计量   B. 谨慎性
   C. 可比性   D. 权责发生制

5. 以下核算体现了会计信息质量的谨慎性要求的有( )。
   A. 将融资租入资产视为承租企业自有资产核算
   B. 对应收账款计提坏账准备
   C. 对固定资产采用加速折旧法计提折旧
   D. 对库存商品等存货计提跌价准备

6. 下列符合重要性会计信息质量要求的有( )。

A. 是指企业提供的会计信息应当反映与企业财务状况、经营成果和现金流量等有关的所有重要交易或者事项

B. 重要的经济业务：独立核算、分项反映

C. 不重要的经济业务：简化核算、合并反映

D. 企业可以通过设置秘密准备来规避估计到的各种风险和损失

7. 下列属于可比性会计信息质量要求的是( )。

A. 同一企业在不同时期的纵向可比

B. 不同企业在同一时期的横向可比

C. 同一企业不同时期发生的相同或者相似的交易或者事项，应当采用一致的会计政策，不得随意变更，确需变更的，应当在附注中说明

D. 不同企业发生的相同或者相似的交易或者事项，应当采用规定的会计政策，确保会计信息口径一致、相互可比

8. 下列属于可理解性会计信息质量要求的是( )。

A. 同一企业在不同时期的可比

B. 企业可以通过设置秘密准备来规避估计到的各种风险和损失

C. 企业提供的会计信息应当清晰明了，便于理解

D. 会计信息是否被使用者所理解，也取决于使用者理解信息的能力

9. 下列说法符合可靠性会计信息质量要求的是( )。

A. 会计信息能够真实地反映企业经济活动的实际情况

B. 对应收账款计提坏账准备

C. 企业提供的会计信息应当清晰明了，便于理解

D. 保证会计信息的真实可靠、内容完整

10. 下列关于会计信息质量要求的表述中，正确的有( )。

A. 重要性是指企业提供的会计信息应当反映与企业财务状况、经营成果和现金流量等有关的所有重要交易或者事项

B. 企业会计政策不得随意变更体现了可比性会计信息质量要求

C. 及时性要求企业对于已经发生的交易或者事项，应当及时进行会计确认、计量和报告，不得提前或者延后

D. 企业可以通过设置秘密准备来规避估计到的各种风险和损失

三、判断题

1. 投资者、债权人、政府部门、企业管理者都属于企业的外部信息使用者。( )

2. 为了满足会计信息可比性要求，企业不得变更会计政策。( )

3. 企业为减少本年度亏损而调减资产减值准备金额，体现了会计信息质量的谨慎性要求。( )

4. 会计信息的相关性和可靠性是相对立的。( )

5. 会计核算上把以融资租赁方式租入的资产视为企业的自有资产进行核算和管理反映的会计信息质量要求是实质重于形式。( )

6. 谨慎性要求企业不仅要核算可能发生的收入,也要确认可能发生的费用和损失,以对未来的风险进行充分核算。( )

7. 可理解性要求企业提供的会计信息应当清晰明了,便于财务报告使用者理解和使用。( )

8. 可比性也是会计信息质量的一项重要要求,它包括两个方面的含义,即同一企业在不同时期的纵向可比,不同企业在同一时期的横向可比。( )

9. 对一项会计事项重要性的确认,在极大程度上取决于会计人员的职业判断。( )

10. 对应收项目计提坏账准备是谨慎性的体现。( )

任务四　会计方法

培养目标

1. 了解广义会计方法包括的内容;
2. 理解会计核算方法的内容以及之间的关系。

要点精讲

一、会计方法概述

会计方法是核算与监督会计对象、完成会计任务的手段。

广义的会计方法包括会计核算方法、会计分析方法、会计检查方法、会计预测方法、会计决策方法等。

狭义的会计方法通常就是指会计核算方法。

二、会计核算方法体系

(一) 设置会计科目与账户

(二) 复式记账

(三) 填制和审核会计凭证

(四) 登记账簿

(五) 成本计算

(六) 财产清查

(七) 编制财务会计报告

【例题 1·单选题】 下列各项中,属于会计核算方法的有( )。
A. 聘请注册会计师对报表进行审核
B. 制定计划
C. 成本预测
D. 财产清查
【答案】 D
【解析】 财产清查属于会计核算方法之一,其他三个选项都不属于会计核算方法。

三、会计核算方法的关系

会计核算的各种专门方法是相互联系、密切配合的,构成一个完整的方法体系。在会计核算的七个具体方法中,日常经济业务的核算起点是填制和审核会计凭证。经济业务发生后,首先要取得会计凭证,根据审核无误的会计凭证,按照规定的会计科目对经济业务进行分类核算,采用复式记账的方法在各种账簿中进行登记;对于生产经营过程中所发生的各项费用进行成本计算;对于账簿记录,要通过财产清查加以核实;在保证账实相符的基础上,根据账簿记录定期编制各种财务会计报告。

思考练习

一、单项选择题

1. 登记账簿属于( )
   A. 会计检查方法　　　　　　　B. 会计分析方法
   C. 会计核算方法　　　　　　　D. 会计决策方法
2. 下列不属于会计核算方法的是( )。
   A. 设置会计科目与账户　　　　B. 成本预测
   C. 登记账簿　　　　　　　　　D. 财产清查
3. ( )是指生产经营过程中发生的产品生产费用,按各种不同的成本计算对象进行归集和分配,进而计算产品的总成本和单位成本的一种专门方法。
   A. 成本计算　　　　　　　　　B. 财产清查
   C. 编制财务会计报告　　　　　D. 利润计算
4. ( )就是对每笔经济业务,都以相等的金额在相互关联的两个或两个以上有关账户中进行登记的一种专门方法。
   A. 复式记账　　　　　　　　　B. 财产清查
   C. 编制财务会计报告　　　　　D. 成本计算
5. ( )就是通过盘点实物、核对账目来查明各项财产物资、往来款项和货币资金的实有数,并查明实有数与账存数是否相符的一种专门方法。
   A. 复式记账   B. 财产清查
   C. 登记账簿   D. 成本计算

二、多项选择题

1. 下列各项中,(　　)运用了会计核算专门方法。
   A. 填制和审核会计凭证
   B. 登记现金和银行存款日记账
   C. 编制资产负债表
   D. 聘请注册会计师对报表进行审核

2. 从会计核算方法的具体内容看,包括设置会计科目和账户、复式记账、填制和审核会计凭证、(　　)等。
   A. 登记账簿   B. 成本计算
   C. 财产清查   D. 编制财务会计报告

3. 下列属于会计方法的有(　　)
   A. 会计检查方法   B. 会计分析方法
   C. 会计核算方法   D. 会计计算方法

三、判断题

1. 会计核算方法是一个完整的体系,不能打乱顺序,各种方法独立使用。(　　)
2. 会计方法包括:填制和审核会计凭证、设置会计科目与账户、复式记账、登记会计账簿、成本计算、财产清查、编制财务会计报告等,这几种方法各自都是独立的。(　　)
3. 广义的会计方法包括会计核算方法、会计分析方法、会计检查方法、会计预测方法、会计决策方法等。(　　)
4. 复式记账是会计核算方法。(　　)
5. 财产清查是会计检查方法。(　　)

项目二 会计要素与会计等式

任务一 会计要素

培养目标

1. 理解并掌握六大会计要素的含义与特征;
2. 掌握六大会计要素分类。

要点精讲

会计要素是对会计对象的基本分类,是会计对象的具体化。

会计要素的分类:资产、负债、所有者权益——反映财务状况会计要素、资产负债表要素(静态会计要素)

收入、费用、利润——反映经营成果会计要素、利润表要素(动态会计要素)

【例题1·多选题】 下列各项属于会计要素的是( )。

A. 收入

B. 利得

C. 利润

D. 未分配利润

【答案】 AC

【解析】 会计要素分为:资产、负债、所有者权益、收入、费用和利润,不包括利得和未分配利润。

一、资产

(一)资产及其特征

定义:资产是企业过去的交易或事项形成、由企业拥有或者控制的、预期会给企业带来经济利益的资源。

特征:(1)资产是由过去的交易或事项形成的。

(2)资产由企业拥有或者控制的资源。

(3)资产预期能为企业带来经济利益。

【例题2·问答题】 企业计划年底购买一台设备,2016年8月份签订购买合同,实际购买行为发生在12月份。请问:2016年8月能否确认该项资产?

【答案】 不能。

【解析】 资产是由过去的交易或事项形成,2016年8月份仅仅是签订合同,没有购买行为,故不能确认为资产。

【例题3·问答题】 A机器是企业融资租入的;B机器是其经营租入的。请问:A、B机器是否都是企业资产?

【答案】 A机器是企业的资产,B机器不是企业的资产。

【解析】 因为融资租入的资产属于企业控制的资源,应当视同自有资产来处理,故A机器可以确认为企业的资产;经营租入B机器因无法拥有、控制该项资源,故不属于企业的资产。

【例题4·问答题】 企业有A、B两台机床,A机床因较老,长期闲置不用;B机床已投入使用。请问:A、B机床是否都是企业的资产?

【答案】 A机床不是企业的资产,B机床是企业的资产。

【解析】 因为A机床不能给企业带来经济利益,故不能确认为企业的资产。

【例题5·单选题】 下列不属于企业资产的是(   )。

A.经营性租入的设备

B.长期经营性出租的房屋

C.融资性租入的设备

D.原材料

【答案】 A

【解析】 经营性租入的设备,企业不具有控制权和所有权,不属于企业的资产。

(二)资产的构成

企业的资产按其流动性的不同可以划分为流动资产和非流动资产。

(1)流动资产是指可以在1年(含1年)或者超过1年的一个营业周期内变现或者耗用的资产。

(2)非流动资产是指不能在1年或者超过1年的一个营业周期内变现或者耗用的资产。

```
                    ┌ 现金
         ┌ 货币资金 ┤ 银行存款
         │          └ 其他货币资金
         │
         │ 交易性金融资产
(1)流动资产┤
         │              ┌ 应收账款、应收票据
         │ 应收及预付款项┤ 应收股利、应收利息
         │              └ 预付账款
         │
         └ 存货          原材料、库存商品等

         ┌              ┌ 可供出售金融资产
         │ 长期投资      ┤ 持有至到期投资
         │              └ 长期股权投资
(2)非流动资产
         │ 固定资产
         └ 无形资产
```

【例题6·单选题】 下列项目不属于流动资产的是( )。
A. 货币资金
B. 交易性金融资产
C. 存货
D. 固定资产
【答案】 D
【解析】 1年(含1年)或超过1年的一个正常营业周期内变现或耗用的资产属于流动资产,选项ABC都是企业的流动资产。固定资产属于企业的非流动资产。

二、负债

(一)负债及其特征

定义:负债是指企业过去的交易或事项所形成的、预期会导致经济利益流出企业的现时义务。

特征:(1)负债是由企业过去的交易或事项形成的。
(2)负债是企业承担的现时义务。
(3)负债的清偿预期会导致经济利益流出企业。

【例题7·多选题】 下列各项表述中正确的有( )。
A. 负债按其流动性不同,分为流动负债和非流动负债
B. 负债通常是在未来某一时日通过交付资产或提供劳务来清偿

C. 正在筹划的未来交易事项,也会产生负债
D. 负债是预期会导致经济利益流出企业的潜在义务

【答案】 AB

【解析】 未来的交易事项形成的不属于负债,负债是企业承担的现时义务而不是潜在义务。

(二)负债的构成(偿还期限长短)

负债一般是按偿还期限的长短进行分类,可以分为流动负债和非流动负债。

(1)流动负债是指将在1年(含1年)或者超过1年的一个营业周期内偿还的债务。

(2)非流动负债是指偿还期在1年或者超过1年的一个营业周期以上的债务。

(1)流动负债 {
短期借款(欠银行或其他金融机构等)
应付账款、应付票据(欠供应商)
预收账款(欠客户的货物、劳务或服务)
应付职工薪酬(欠员工)
应付股利(欠股东)
应付利息(欠债权人)
应交税费(欠国家)
}

(2)非流动负债 {
长期借款
应付债券
长期应付款
}

【例题8·多选题】 以下会计科目中反映流动负债的有( )。

A. 预付账款

B. 短期借款

C. 预收账款

D. 应付职工薪酬

【答案】 BCD

【解析】 预付账款属于企业的资产。

三、所有者权益

(一)所有者权益及其特征

定义:所有者权益也称股东权益,是指资产扣除负债后由所有者享有的剩余权益。它在数值上等于企业全部资产减去全部负债后的余额。

(二)所有者权益的构成

{
实收资本:投资者按照企业章程或合同、协议的约定,实际投入企业的资本。
资本公积:主要来源于资本在受入过程中所产生的溢价。
盈余公积:企业按照法律、法规的规定从净利润中提取的留存收益。
未分配利润:指企业留待以后年度分配的利润,属于企业的留存收益。
}

(三)所有者权益与负债的区别

(1)负债负有偿还的义务,而所有者权益一般情况下是不需要归还给投资者。

(2)债权人按期收回本金和利息,无权参与企业的利润分配和经营管理;投资者可参与企业的利润分配和经营管理。

(3)企业清算时,负债拥有优先求偿权。而所有者权益则只能在清偿了所有的负债以后,才返还给投资者。

【例题9·单选题】 下列属于所有者权益的是(　　)。

A. 长期股权投资

B. 投资收益

C. 主营业务收入

D. 留存收益

【答案】 D

【解析】 长期股权投资属于企业的资产,投资收益和主营业务收入都属于收入;留存收益属于企业的所有者权益,包括盈余公积和未分配利润。

四、收入

(一)收入及其特征

定义:收入是指企业在日常活动中形成的、会导致所有者权益增加的、与所有者投入资本无关的经济利益的总流入。

特征:(1)收入是从企业的日常活动中形成的经济利益总流入,而不是从偶发的交易或事项中产生的利得。(日常活动:企业销售商品、提供劳务、让渡资产使用权等活动)

(2)收入最终能导致企业所有者权益的增加。

(3)收入与所有者投入资本无关。

(二)收入的构成

收入按照经营业务的主次,可分为主营业务收入和其他业务收入。

(1)主营业务收入:经营性的主要业务活动中所获得的收入,如工业、商业企业的商品销售收入。

(2)其他业务收入:经营性的非主要业务活动中所获得的收入,如工业企业销售材料、出租资产等收入。

注意:此处收入为狭义收入定义。广义的收入还包括营业外收入——与经营无关的利得(罚款收入、违约金收入、处置固定资产净收益、处置无形资产净收益等)。

【提示】 处置固定资产、无形资产并非企业的日常活动,其处置净收益计入营业外收入;出租固定资产、无形资产使用权获得的租金收入是企业的其他业务收入。

【例题10·单选题】 下列各项中,不属于收入的是(　　)。

A. 投资收益

B. 销售材料的收入

C. 出售固定资产的收入

D. 出租无形资产使用权收入

【答案】 C

【解析】 出售固定资产的收入属于非日常经营活动中取得的利得,不属于企业的收入。

五、费用

(一)费用及其特征

定义:费用是指企业在日常活动中发生的、会导致所有者权益减少的、与向所有者分配利润无关的经济利益的总流出。

特征:(1)费用是企业日常活动中产生的经济利益的总流出,而不是从偶发的交易或事项中产生的损失。

(2)费用最终会导致所有者权益减少。

(3)费用与向所有者分配利润无关。

(二)费用的构成

企业的费用主要包括营业成本和期间费用两部分。

营业成本是指销售商品或提供劳务的成本,是可以对象化的费用,通常称为生产成本或劳务成本,由产品生产过程或劳务提供过程中所耗费的直接材料费用、直接人工费用和生产车间发生的制造费用构成。营业成本按照其销售商品或提供劳务在企业日常活动中所处的地位可分为主营业务成本和其他业务成本。

$$营业成本\begin{cases}主营业务成本\\其他业务成本\end{cases}$$

期间费用是指不能予以对象化的费用。

$$期间费用\begin{cases}管理费用\\销售费用\\财务费用\end{cases}$$

注意:此处费用为狭义费用定义。广义的费用还包括营业外支出——与经营无关的损失(固定资产盘亏净损失、处置固定资产净损失、处置无形资产净损失、罚款支出、捐赠支出和非常损失等)。

【例题11·单选题】 下列不能作为费用核算的是(   )。

A. 已销产品的成本

B. 职工薪酬

C. 罚款支出

D. 利息支出

【答案】 C

【解析】 罚款支出属于非日常经营活动中的损失,不是企业的费用。

六、利润

(一)利润及其特征

定义:企业在一定会计期间的经营成果,包括收入减去费用后的净额、直接计入当期利润的利得和损失等。

(二)利润的构成

利润具体指营业利润、利润总额和净利润。

营业利润(由企业日常生产经营活动形成)=收入-费用(狭义收入费用配比结果)

营业利润=营业收入-营业成本-税金及附加-销售费用-管理费用-财务费用-资产减值损失+公允价值变动收益(-公允价值变动损失)+投资收益(-投资损失)

利润总额=营业利润+营业外收入-营业外支出

净利润=利润总额-所得税费用(广义收入与费用配比结果)

思考练习

一、单项选择题

1. 资产、负债、所有者权益三要素是企业资金运动的(　　)。
   A. 静态表现　　　　　　　　B. 动态表现
   C. 综合表现　　　　　　　　D. ABC 均正确

2. 收入、费用和利润三要素是企业资金运动的(　　)。
   A. 静态表现　　　　　　　　B. 动态表现
   C. 综合表现　　　　　　　　D. ABC 均正确

3. 下列各项中,(　　)不属于企业资产。
   A. 股本　　　　　　　　　　B. 融资租入的设备
   C. 经营租出的厂房　　　　　D. 非专利技术

4. 下列项目中,属于流动资产项目的是(　　)。
   A. 长期股权投资和长期应收款　　B. 应收账款和存货
   C. 企业的机器设备　　　　　　　D. 商标权和货币资金

5. 企业生产经营过程中的在产品属于(　　)。
   A. 其他投资　　　　　　　　B. 存货
   C. 固定资产　　　　　　　　D. 无形资产

6. 下列项目中,属于负债的是(　　)。
   A. 预付账款　　　　　　　　B. 固定资产
   C. 长期应付款　　　　　　　D. 其他货币资金

7. 负债是指企业过去的交易或者事项形成的,预期会导致经济利益流出企业的( )。
   A. 现时义务　　　　　　　　B. 潜在义务
   C. 过去义务　　　　　　　　D. 未来义务

8. 下列交易或事项中,应确认为非流动负债的是( )。
   A. 企业预付材料款
   B. 企业向银行借入三年期借款,借款已到账
   C. 企业计提短期借款利息费用
   D. 企业购买一批家电产品,货款未付

9. 下列项目中属于所有者权益的是( )。
   A. 长期股权投资　　　　　　B. 应付股利
   C. 盈余公积　　　　　　　　D. 投资收益

10. 企业所有者权益在数量上等于( )。
    A. 企业流动负债减去长期负债后的差额
    B. 企业流动资产减去流动负债后的差额
    C. 企业全部资产减去全部负债后的差额
    D. 企业长期负债减去流动负债后的差额

11. 下列关于所有者权益的说法,不正确的是( )。
    A. 所有者权益包括实收资本(或股本)、资本公积、盈余公积和未分配利润
    B. 所有者权益的金额等于资产减去负债后的余额
    C. 盈余公积和未分配利润统称为留存收益
    D. 所有者权益包括实收资本(或股本)、资本公积、盈余公积和留存收益

12. 下列不属于企业的日常活动的是( )。
    A. 工业企业的产品生产和商品销售
    B. 金融企业的存贷款业务
    C. 商业流通企业的商品购销活动
    D. 工业企业出售闲置固定资产

13. 企业销售商品取得20万元,出租厂房收取租金5万元,出售不需用的机器设备取得8万元,出售多余原材料取得3万元,转让商标使用权取得15万元,则企业本期应确认收入金额为( )。
    A. 23　　　　　　　　　　　B. 51
    C. 28　　　　　　　　　　　D. 43

14. 下列各项中,不属于收入的是( )。
    A. 提供劳务的收入　　　　　B. 销售材料的收入
    C. 营业外收入　　　　　　　D. 固定资产租金收入

15. 下列各项中,( )不应确认为费用。
    A. 广告宣传费　　　　　　　B. 处置固定资产净损失
    C. 管理费用　　　　　　　　D. 财务费用

16. 下列不属于营业外支出的是( )。
A. 出租固定资产获得的收益　　B. 处置固定资产的净损失
C. 自然灾害发生的损失　　　　D. 企业对外捐赠支出
17. 关于利润,下列说法不正确的是( )。
A. 利润是指企业在一定会计期间的经营成果
B. 企业实现了利润,表明企业的所有者权益将增加
C. 利润是评价企业管理层业绩的指标之一
D. 企业发生了亏损,所有者权益不一定是减少的
18. 下列各项会引起企业收入增加的是( )。
A. 销售原材料　　　　　　　　B. 出售专利技术
C. 出售无形资产　　　　　　　D. 取得银行长期贷款
19. 下列不属于期间费用的是( )。
A. 管理费用　　　　　　　　　B. 制造费用
C. 销售费用　　　　　　　　　D. 财务费用

二、多项选择题

1. 下列各项属于会计要素的是( )。
A. 利润　　　　　　　　　　　B. 利得
C. 费用　　　　　　　　　　　D. 损失
2. 下列各项中,( )属于流动资产。
A. 原材料　　　　　　　　　　B. 库存商品
C. 预付账款　　　　　　　　　D. 持有至到期投资
3. 流动负债是指( )。
A. 预计在一个正常营业周期中偿还
B. 是企业拥有或控制的资源
C. 企业无权自主地将清偿推迟至资产负债表日以后一年以上的负债
D. 自资产负债表日起一年内(含一年)到期应予以偿还
4. 下列属于流动负债的有( )。
A. 预收款项　　　　　　　　　B. 预付款项
C. 应交税费　　　　　　　　　D. 应付职工薪酬
5. 下列有关所有者权益的说法,正确的有( )。
A. 所有者凭借所有者权益能够参与企业利润的分配
B. 公司的所有者权益又称为股东权益
C. 所有者权益在数量上等于资产减去负债后的余额
D. 所有者权益包括实收资本、资本公积、盈余公积和未分配利润
6. 下列经济业务,会影响企业利润的项目有( )。
A. 接受捐赠　　　　　　　　　B. 销售商品取得收入
C. 取得短期借款　　　　　　　D. 出租固定资产取得收入
7. 收入取得后可能表现为( )。

A. 资产增加 B. 所有者权益减少
C. 负债减少 D. 所有者权益增加

8. 下列关于会计要素的表述中,正确的有( )。
A. 收入是企业在日常活动中形成的
B. 费用是企业在日常活动中发生的
C. 收入会导致所有者权益的增加
D. 费用会导致所有者权益的减少

9. 下列属于利润表基本要素项目的有( )。
A. 资产 B. 收入
C. 费用 D. 留存收益

10. 期间费用是指企业在日常活动中发生的,应当计入当期损益的费用,包括( )。
A. 管理费用 B. 销售费用
C. 财务费用 D. 制造费用

三、判断题

1. 应付及预付款项都属于负债的范围。 ( )
2. 权益即所有者权益,代表所有者对企业资产的要求权。 ( )
3. 企业应当严格区分收入和利得、费用和损失,以便全面反映企业的经营业绩。 ( )
4. 企业非日常活动所形成的经济利益的流入不能确认为收入。 ( )
5. 企业行政管理部门领用材料,价值3 000元,这3 000元材料费应确认为企业的费用。 ( )
6. 利润是收入与相关费用比较的差额。 ( )
7. 企业出租专利技术,收取的租金不得确认为收入。 ( )
8. 利润包括收入减去费用后的净额、直接计入当期损益的利得和损失等。 ( )
9. 资产是指企业过去的交易或者事项形成的、由企业拥有或控制的、预期会给企业带来经济利益的资源。 ( )
10. 负债是指企业过去的交易或者事项形成的、预期会导致经济利益流出企业的潜在义务。 ( )

任务二 会计等式

培养目标

1. 掌握会计等式的各种表现形式;
2. 了解企业基本经济业务的类型;
3. 掌握不同类型的经济业务对会计等式的影响。

要点精讲

一、会计等式

(一)基本会计等式

资产=负债+所有者权益(资产负债表等式、静态会计等式)

资产=权益

(二)动态会计等式

利润=收入−费用(利润表等式)

(三)会计等式的扩展式

资产=负债+所有者权益+利润=负债+所有者权益+(收入−费用)

或者:资产+费用=负债+所有者权益+收入

【例题1·判断题】 资产和权益在金额上一定是相等的。(　　)

【答案】 √

【解析】 "资产=负债+所有者权益",负债是债权人权益,债权人权益与所有者权益统称权益,即"资产=权益"。

【例题2·单选题】 新华公司的资产总计为3 600万元,流动负债合计为900万元,所有者权益合计为1 200万元,则当日新华公司的非流动负债应当为(　　)万元。

A. 2 700　　　　　　　　　　　　B. 2 400

C. 2 100　　　　　　　　　　　　D. 1 500

【答案】 D

【解析】 负债总额=3 600−1 200=2 400(万元);非流动负债合计=2 400−900=1 500(万元)。

二、经济业务的发生对会计恒等式的影响

(一)经济业务类型

(1)资产与负债同时增加;

(2)资产与所有者权益同时增加;

(3)资产与负债同时减少;

(4)资产与所有者权益同时减少;

(5)资产内部一增一减;

(6)负债内部一增一减;

(7)所有者权益内部一增一减;

(8)负债增加,所有者权益减少;

(9)负债减少,所有者权益增加。

(二)经济业务类型对会计恒等式的影响

企业所发生经济业务只会使得会计恒等式发生同增、同减以及内部一增一减变化,但都不会破坏会计恒等式的平衡关系。

【例题3·单选题】 下列会计业务中会使企业月末资产总额发生变化的是( )。

A. 以银行存款购买交易性金融资产

B. 购买原材料,货款未付

C. 购买原材料,货款已付

D. 以银行存款预付货款

【答案】 B

【解析】 选项B,资产增加,负债增加;选项ACD,资产内部一增一减。

【例题4·单选题】 经济业务只涉及资产这一会计要素时,将引起该要素中的某些项目发生( )。

A. 同时增加

B. 同时减少

C. 一增一减变动

D. 不变动

【答案】 C

【解析】 只影响资产要素时,只有是资产内部一增一减的情况下才能保持"资产=负债+所有者权益"等式左右两边相等。

【例题5·单选题】 企业收回A公司前欠的购货款,表现为( )。

A. 一项资产增加,另一项资产减少,资产总额不变

B. 一项资产增加,另一项资产减少,资产总额增加

C. 一项资产增加,另一项负债增加

D. 一项资产减少,另一项资产增加,资产总额增加

【答案】 A

【解析】 收回欠款,是银行存款增加,应收账款减少,所以属于一项资产增加,另一项资产减少,资产的总额不变。

思考练习

一、单项选择题

1. 下列表述中,正确反映了"利润=收入-费用"等式的是( )。

A. 企业现金的绝对运动形式

B. 资金运动在两个动态要素之间的内在联系

C. 企业在某一时期的经营成果

D. 构成资产负债表的三个基本要素

2. 一个企业的资产总额与权益总额( )。
   A. 必然相等　　　　　　　　　B. 有时相等
   C. 不会相等　　　　　　　　　D. 可能相等
3. 东方公司本期期初资产总额为100 000元,本期期末负债总额比期初增加20 000元,所有者权益比期初增加30 000元,则本期期末资产总额为( )元。
   A. 80 000元　　　　　　　　　B. 150 000元
   C. 130 000元　　　　　　　　　D. 120 000元
4. 某公司2016年1月初资产总额为500 000元,负债总额为219 000元,当月从银行取得借款30 000元,支付广告费5 000元,月末该公司所有者权益总额为( )元。
   A. 306 000　　　　　　　　　　B. 281 000
   C. 246 000　　　　　　　　　　D. 276 000
5. 一项资产增加不可能引起( )。
   A. 一项资产减少　　　　　　　B. 一项负债增加
   C. 一项所有者权益增加　　　　D. 一项负债减少
6. 下列经济业务,会引起所有者权益总额发生增减变化的是( )。
   A. 接受投资者投资,款项存入银行
   B. 从银行提取现金
   C. 用银行存款偿还应付账款
   D. 采购材料入库,暂未付款
7. 一般而言,企业对外销售商品(不考虑增值税)会引起( )。
   A. 资产和负债的同时增加
   B. 资产和所有者权益的同时增加
   C. 负债和所有者权益同时增加
   D. 以上都不对
8. 某公司2016年初资产总额5 000 000元,负债总额2 000 000元,当年接受投资者投资500 000元,从银行借款1 000 000元。该公司2016年末所有者权益应为( )元。
   A. 2 500 000　　　　　　　　　B. 1 500 000
   C. 3 500 000　　　　　　　　　D. 5 000 000
9. 某企业12月31日,资产总额100万元,其中流动负债为40万元,则权益总额为( )。
   A. 140万元　　　　　　　　　　B. 60万元
   C. 100万元　　　　　　　　　　D. 180万元
10. 某企业期初资产总额200 000元,负债总额140 000元,所有者权益60 000元,本期取得收入30 000元,发生费用20 000元,则期末资产总额为( )元。
    A. 230 000　　　　　　　　　　B. 210 000
    C. 180 000　　　　　　　　　　D. 170 000
11. 某企业资产总额为100万元,负债为20万元,在接受30万元的投资后,所有者权益为( )。

A.130万元 B.50万元
C.150万元 D.110万元

12.某企业资产总额为5 000万元,负债为1 000万元,以银行存款500万元偿还借款,并以银行存款500万元购买固定资产后,该企业资产总额为( )万元。
A.4 000 B.3 000
C.4 500 D.2 000

13.如果一个企业的负债为50 000元,所有者权益为30 000元,则企业的资产必然为( )元。
A.-20 000 B.20 000
C.80 000 D.-80 000

14.一项资产增加,一项负债增加的经济业务发生后,都会使资产与权益原来的总额( )。
A.发生同增的变动 B.发生同减的变动
C.不会变动 D.发生不等额变动

15.下列引起资产和负债同时增加的经济业务是( )。
A.用银行存款购买材料
B.从银行借到一笔期限为3年的款,存入银行
C.用闲置房屋对外投资
D.用银行存款偿支付职工薪酬

16.下列项目中,引起资产和负债同时减少的经济业务是( )。
A.用银行存款支付前欠货款
B.购材料,款未支付
C.收回欠款,存入银行
D.用现金支付本企业员工王小方预借的差旅费

17.下列项目中,引起负债有增有减的经济业务是( )。
A.用银行存款偿还短期借款
B.开出应付票据抵付应付账款
C.以银行存款交税
D.收到外商捐赠的设备

18.下列项目中,引起所有者权益有增有减的经济业务是( )。
A.收到投资者投入的固定资产
B.用银行存款偿还半年期的借款
C.将盈余公积转增资本金
D.以厂房对外投资

19.某企业期初资产总额600万元,若发生以下经济业务:①收到外单位投资40万元存入银行;②以银行存款购买材料12万元;③以银行存款偿还借款10万元,该企业期末资产总额应为( )。
A.636万元 B.628万元

C.648万元　　　　　　　　　　　　D.630万元

20.某企业期初资产总额为500 000元,本期以银行存款购入材料100 000元,又以银行存款偿还应付款100 000元,则该企业期末资产总额为(　　)。

A.700 000元　　　　　　　　　　　B.600 000元

C.500 000元　　　　　　　　　　　D.400 000元

二、多项选择题

1.下列经济业务中,能引起会计等式左右两边会计要素同时变动的有(　　)。

A.收回应收货款　　　　　　　　　B.归还到期借款

C.收到投资人投入资金　　　　　　D.购买商品,支付货款

2.下列关于会计等式"利润=收入-费用"的表述中,正确的有(　　)。

A.它是对会计基本等式的补充和发展

B.它表明了企业在一定会计期间经营成果与相应的收入和费用之间的关系

C.它说明了企业利润的实现过程

D.它实际上反映的是企业资金运动的绝对运动形式,故也称为静态会计等式

3.下列等式中正确的有(　　)。

A.资产=负债+所有者权益

B.资产=负债+所有者权益+(收入-费用)

C.资产=负债+所有者权益+利润

D.利润=收入-费用

4.下列各等式属于会计等式的有(　　)。

A.本期借方发生额合计=本期贷方发生额合计

B.本期借方余额合计=本期贷方余额合计

C.资产=负债+所有者权益

D.利润=收入-费用

5.下列选项中,正确的有(　　)。

A.资产与权益同时增加,总额增加

B.资产与负债一增一减,总额不变

C.资产内部同时减少,总额减少

D.权益内部的一增一减,总额不变

6.某项经济业务的发生没有影响所有者权益,则可能导致(　　)。

A.资产和负债同时增加　　　　　　B.资产和负债一增一减

C.资产内部一增一减　　　　　　　D.负债内部一增一减

7.费用发生时会引起相关会计要素的变化,以下正确的有(　　)。

A.资产的增加　　　　　　　　　　B.资产的减少

C.负债的增加　　　　　　　　　　D.所有者权益的减少

8.某项经济业务的发生引起负债的增加,则可能引起(　　)。

A.资产增加　　　　　　　　　　　B.所有者权益增加

C.收入增加　　　　　　　　　　　D.费用增加

9. 根据会计恒等式的原理,下列表述中,正确的有( )。
A. 债权人权益增加,所有者权益减少,资产不变
B. 资产有增有减,权益不变
C. 资产增加,负债减少,所有者权益不变
D. 资产不变,负债增加,所有者权益增加

10. 企业向银行借款,存入银行,这项业务引起( )。
A. 负债增加   B. 资产增加
C. 所有者权益增加   D. 收入增加

三、判断题

1. 企业接受投资者投入实物,能引起资产和所有者权益同时增加。   （ ）
2. 当企业本期收入大于费用时,表示企业取得了盈利,最终导致企业所有者权益的增加。
                                                                    （ ）
3. 每一项经济业务的发生必然会引起会计等式的一方或双方有关项目相互联系的等量的变化。   （ ）
4. "资产=负债+所有者权益"体现了企业资金运动过程中某一特定时期的资产分布和权益构成。   （ ）
5. 权益就是指所有者权益。   （ ）
6. "利润=收入-费用"这一会计等式,体现了企业一定时期内的经营成果,是编制利润表的基础。   （ ）
7. 资产和负债偶尔会发生一增一减的变化,但不会影响会计等式的恒等关系。
                                                                    （ ）
8. 反映财务状况的会计等式是"资产=负债+所有者权益"。   （ ）
9. 资产、负债与所有者权益的平衡关系是企业资金运动处于相对静止状态下出现的,如果考虑收入、费用等动态要素,则这一平衡关系必然被破坏。   （ ）
10. 如果资产不变,则只能发生负债和所有者权益一增一减的情况。   （ ）

项目三 会计科目与账户

任务一 会计科目

培养目标

1. 了解会计科目的含义和分类;
2. 熟悉会计科目设置的原则;
3. 熟练掌握常用的会计科目。

要点精讲

一、会计科目的概念

会计科目是对会计对象的具体内容(会计要素)进一步分类的项目,是会计账户的名称。

二、设置会计科目的原则

(1)既要符合对外报告的要求,又要满足内部经营管理的需要。
(2)必须结合会计要素的特点,全面反映会计要素的内容。
(3)统一性与灵活性相结合。
(4)会计科目设置简明适用。

三、会计科目的分类

1. 会计科目按反映经济内容分类
(1)资产类;(2)负债类;(3)所有者权益类;(4)成本类;(5)损益类;(6)共同类。

常用会计科目表

编号	会计科目	编号	会计科目
一、资产类		2202	应付账款
1001	库存现金	2203	预收账款
1002	银行存款	2211	应付职工薪酬
1012	其他货币资金	2221	应交税费
1101	交易性金融资产	2231	应付利息
1121	应收票据	2232	应付股利
1122	应收账款	2241	其他应付款
1123	预付账款	2501	长期借款
1131	应收股利	2502	应付债券
1132	应收利息	2701	长期应付款
1221	其他应收款	三、所有者权益	
1231	坏账准备	4001	实收资本
1401	材料采购	4002	资本公积
1402	在途物资	4101	盈余公积
1403	原材料	4103	本年利润
1404	材料成本差异	4104	利润分配
1405	库存商品	四、成本类	
1411	周转材料	5001	生产成本
1471	存货跌价准备	5101	制造费用
1511	长期股权投资	五、损益类	
1512	长期股权投资减值准备	6001	主营业务收入
1601	固定资产	6051	其他业务收入
1602	累计折旧	6101	公允价值变动损益
1603	固定资产减值准备	6111	投资收益
1604	在建工程	6301	营业外收入
1606	固定资产清理	6401	主营业务成本
1701	无形资产	6402	其他业务成本
1702	累计摊销	6403	税金及附加
1703	无形资产减值准备	6601	销售费用
1801	长期待摊费用	6602	管理费用
1901	待处理财产损溢	6603	财务费用
二、负债类		6701	资产减值损失
2001	短期借款	6711	营业外支出
2201	应付票据	6801	所得税费用

【例题1·多选题】 下列会计科目中,属于资产类科目的有( )。

A. 坏账准备

B. 待处理财产损溢

C. 累计折旧

D. 资本公积

【答案】 ABC

【解析】 "资本公积"科目属于所有者权益类科目。

【例题2·多选题】 按反映经济内容的性质不同,下列科目属于损益类科目的有( )。

A. 主营业务成本

B. 生产成本

C. 制造费用

D. 管理费用

【答案】 AD

【解析】 "生产成本"和"制造费用"属于成本类科目。

2. 会计科目按提供信息的详细程度分类

(1)总分类科目(总账科目,一级科目)和明细分类科目(明细科目)。

(2)级次:一级科目:即总分类科目(总账科目);

二级科目:即二级明细分类科目(子目);

三级科目:即三级明细分类科目(细目)。

(3)关系:总分类科目对明细分类科目具有统驭控制作用,明细分类科目是对总分类科目的补充和说明。

【例题3·多选题】 关于总分类科目与明细分类科目关系的下列表述中,正确的是( )。

A. 总分类科目与明细分类科目所反映的经济业务是相同的

B. 总分类科目与明细分类科目所反映的经济业务的详细程度是相同的

C. 明细分类科目对所属的总分类科目起着统驭控制作用

D. 明细分类科目对有关总分类科目起着补充说明作用

【答案】 AD

【解析】 选项B,总分类科目是对会计要素具体内容进行总括分类、提供总括信息的会计科目,明细分类科目是对总分类科目作进一步分类、提供更详细更具体会计信息的科目,所以两者的详细程度是不同的。选项C,总分类科目对明细分类科目起统驭和控制作用。

思考练习

一、单项选择题

1. 会计科目是指对(　　)的具体内容进行分类核算的项目。
   A. 经济业务　　　　　　　　B. 会计要素
   C. 会计账户　　　　　　　　D. 会计信息

2. "预付账款"科目按其反映的经济业务内容,属于(　　)类科目。
   A. 资产　　　　　　　　　　B. 负债
   C. 所有者权益　　　　　　　D. 成本

3. "预收账款"科目按其反映的经济业务内容,属于(　　)类科目。
   A. 资产　　　　　　　　　　B. 负债
   C. 所有者权益　　　　　　　D. 损益

4. 下列不是《企业会计准则》规定的总分类科目的是(　　)。
   A. 累计折旧　　　　　　　　B. 无形资产
   C. 投资收益　　　　　　　　D. 银行借款

5. 根据会计科目所属会计要素分类,下列各项中,(　　)至少有两个科目归属于资产要素。
   A. 应交税费、资本公积、劳务成本、投资收益
   B. 预付账款、预收账款、应收股利、银行存款
   C. 本年利润、应付职工薪酬、制造费用、营业外收入
   D. 盈余公积、其他应付款、待处理财产损溢、主营业务成本

6. 下列项目中,与"制造费用"属于同一类科目的是(　　)。
   A. 固定资产　　　　　　　　B. 其他业务成本
   C. 生产成本　　　　　　　　D. 主营业务成本

7. 下列各项中,不属于损益类科目的是(　　)。
   A. "制造费用"科目
   B. "资产减值损失"科目
   C. "投资收益"科目
   D. "其他业务成本"科目

8. 总分类会计科目一般按(　　)进行设置。
   A. 企业管理的需要
   B. 统一会计制度的规定
   C. 会计核算的需要
   D. 经济业务的种类不同

9. 下列各项中,(　　)属于反映费用的科目。

A. 制造费用　　　　　　　　　　B. 长期待摊费用
C. 销售费用　　　　　　　　　　D. 应交税费

10. "其他业务成本"科目按其反映的经济内容不同,属于(　　)类科目。
A. 成本　　　　　　　　　　　　B. 资产
C. 损益　　　　　　　　　　　　D. 所有者权益

11. 资产负债表中所有者权益类科目的排列顺序是(　　)。
A. 实收资本、盈余公积、资本公积、未分配利润
B. 资本公积、实收资本、盈余公积、未分配利润
C. 资本公积、实收资本、未分配利润、盈余公积
D. 实收资本、资本公积、盈余公积、未分配利润

二、多项选择题

1. 按照实用性原则,(　　)是只有制造业企业需要设置的科目。
A. 生产成本　　　　　　　　　　B. 制造费用
C. 库存商品　　　　　　　　　　D. 销售费用

2. 下列属于资产类会计科目的有(　　)。
A. 应收账款　　　　　　　　　　B. 在途物资
C. 预付账款　　　　　　　　　　D. 预收账款

3. 属于负债类会计科目的有(　　)。
A. 应收账款　　　　　　　　　　B. 预收账款
C. 预付账款　　　　　　　　　　D. 应付账款

4. 关于"明细分类科目"的下列说法中正确的有(　　)。
A. 属于一级科目
B. 又称明细科目
C. 是对总分类科目的核算内容进行详细分类的科目
D. 提供更加详细具体的指标

5. 下列不属于损益类会计科目的有(　　)。
A. 本年利润　　　　　　　　　　B. 产品销售收入
C. 预付账款　　　　　　　　　　D. 短期借款

6. (　　)不属于损益类科目。
A. 生产成本　　　　　　　　　　B. 主营业务成本
C. 本年利润　　　　　　　　　　D. 制造费用

7. 以下会计科目中反映投入资本的有(　　)。
A. 股本　　　　　　　　　　　　B. 实收资本
C. 资本公积　　　　　　　　　　D. 盈余公积

8. 下列属于会计科目分类方法的有(　　)。
A. 按其提供信息的详细程度分类
B. 按其核算性质不同进行分类
C. 按其企业会计核算制度需要分类

D.按其反映的经济内容不同

9.下列属于所有者权益类会计科目的有( )。
A.应收账款 B.实收资本
C.资本公积 D.本年利润

10.下列属于成本类会计科目的有( )。
A.应付账款 B.制造费用
C.生产成本 D.本年利润

三、判断题

1.总分类科目及其所属的明细科目,反映了经济业务的总括情况以及详细的会计信息。 ( )

2."财务费用"核算企业产生的利息费用,因此"财务费用"属于负债类科目。 ( )

3.总分类科目对明细分类科目起着补充说明和统驭控制的作用。 ( )

4.在会计核算中除了要按照各会计要素的不同特征,还应该根据经营管理的要求进行系统的分类,设置会计科目。 ( )

5.会计科目是对会计对象的具体内容进一步分类的项目。 ( )

6.科目按其所反映的经济业务内容分类,可分为总分类科目和明细分类科目。 ( )

7."管理费用"核算指企业为组织和管理生产经营活动而发生的各项费用,"管理费用"属于损益类会计科目。 ( )

8."其他业务收入"科目按其反映的经济内容不同,属于资产类会计科目。 ( )

9."本年利润"科目按其反映的经济内容不同,属于损益类会计科目。 ( )

10."生产成本"属于损益类会计科目。( )

四、实务操作题

(一)练习会计要素具体分类

A企业的资料如下表,指出各个业务对应的会计科目名称以及其所属类别,填入表中相应的位置。

资料	会计科目	类别
例:已收到的资本	实收资本	所有者权益
1.发行的五年期债券		
2.拥有的机器设备		
3.应付给职工的工资		
4.已购入的土地使用权		
5.财务部门存放的现金		
6.存在银行的款项		
7.销售产品取得的收入		

资料	会计科目	类别
8. 以赚取差价为目的对 D 公司的投资		
9. 因销货收到的商业汇票		
10. 应付给 C 公司材料款		
11. 筹借资金而发生的利息费用		
12. 从银行借入的 3 年后到期的借款		
13. 仓库储存的材料		
14. 拥有的专利权		
15. 厂部管理部门办公用品费用		
16. 销售商品应收未收到的货款		
17. 年末从利润中提取的公积金		
18. 为销售商品而发生的广告费		
19. 从银行借入的临时周转借款		
20. 因购货而开出的商业汇票		
21. 尚未缴纳的增值税		

（二）练习会计科目分类

B 公司发生以下经济业务，指出每一笔经济业务会涉及的总分类科目和明细分类科目。

资料	总分类科目	明细分类科目
例：向宇飞公司购进甲材料 5 吨，每吨 2 000 元；乙材料 2 吨，每吨 1 000 元，以工行存款支付	原材料	甲材料
	原材料	乙材料
	银行存款	工行存款
1. 以建行存款偿还前欠光华公司材料款 5 000 元。		
2. 从光明公司购入丙材料 300 千克，货款 6 000 元尚未支付。		
3. 用现金支付采购员张明预借差旅费 3 000 元。		
4. 收到东方公司还来的欠货款 70 000 元存入工行户		
5. 收到宇通公司投资款 100 万元存入工行户		

任务二　会计账户

培养目标

1. 了解会计账户的含义和分类；
2. 掌握会计科目与账户的关系；
3. 掌握账户的结构。

要点精讲

一、账户的意义

定义：所谓账户，是指按照会计科目开设的，具有一定格式和结构，用来连续、系统、分类记录和反映会计要素增减变动及其结果的一种工具。

二、会计科目与账户的关系

账户是根据会计科目开设的，会计科目与账户是两个既有联系又有区别的概念。

(一)联系

(1)两者所反映的经济内容相同。在实际工作中，会计科目与账户常被作为同义语来理解，互相通用，不加区别。

(2)会计科目是设置账户的基础和依据，是账户的名称；账户是根据会计科目开设的，是会计科目的具体运用。

(二)区别

(1)会计科目通常由国家统一规定，是各单位设置账户、处理账务所必须遵循的依据；而账户则由各会计主体自行设置，是会计核算的一个重要工具。

(2)会计科目仅仅是会计要素具体内容进行分类的项目名称，而账户还具有一定的结构、格式。

【例题1·多选题】　下列关于账户和会计科目的表述中，正确的是(　　)。

A. 账户是会计科目的名称，会计科目是账户的具体应用

B. 两者之间的区别在于账户具有一定的格式和结构

C. 实际工作中，对账户和会计科目不加严格区别，而是互相通用

D. 账户能反映会计要素增减变化的情况及其结果，而会计科目不能

【答案】　BCD

【解析】 会计科目是账户的名称,账户是会计科目的具体应用。只有 A 选项偷换概念说法错误。

三、账户的结构

(一)完整账户基本内容

(1)账户名称,即会计科目。
(2)日期,经济业务发生的日期。
(3)摘要,即经济业务的简要说明。
(4)凭证种类和号数,即表明账户记录所依据的会计凭证的种类和编号。
(5)金额,即增加额、减少额和余额。

【例题2·多选题】 账户通常包括的内容有(　　)。
A.账户名称　　　　　　　　B.日期和摘要
C.凭证种类和号数　　　　　D.金额
【答案】 ABCD
【解析】 完整账户包括的内容:账户名称、日期、摘要、凭证种类和号数及金额。

(二)账户结构

1.实际工作中

账户名称(会计科目)

年		凭证		摘要	借方	贷方	借或贷	余额
月	日	字	号					

2. 理论教学上:T形账户

```
      借方    账户名称（会计科目）    贷方
    ─────────────────┬─────────────────
                     │
                     │
                     │
```

3. 账户登记金额

每个账户一般有四个金额要素,即期初余额、本期增加发生额、本期减少发生额和期末余额。账户如有余额,一般应当与记录增加额方向一致。正常情况下账户四个金额之间的关系如下：

账户期末余额=账户期初余额+本期增加发生额—本期减少发生额

账户本期的期末余额转入下期,即为下期的期初余额。

如果账户左方登记增加额,则右方登记减少额,余额在左方,其关系如下图所示：

借方	账户名称（会计科目）	贷方
期初余额　×××		
本期增加发生额　×××	本期减少发生额　×××	
期末余额　×××		

相反的,如果账户右方登记增加额,则左方登记减少额,余额在右方,其关系如下图所示：

借方	账户名称（会计科目）	贷方
	期初余额　×××	
本期减少发生额　×××	本期增加发生额　×××	
	期末余额　×××	

【例题3·多选题】 下列说法正确的有(　　　)。

A. 账户的期末余额等于期初余额

B. 余额一般与增加额在同一方向

C. 账户的左方发生额等于右方发生额

D. 如果一个账户的左方记增加额,右方就记减少额

【答案】 BD

【解析】 选项A,账户本期的期末余额等于下期的期初余额;选项C,当期的发生额不一定增加的和减少的相同,所以账户的左方发生额不一定等于右方发生额。

四、账户的分类

(一)按账户所反映经济内容分类

(1)资产类账户;
(2)负债类账户;
(3)所有者权益类账户;
(4)成本类账户;
(5)损益类账户。

(二)按账户提供信息的详细程度分类

(1)总分类账户;
(2)明细分类账户。

总分类账户和明细分类账户的关系是统驭和从属、控制与被控制的关系。总分类账户对所属明细分类账户起到统驭、控制作用;明细分类账户对其所隶属的总分类账户起到补充和说明的作用。两者核算的内容相同,提供的资料互为补充。

【例题4·判断题】 账户按其所反映的经济业务内容分类,可分为总分类账户和明细分类账户。(　　)

【答案】 ×

【解析】 账户按其提供信息的详细程度不同分类,可分为总分类账户和明细分类账户。

思考练习

一、单项选择题

1.会计科目是(　　)的名称。
A. 会计账户　　　　　　　　B. 会计凭证
C. 会计报表　　　　　　　　D. 会计要素

2.(　　)具有一定的格式和结构,是用于分类反映会计要素增减变动情况及其结果的载体。
A. 账户　　　　　　　　　　B. 会计科目
C. 会计凭证　　　　　　　　D. 财务报表

3.下列关于账户和会计科目的表述中,错误的是(　　)。

A. 账户是会计科目的名称,会计科目是账户是具体应用
B. 两者之间的区别在于账户具有一定的格式和结构
C. 实际工作中,对账户和会计科目不加严格区别,而是互相通用
D. 账户能反映会计要素增减变化的情况及其结果,而会计科目不能

4. 总分类账户与所属明细分类账户的关系是( )。
   A. 平等关系   B. 统驭与被统驭关系
   C. 对立关系   D. 没有关系

5. 下列表述中,正确的是( )。
   A. 明细账根据明细分类科目设置
   B. 总账是根据明细分类科目设置
   C. 所有资产类总账实质上就是库存现金的总账
   D. 库存现金日记账实质上就是库存现金的总账

6. 某账户的期初余额为500元,期末余额为3 000元,本期减少发生额为800元,则本期增加发生额为( )元。
   A. 4 300   B. 2 200
   C. 1 700   D. 3 300

7. 一个账户的增加发生额与该账户的期末余额一般都立在该账户的( )。
   A. 借方   B. 贷方
   C. 相同方向   D. 相反方向

8. 下列属于资产类账户的有( )。
   A. 固定资产   B. 主营业务收入
   C. 投资收益   D. 生产成本

9. 下列各项表述正确的是( )。
   A. 与会计科目的分类相对应,账户也分为总分类账户和明细分类账户
   B. "实收资本"账户属于损益类账户
   C. "营业外支出"不属于损益类账户
   D. 账户是对会计要素的具体内容进行分类核算的项目

10. 某账户的期初余额为600元,期末余额为4 200元,本期减少发生额为900元,则本期增加发生额为( )元。
    A. 4 300   B. 4 500
    C. 1 700   D. 3 300

二、多项选择题

1. 账户可以( )进行分类。
   A. 根据其核算的经济内容
   B. 根据提供信息的详细程度
   C. 根据会计科目流动性
   D. 根据生产周期

2. 账户通常包括的内容有( )。

A. 账户名称 B. 日期
C. 凭证字号 D. 金额

3. 根据核算的经济内容,账户分为( )。
A. 资产类账户 B. 负债类账户
C. 共同类账户 D. 所有者权益类账户

4. 反映负债的账户有( )。
A. 长期借款 B. 预收账款
C. 应收票据 D. 财务费用

5. 反映所有者权益的账户有( )。
A. 无形资产 B. 盈余公积
C. 财务费用 D. 本年利润

6. 下列关于"所得税费用"账户的表述中正确的有( )。
A. 它是损益类账户
B. 该账户期末无余额
C. 该账户属负债类账户
D. 该账户的余额一般在贷方

7. 下列账户的四个金额要素中,属于本期发生额的是( )。
A. 期初余额 B. 本期增加发生额
C. 本期减少发生额 D. 期末余额

8. 下列经济业务中,涉及两个资产账户,其中一个记增加,另一个记减少的有( )。
A. 以银行存款购买原材料
B. 以银行存款归还前欠货款
C. 收到其他单位还来前欠货款
D. 向银行提取现金

9. 关于账户与会计科目的联系和区别,下列表述中正确的有( )。
A. 名称一致,反映的经济内容一致
B. 会计科目与账户两者口径一致,性质相同
C. 会计科目不存在结构,账户则具有一定的格式和结构
D. 会计科目可以记录经济业务的增减变化及其结果

10. 账户登记的金额包括( )。
A. 期初余额 B. 本期增加发生额
C. 本期减少发生额 D. 期末余额

三、判断题

1. 账户仅反映经济内容是什么,而会计科目不仅反映经济内容是什么,而且系统地反映某项经济内容的增减变动及其余额。 ( )
2. 账户的日期依据的是记账凭证中注明的日期。 ( )
3. 如果某一账户的期初余额为 50 000 元,本期增加发生额为 80 000 元,本期减少发

生额为40 000元,则期末余额为90 000元。（　　）

4. 总分类账户和所属明细分类账户核算的内容相同,只是反映内容的详细程度有所不同,两者相互补充,相互制约,相互核对。（　　）

5. 账户按其所提供信息的详细程度分类,可分为总分类账户和明细分类账户。（　　）

6. 明细分类账户是根据明细分类科目设置的,用于对会计要素具体内容进行总括分类核算的账户。（　　）

7. "本年利润"账户属于损益类账户。（　　）

8. 账户中只登记本期增加发生额、本期减少发生额和期末余额。（　　）

9. 通常将账户的基本结构分为左右两方,分别记录增加和减少的金额。（　　）

10. 本期的期末余额转入下期,即为下期的期初余额。（　　）

项目四  复式记账

任务一 会计记账方法概述

培养目标

1. 了解记账方法的分类；
2. 熟练掌握复式记账法的概念和优缺点。

要点精讲

一、单式记账法

（1）记账方法包括单式记账法和复式记账法两种，单式记账是一项经济业务只登记一方面，复式记账是经济业务涉及的各方面都要登记。

（2）单式记账法是指对发生的每一项经济业务，只在一个账户中加以登记的记账方法。运用好单式记账法在记账时，重点考虑的是现金、银行存款以及债权、债务方面发生的交易或事项，而其他财产物资的记账则相对不被重视。

二、复式记账法

（一）复式记账法的概念

复式记账法是以会计等式资产与权益平衡关系作为记账基础，对于每一笔经济交易或事项，都要在两个或两个以上的相互联系的会计账户中进行记录，系统地反映每一项经济交易或事项所引起的会计要素的增减变化及其结果的一种记账方法。

（二）复式记账法的优点

与单式记账法相比，复式记账法的优点主要有：

(1)能够全面反映经济业务内容和资金运动的来龙去脉。

(2)能够进行试算平衡,便于查账和对账。

(三)复式记账法的种类

复式记账法根据记账符号、记账规则以及试算平衡方法的不同,又可分为借贷记账法、增减记账法和收付记账法。

思考练习

一、单项选择题

1. 我国《企业会计准则——基本准则》中明确规定,企业应当采用的记账方法是( )。

  A. 借贷记账法   B. 收付记账法

  C. 增减记账法   D. 单式记账法

2. 借贷记账法是以( )为记账符号的一种复式记账法。

  A. "借"和"贷"   B. "增"和"减"

  C. "收"和"付"   D. 会计科目

3. 下列有关借贷记账法的表述中,正确的是( )。

  A. 借贷记账法是复式记账法的一种

  B. 借贷记账法中的"借"表示增加

  C. 借贷记账法中的"贷"表示减少

  D. 借贷记账法下,负债增加记借方,减少记贷方

4. 复式记账法要求对每项交易或事项,都要以相等的金额在( )中进行登记。

  A. 两个或两个以上相互联系的账户

  B. 一个总账账户和两个或两个以上的明细分类账户

  C. 两个或两个以上的明细分类账户

  D. 两个总账账户和几个明细分类账户

5. 下列各项中,不属于复式记账法的是( )。

  A. 借贷记账法   B. 收付记账法

  C. 增减记账法   D. 分类记账法

任务二 借贷记账法

培养目标

1. 熟练掌握各类账户的性质；
2. 熟练运用借贷记账法编制会计分录；
3. 理解总分类账户和明细分类账户的平行登记及登记要点，掌握平行登记的具体方法；
4. 熟练掌握试算平衡表的编制及运用。

要点精讲

一、借贷记账法的基本原理

（一）借贷记账法的概念

借贷记账法是以"借""贷"作为记账符号的一种复式记账方法，即将经济业务所引起会计要素的增减变动，以相等的金额同时在相互联系的两个或者两个以上的会计科目中进行相互联系，相互制约地记录。

（二）借贷记账法的记账符号

借贷记账法以"借""贷"作为记账符号，表示不同经济业务的增减变动情况。在借贷记账法下，一般"借"表示资产、成本、费用的增加和权益、收入的减少，"贷"表示资产、成本、费用的减少和权益、收入的增加。

（三）借贷记账法的记账规则

记账规则是指采用某种记账方法登记具体经济业务时应遵循的规律。借贷记账法的记账规则是"有借必有贷，借贷必相等"。

二、借贷记账法下的账户结构

在借贷记账法下，各类不同性质账户基本结构如下：

（一）资产类账户的结构

在借贷记账法下，资产类会计科目是用来记录和反映各项资产增减变动的会计科目。在这类会计账户中，借方登记资产的增加额，贷方登记资产的减少额，期末余额一般在借方；

资产类账户的结构用"T"字形账户表示，如图4-1所示：

借方	（资产类）账户名称	贷方
期初余额 本期增加额		本期减少额
本期借方发生额合计		本期贷方发生额合计
期末余额		

图 4-1 资产类账户结构图

期末借方余额＝期初借方余额＋本期借方发生额－本期贷方发生额

【例题1·单选题】 符合资产类账户记账规则的是(   )。

A. 增加记借方

B. 增加记贷方

C. 减少记借方

D. 期末若有余额，在贷方

【答案】 C

(二) 负债和所有者权益类账户的结构

由"资产＝负债＋所有者权益"会计等式可知，负债及所有者权益类的结构与资产类科目的结构正好相反，其贷方登记负债和所有者权益类账户的减少额，负债及所有者权益类账户的期末余额一般在贷方。

负债和所有者权益类账户的结构用"T"字形账户表示，如图4-2所示：

借方	（负债及所有者权益类）账户名称	贷方
本期减少额		期初余额 本期增加额
本期借方发生额合计		本期贷方发生额合计
		期末余额

图 4-2 负债及所有者权益类结构图

期末贷方余额＝期初贷方余额＋本期贷方发生额－本期借方发生额

【例题2·单选题】 应付账款账户期初贷方余额为1 000元，本期贷方发生额为5 000元，本期贷方余额为2 000元，该账户借方发生额为(   )元。

A. 借方4 000   B. 借方3 000

C. 借方2 000   D. 贷方2 000

【答案】 A

【例题3·多选题】 所有者权益类账户的期末余额根据(   )计算。

A. 贷方期末余额＝贷方期初余额＋贷方本期发生额－借方本期发生额

B. 贷方期末余额=贷方期初余额+借方本期发生额-贷方本期发生额
C. 借方本期发生额=贷方期初余额+贷方本期发生额-贷方期末余额
D. 借方期末余额=借方期初余额+借方本期发生额-贷方本期发生额

【答案】 A

(三)成本类账户的结构

成本类会计账户的结构与资产类账户的结构一致,其内部关系也相同。即成本类会计账户的借方登记成本的增加额,贷方登记成本的减少额,期末如有余额应在借方。

成本类账户的结构用"T"字形账户表示如图4-3所示:

借方	(成本类)账户名称	贷方
期初余额 本期增加额		本期减少额
本期借方发生额合计		本期贷方发生额合计
期末余额		

图4-3 成本类结构图

期末借方余额= 期初借方余额 + 本期借方发生额 -本期贷方发生额

(四)损益类账户的结构

损益类账户主要包括收入类账户(如主营业务收入、其他业务收入等账户)、直接计入当期损益的其他收益类账户(如营业外收入账户)、费用类账户(如管理费用、财务费用等账户)和损失类账户(如营业外支出)。

1. 收益类账户的结构

收益类账户的结构与负债和所有者权益类账户的结构基本相同,在借贷记账法下,收益类(包括收入类账户和直接计入当期损益的其他收益类账户)的借方登记减少额,贷方登记增加额。

收益类账户的结构用"T"字形账户表示,如图4-4所示:

借方	(收益类)账户名称	贷方
本期减少额		本期增加额
本期借方发生额合计		本期贷方发生额合计

图4-4 收益类结构图

2. 费用和损失类账户的结构

费用和损失类账户的结构与资产和成本类账户的结构基本相同。在借贷记账法下，费用类和损失类账户的借方登记增加额，贷方登记减少额。本期费用和损失净额在期末转入"本年利润"账户，用来计算本期损益，结转后一般无余额。

费用类和损失类账户的结构用"T"字形账户表示，如图4-5所示：

借方	（费用和损失类）账户名称	贷方
本期增加额		本期减少额
本期借方发生额合计		本期贷方发生额合计

图4-5 费用和损失类结构图

【例题4·单选题】 年末所有损益类科目的余额均为零，表明（　　）。
A. 当年收入一定为零
B. 当年费用一定为零
C. 损益类科目发生额在结账时均已转入"本年利润"科目
D. 当年利润一定是零
【答案】 C

【例题5·单选题】 在借贷记账法下，一般有借方余额的会计科目是（　　）。
A. 成本类会计科目
B. 负债类会计科目
C. 损益类会计科目
D. 费用类会计科目
【答案】 A

【例题6·多选题】 借方登记本期减少发生额的账户有（　　）。
A. 资产类账户
B. 负债类账户
C. 收入类账户
D. 费用类账户
【答案】 BC

综合以上对各类会计账户结构的说明，现将借贷记账法下各类会计账户的基本结构列示，如表4-1所示：

表 4-1　借贷记账法下各类会计账户的基本结构

会计账户类别	借方登记	贷方登记	余额方向
资产类	增加额	减少额	借方
负债及所有者权益类	减少额	增加额	贷方
成本类	增加额	减少额	借方
收益类	减少或转出额	增加额	一般无余额
费用及损失类	增加额	减少或转出额	一般无余额

三、借贷记账法下的记账规则

借贷记账法的记账规则是"有借必有贷,借贷必相等"。

四、借贷记账法下的账户对应关系与会计分录

(一)账户的对应关系

账户的对应关系是指采用借贷记账法对每笔交易或事项进行记录时,相关账户之间形成的应借、应贷的相互关系。存在对应关系的账户称为对应账户。

(二)会计分录

1. 会计分录的含义

在借贷记账法下,会计分录是指标明某项经济业务应借、应贷方向,会计科目名称和金额的记录,简称分录。在实际工作中,会计分录是根据经济业务的原始凭证在记账凭证上编制的。

2. 会计分录的分类

会计分录有简单的会计分录和复合会计分录两种。简单会计分录是"一借一贷"的分录。复合会计分录是"一借多贷""多借一贷""多借多贷"的分录。

【例题7·单选题】　通常一借多贷或一贷多借的会计分录对应(　　)。

A. 一笔经济交易与事项

B. 一笔或多笔经济交易与事项

C. 两笔以上经济交易与事项

D. 多笔经济交易与事项

【答案】　A

【解析】　编制分录只能涉及一笔经济交易与事项。

3. 会计分录的编制步骤

运用借贷记账法编制会计分录,可按照下列步骤进行:

①分析经济业务所涉及的对应账户的名称;②确定经济业务所涉及的对应账户金额

是增加还是减少,并根据借贷记账法的账户结构,确定对应账户的记账方向(记借方还是贷方);③确定应借应贷的会计账户是否正确,借贷金额是否相等。

五、总分类账户和明细分类账户的平行登记

(一)总分类账户与明细分类账户的关系

总分类账户是所属明细分类账户的统驭账户,对所属明细分类账户起着控制作用;明细分类账户则是总分类账户的从属账户,对其所隶属的总分类账户起着补充说明作用。

(二)总分类账户与明细分类账户平行登记的要求

总分类账户与明细分类账户的平行登记,是指对所发生的每项经济业务事项都要以会计凭证为依据;一方面记入有关总分类账户,另一方面记入有关总分类账户所属的明细分类账户的方法。总分类账户与明细分类账户平行登记的要点如下:
(1)依据相同;
(2)方向相同;
(3)期间相同;
(4)金额相同。

六、借贷记账法下的试算平衡

(一)试算平衡的含义

试算平衡是根据资产与权益之间的恒等关系以及借贷记账法的记账规则,通过对所有会计账户记录的汇总和计算,检查所有会计账户的记录是否正确的一种方法,它包括发生额试算平衡法和余额试算平衡法两种方法。

(二)试算平衡的分类

试算平衡具体可分为发生额试算平衡法和余额试算平衡法两种方法。

1. 发生额试算平衡法

发生额试算平衡是根据借贷记账法的记账规则推导出来的。由于每发生一笔经济业务,都是按照"有借必有贷,借贷必相等"的记账规则来进行核算,因此全部账户本期借方发生额合计与全部账户本期贷方发生额合计必然相等。发生额试算平衡公式如下:

全部账户本期借方发生额合计=全部账户本期贷方发生额合计

2. 余额试算平衡法

余额试算平衡是根据"资产=负债+所有者权益"这一基本会计等式推导出来的,因为资产类账户的余额在借方,而负债和所有者权益账户的余额在贷方,根据"资产=负债+所有者权益,可以得出全部账户的借方余额合计=全部账户的贷方余额合计。余额试算平衡公式如下:

全部账户的借方期初余额合计=全部账户的贷方期初余额合计

全部账户的借方期末余额合计=全部账户的贷方期末余额合计

【例题8·单选题】 余额试算平衡法下的平衡关系有( )。
A. 全部会计科目的本期借方发生额合计=全部会计科目的本期贷方发生额合计
B. 全部会计科目的期初借方余额合计=全部会计科目的期末贷方余额合计
C. 借方科目金额=贷方科目金额
D. 全部会计科目的期末借方余额合计=全部会计科目的期末贷方余额合计

【答案】 D

【解析】 选项A,属于发生额平衡法下的公式;选项B,全部会计科目的期初借方余额合计=全部会计科目的期初贷方余额合计;选项C,全部会计科目的期末(初)借方余额合计=全部会计科目的期末(初)贷方余额合计。

编制试算平衡表时的注意事项:
(1)必须保证所有账户的余额均已记入试算表。
(2)如果试算表借贷不相等,肯定账户记录有错误,应认真查找,直到实现平衡为止。
(3)即便实现了有关三栏的平衡关系,并不能说明账户记录绝对正确,因为有些错误并不会影响借贷双方的平衡关系。通常情况下,不能通过试算平衡发现的错误有以下几种情况:①漏记某项经济业务;②重记某项经济业务;③某项经济业务记错有关账户;④某项经济业务在账户记录中,颠倒了记账方向;⑤借方或贷方发生额中,偶然发生多记或少记并相互抵消,借贷仍然平衡;⑥某项经济业务记录的应借应贷科目正确,但借贷双方金额同时多记或少记,且金额一致,借贷仍然平衡。

【例题9·单选题】 下列错误事项能通过试算平衡查找的有( )。
A. 某项经济业务未入账
B. 某项经济业务重复记账
C. 应借应贷账户中借贷方向颠倒
D. 应借应贷账户中金额不等

【答案】 D

【解析】 选项A,漏记某项经济业务,不影响试算平衡;选项B,重记某项经济业务,不影响试算平衡;选项C,某项经济业务在账户记录中,颠倒了记账方向,不影响试算平衡。

思考练习

一、单项选择题

1. 在借贷记账法下,一般有借方余额的会计科目是( )。
A. 成本类会计科目　　　　　　　B. 负债类会计科目
C. 损益类会计科目　　　　　　　D. 费用类会计科目

2. 应付账款账户期初贷方余额为1 000元,本期贷方发生额为5 000元,本期贷方余额为 2 000 元,该账户借方发生额为( )元。

A. 借方 4 000　　　　　　　　B. 借方 3 000

C. 借方 2 000　　　　　　　　D. 贷方 2 000

3. 年末所有损益类科目的余额均为零,表明( )。

A. 当年收入一定为零

B. 当年费用一定为零

C. 损益类科目发生额在结账时均已转入"本年利润"科目

D. 当年利润一定是零

4. 余额试算平衡法下的平衡关系有( )。

A. 全部会计科目的本期借方发生额合计＝全部会计科目的本期贷方发生额合计

B. 全部会计科目的期初借方余额合计＝全部会计科目的期末贷方余额合计

C. 借方科目金额＝贷方科目金额

D. 全部会计科目的期末借方余额合计＝全部会计科目的期末贷方余额合计

5. 下列错误事项能通过试算平衡查找的有( )。

A. 某项经济业务未入账　　　　B. 某项经济业务重复记账

C. 应借应贷账户中借贷方向颠倒　D. 应借应贷账户中金额不等

6. 下列错误不能通过试算平衡发现的是( )。

A. 漏记某个会计科目　　　　　B. 重记某个会计科目

C. 错用某个会计科目　　　　　D. 某个会计科目少计金额

7. 下列账户中,期末结转后无余额的账户有( )。

A. 实收资本　　　　　　　　　B. 应付账款

C. 固定资产　　　　　　　　　D. 管理费用

8. 某企业月初的短期借款账户为贷方余额 60 万元,本月向银行借入期限为 6 个月的借款 20 万元,归还以前的短期借款 30 万元,则本月末短期借款账户的余额为( )万元。

A. 贷方 80　　　　　　　　　B. 贷方 50

C. 借方 50　　　　　　　　　D. 贷方 30

9. 甲企业"应收账款"科目期初借方余额 40 000 元,本期收回应收的货款 15 000 元,该科目期末为借方余额 60 000 元,则企业本期必定还发生了( )。

A. 应收账款增加 20 000 元　　B. 应收账款减少 20 000 元

C. 应收账款增加 35 000 元　　D. 应收账款减少 35 000 元

10. 下列关于借贷记账法下账户的结构说法错误的是( )。

A. 损益类账户和负债类账户结构类似

B. 资产类账户和成本类账户结构相同

C. 所有者权益类账户和损益类账户中的收入类账户结构相似

D. 损益类账户期末结转后一般无余额

11. 企业在购入物资时,"应交税费"的对应账户可以是( )。

A. 原材料　　　　　　　　　　B. 在途物资

C. 税金及附加 D. 固定资产

12. 下列关于复式记账法的表述中,正确的是(　　)。
   A. 每一项经济交易或事项的发生,都会引起资产、负债、所有者权益有关项目的增减变动
   B. 资产发生变动的,负债也必然发生变动
   C. 资产发生变动的,所有者权益也必然发生变动
   D. 负债发生变动的,所有者权益也必然发生变动

13. 下列错误中能通过试算平衡发现的是(　　)。
   A. 某项经济业务未入账 B. 某项经济业务重复记账
   C. 借贷方向颠倒 D. 借贷金额不等

14. 发生额试算平衡法下的平衡关系有(　　)。
   A. 全部账户的本期借方发生额=全部账户的本期贷方发生额
   B. 全部账户的本期借方发生额合计=全部账户的本期贷方发生额合计
   C. 全部账户的期末借方余额=全部账户的期末贷方余额
   D. 全部账户的期末借方余额合计=全部账户的期末贷方余额合计

15. 根据资产与权益的恒等关系以及借贷记账法的记账规则,检查所有会计科目记录是否正确的方法为(　　)。
   A. 借贷记账 B. 平行登记
   C. 试算平衡 D. 对账

16. 下列关于负债及所有者权益类科目期末余额的表述中,正确的是(　　)。
   A. 一般在借方 B. 一般在借方和贷方
   C. 一般在贷方 D. 一般无余额

17. 其他应收款账户期初借方余额为35 400元,本期借方发生额为26 300元,本期贷方发生额为17 900元,该账户期末余额为(　　)。
   A. 借方43 800元 B. 借方27 000元
   C. 贷方43 800元 D. 贷方27 000元

18. 在借贷记账法下,科目的贷方用来登记(　　)。
   A. 大部分收入类科目的减少 B. 大部分所有者权益类科目的增加
   C. 大部分负债类科目的减少 D. 大部分成本类科目的增加

19. 下列有关复式记账法的表述中,不正确的是(　　)。
   A. 复式记账法以基本会计等式为记账基础
   B. 复式记账法是唯一的记账方法
   C. 复式记账能够完整记录经济业务
   D. 复式记账法是对经济交易与事项记录的具体手段及方式

20. 属于发生额试算平衡的理论依据时(　　)。
   A. 会计恒等式 B. 借贷记账法的记账规则
   C. 账户对应关系 D. 会计交易或事项的类型

二、多项选择题

1. 在发生某些账务处理错误的情况下,试算平衡表依然是平衡的。下列选项中,(   )属于这种情况。
   A. 少记某科目发生额　　　　　　B. 整笔经济业务漏记
   C. 整笔经济业务重记　　　　　　D. 某一科目的金额记错

2. 企业用银行存款偿还应付账款99 000元,另用现金偿还应付账款1 000元,下列说法正确的有(   )。
   A. 资产类账户"应付账款"减少99 000元,记入该账户的贷方
   B. 负债类账户"应付账款"减少100 000元,记入该账户的借方
   C. 资产类账户"库存现金"减少1 000元,记入该账户的借方
   D. 资产类账户"银行存款"减少99 000元,记入该账户的贷方

3. 下列账户贷方核算增加额的是(   )。
   A. 主营业务收入　　　　　　　　B. 应付账款
   C. 生产成本　　　　　　　　　　D. 管理费用

4. 下列账户中期末余额在贷方的有(   )。
   A. 预收账款　　　　　　　　　　B. 应收账款
   C. 应付账款　　　　　　　　　　D. 累计摊销

5. 下列选项中,记账符号"贷"表示增加的有(   )。
   A. 资产　　　　　　　　　　　　B. 负债
   C. 所有者权益　　　　　　　　　D. 收入

6. 借贷记账法下分别以"借""贷"两个记账符号表示各会计要素的增加或减少,至于"借"表示增加还是"贷"表示增加,则取决于(   )。
   A. 账户的格式　　　　　　　　　B. 账户的名称
   C. 账户的性质　　　　　　　　　D. 所记录经济内容的性质

7. 以下关于借贷记账法表述正确的有(   )。
   A. "借""贷"只作为记账符号使用,用以表明记账方向
   B. 借贷记账法源于美国
   C. 借贷记账法是以"借""贷"为记账符号,分别作为账户的左方和右方
   D. 将发生的经济交易与事项所引起会计要素的增减变动以相等的金额,同时在相互关联的两个或者两个以上的会计科目中进行相互联系.相互制约地记录

8. 下列可能跟预付账款对应的科目有(   )。
   A. 原材料　　　　　　　　　　　B. 应收账款
   C. 银行存款　　　　　　　　　　D. 库存商品

9. 与单式记账法相比,复式记账法的优点是(   )。
   A. 对发生的每一项经济业务,只在一个账户中加以登记
   B. 可以清楚地反映资金运动的来龙去脉
   C. 可以对记录的结果进行试算平衡,以便检查账户记录的正确性
   D. 不便于检查账户记录的正确性和完整性

10. 下列错误不会影响借贷双方的平衡关系的是( )。
A. 漏记某项经济业务　　　　　　B. 重记某项经济业务
C. 记错方向,把借方计入贷方　　　D. 借贷错误巧合,正好抵销

11. 关于损益类账户的表述中,正确的有( )。
A. 损益类科目是对收入.成本等的具体内容进行分类核算的项目
B. 收入类账户结构类似所有者权益类账户
C. 费用类账户借方登记费用的减少数
D. 无论收入类账户,还是费用类账户,期末结转后账户无余额

12. 下列会计科目中,期末可能有借方余额的有( )。
A. 管理费用　　　　　　　　　　B. 制造费用
C. 生产成本　　　　　　　　　　D. 主营业务收入

13. 下列会计科目中,期末结转后一般应无余额的有( )。
A. 管理费用　　　　　　　　　　B. 生产成本
C. 投资收益　　　　　　　　　　D. 其他应付款

14. 对于大多数资产、成本类账户而言( )。
A. 增加记借方　　　　　　　　　B. 增加记贷方
C. 减少记贷方　　　　　　　　　D. 期末无余额

15. 会计分录的基本要素包括( )。
A. 记账符号　　　　　　　　　　B. 记账时间
C. 记账金额　　　　　　　　　　D. 科目名称

16. 下列关于借贷记账法的说法中正确的是( )。
A. 借贷记账法下,哪一方登记增加,哪一方登记减少取决于账户的性质和所记录经济内容的性质
B. "借""贷"是借贷记账法的记账符号
C. 借贷记账法的记账规则是"有借必有贷,借贷必相等"
D. 借贷记账法下,可以进行试算平衡

17. 下列说法正确的是( )。
A. 资产类账户增加记贷方,减少记借方
B. 负债类账户增加记贷方,减少记借方
C. 收入类账户增加记贷方,减少记借方
D. 损益类账户增加记贷方,减少记借方

18. 损益类账户一般具有以下特点( )。
A. 费用类账户的增加额记借方　　B. 收入类账户的减少额记借方
C. 期末一般无余额　　　　　　　D. 期末要结转到"利润分配"科目

19. 在借贷记账法下,可以在账户借方登记的是( )。
A. 资产的增加　　　　　　　　　B. 负债的增加
C. 收入的增加　　　　　　　　　D. 所有者权益的减少

20. 期末损益类账户结转时,下列选项中"本年利润"贷方的对应科目有( )。

A. 主营业务成本　　　　　　　　B. 税金及附加
C. 其他业务收入　　　　　　　　D. 主营业务收入

三、判断题

1. 试算平衡了,说明账户记录是绝对正确的。　　　　　　　　　　　　(　　)
2. 在把经济业务记入账户之前,应先确定经济业务所涉及的会计科目及其应记的借贷方金额,然后再根据经济业务发生时所取得的原始凭证,在记账凭证中编制会计分录。
　　　　　　　　　　　　　　　　　　　　　　　　　　　　　　　　(　　)
3. 企业按当年实现净利润计提法定盈余公积,金额为 50 000 元。此项经济业务一方面使"盈余公积"账户增加 50 000 元,记入该账户的借方,另一方面使"利润分配"账户减少 50 000 元,记入该账户的贷方,借贷金额相等,权益总额不变。　　　　(　　)
4. "税金及附加"账户属于成本类账户,借方记增加额,贷方记减少额。　(　　)
5. "预付账款"账户和"应付账款"账户在结构上是相同的。　　　　　　(　　)
6. "累计折旧"账户的期末余额通常在贷方,它不属于资产类账户。　　(　　)
7. 借贷记账法是以"借""贷"作为记账符号,对每一笔经济业务在两个或两个以上相互联系的账户中以相同的方向、相同的金额全面地进行记录的一种复式记账法。(　　)
8. 通常会计科目的借方表示增加还是减少,取决于账户的性质和所记录的经济内容的性质。　　　　　　　　　　　　　　　　　　　　　　　　　　　　　　(　　)
9. 在借贷记账法下,一般"借"表示资产、费用、成本的增加和权益、收入的减少,"贷"表示资产、费用、成本的减少和权益、收入的增加。　　　　　　　　　　(　　)
10. 收入类账户的结构与所有者权益类账户的结构相反。　　　　　　(　　)
11. 借贷记账法起源于英国,是世界上普遍采用的记账方法。　　　　(　　)
12. 目前我国主要采用的是复式记账法,但对于个别企业、组织也可以采用单式记账法进行会计核算。　　　　　　　　　　　　　　　　　　　　　　　　　　(　　)
13. 借贷记账法的特点是以"借""贷"作为记账符号,借方表示资产和费用的增加,贷方表示负债、所有者权益的减少。　　　　　　　　　　　　　　　　　　(　　)
14. 在会计处理中,企业可以将不同类型的交易或事项合并编制多借多贷的会计分录。
　　　　　　　　　　　　　　　　　　　　　　　　　　　　　　　　(　　)
15. 借贷记账法的记账规则为:有借必有贷,借贷必相等。即对于每一笔经济业务都要在两个或两个以上相互联系的会计科目中以借方和贷方相等的金额进行登记。
　　　　　　　　　　　　　　　　　　　　　　　　　　　　　　　　(　　)

项目五  工业企业主要经济业务的核算

任务一　工业企业主要经济业务概述

培养目标

理解工业企业经济业务流程。

要点精讲

任务二　筹集资金业务的核算

培养目标

1. 了解企业的筹资渠道；
2. 熟练掌握实收资本（或股本）、资本公积、银行存款、短期借款、长期借款、财务费用、应付利息账户的核算内容及结构；
3. 掌握企业筹集资金业务的账务处理。

要点精讲

资金筹集业务按其资金来源通常分为所有者权益筹资和负债筹资。

一、所有者权益筹资的核算

投资者投入企业的资金,除法律法规另有规定外,只能依法转让,不得抽回。

(一)账户设置

1."实收资本(或股本)"账户

借方	实收资本(或股本)	贷方
所有者投入企业资本金的减少额		所有者投入企业资本金的增加额
		余额 企业期末实收资本(或股本)总额

2."资本公积"账户

借方	资本公积	贷方
资本公积的减少额		资本公积的增加额
		余额 企业期末资本公积的结余数

3."银行存款"账户

借方	银行存款	贷方
企业存入的款项		企业提取或支出的存款
余额 企业存在银行或其他金融机构的各种款项		

(二)账务处理

借:银行存款(或原材料、库存商品、固定资产等)
　　应交税费——应交增值税(进项税额)
　贷:实收资本(或股本)(按其在注册资本或股本中所占份额)

　　　　资本公积——资本溢价(或股本溢价)(差额)
　注意：
　　1. 企业接受非现金资产投资时,应按投资合同或协议约定价值确定非现金资产的入账价值(但投资合同或协议约定价值不公允的除外)。
　　2. 接受投资,有限责任公司贷记实收资本,股份有限公司贷记股本。
　　3. 股本按面值作为入账价值,一般每股面值为1元。
　【例题1·业务题】　2016年1月1日A有限责任公司由甲、乙两位投资者投资40万元设立,每人各出资20万元。2017年1月1日,A公司注册资本增加到60万元,并引入第三位投资者丙加入。按照投资协议,新投资者需缴入资金25万元,同时享有该公司三分之一的股份,A有限责任公司已收到该笔投资,款项存入银行。
　【答案】
2016年1月1日
借：银行存款　　　　　　　　　　　　　　　　　　　　　　　　　　400 000
　　贷：实收资本——甲　　　　　　　　　　　　　　　　　　　　　200 000
　　　　　　　　——乙　　　　　　　　　　　　　　　　　　　　　200 000
2017年1月1日
借：银行存款　　　　　　　　　　　　　　　　　　　　　　　　　　250 000
　　贷：实收资本——丙　　　　　　　　　　　　　　　　　　　　　200 000
　　　　资本公积——资本溢价　　　　　　　　　　　　　　　　　　 50 000
　【解析】　A公司为有限责任公司,所以接受投资时贷记实收资本；收到丙投资者的投入,其多投资的部分与实收资本相对应,形成"资本公积——资本溢价"。
　【例题2·业务题】　2016年5月1日,B股份有限公司发行普通股10 000股,每股面值1元,每股发行价格2.6元,收到的股款已存入银行。
　【答案】
发行收入=10 000×2.6=26 000元
借：银行存款　　　　　　　　　　　　　　　　　　　　　　　　　　 26 000
　　贷：股本　　　　　　　　　　　　　　　　　　　　　　　　　　 10 000
　　　　资本公积——股本溢价　　　　　　　　　　　　　　　　　　 16 000
　【解析】　B公司为股份有限公司,所以发行股票筹集资金时贷记股本；股本按面值作为入账价值,入账价值=股数×面值=10 000×1=10 000元；股票的发行价格超过面值的部分,即溢价的部分,与股本对应,形成"资本公积——股本溢价"。

二、借入资金的核算

　　短期借款偿还期限在一年以内(含一年)；长期借款偿还期限在一年以上(不含一年)。

（一）账户设置

1. "短期借款"账户

借方	短期借款	贷方
短期借款本金的减少		短期借款本金的增加额
		余额 期末尚未偿还的短期借款

2. "长期借款"账户

借方	长期借款	贷方
归还的本金和利息		企业借入的长期借款本金和到期一次还本付息长期借款预计的利息
		余额 企业期末尚未偿还的长期借款本息

3. "财务费用"账户

借方	财务费用	贷方
手续费、利息费用等的增加额		应冲减财务费用的利息收入等

4. "应付利息"账户

借方	应付利息	贷方
企业实际支付的利息		企业按照合同利率计算确定的应付未付利息
		余额 企业应付未付的利息

(二)账务处理

1. 短期借款的账务处理

(1)不预提利息

①取得借款

借:银行存款
　　贷:短期借款

②到期偿还本息

借:财务费用
　　短期借款
　　贷:银行存款

(2)预提利息

①取得借款

借:银行存款
　　贷:短期借款

②计提利息

借:财务费用
　　贷:应付利息

③分期偿还利息

借:财务费用(未计提的利息)
　　应付利息(已计提但尚未支付的利息)
　　贷:银行存款

④到期偿还本金和所欠利息

借:财务费用(未计提的利息)
　　应付利息(已计提但尚未支付的利息)
　　短期借款
　　贷:银行存款

2. 长期借款的账务处理

(1)分期付息

①取得借款

借:银行存款
　　贷:长期借款——本金

②计提利息

借:财务费用等
　　贷:应付利息

③分期偿还利息

借:财务费用等(未计提的利息)
　　应付利息(已计提但尚未支付的利息)
　　贷:银行存款

④到期偿还本金和所欠利息
借:财务费用等(未计提的利息)
　　应付利息(已计提但尚未支付的利息)
　　长期借款——本金
　　贷:银行存款
(2)到期一次还本付息
①取得借款
借:银行存款
　　贷:长期借款——本金
②计提利息
借:财务费用等
　　贷:长期借款——应计利息
③到期偿还本金付息
借:长期借款——本金
　　　　　　——应计利息
　　贷:银行存款
注意:

短期借款利息的计提贷记"应付利息",因为短期借款偿还期限在一年以内(含一年),因此利息的偿还期限也在一年以内(含一年),形成企业的流动负债;

长期借款利息的计提不一定都是贷记"应付利息",需要分情况确定,若长期借款是分期付息,则利息的偿还期限一般在一年以内(含一年),则形成企业的流动负债,贷记"应付利息";若长期借款是到期一次还本付息,则利息的偿还期限和本金相同,在一年以上(不含一年),则形成企业的非流动负债,贷记"长期借款"。

思考练习

一、单项选择题

1. 有限责任公司在增资扩股时,如有新投资者介入,新介入的投资者缴纳的出资额超过其在注册资本中所占份额部分,应记入(　　)科目核算。

　　A. 盈余公积　　　　　　　　　　B. 资本公积
　　C. 其他应付款　　　　　　　　　D. 实收资本

2. 下列表述中正确的是(　　)。

　　A. 计提的短期借款利息通过"短期借款"核算,计提的长期借款利息通过"长期借款"核算
　　B. 计提的短期借款利息和长期借款利息均通过"应付利息"核算
　　C. 计提的短期借款利息通过"短期借款"核算,计提的长期借款利息通过"应付利

息"核算

D.计提的短期借款利息通过"应付利息"核算,计提的长期借款利息通过"应付利息"或"长期借款"核算

3.对于分期付息到期还本的长期借款,计提利息时,贷方应记入( )账户。

A.财务费用 B.银行存款
C.长期借款 D.应付利息

4.( )是指企业为了满足其生产经营对资金的临时性需要而向银行或其他金融机构等借入的偿还期限在一年以内(含一年)的各种借款。

A.短期借款 B.长期借款
C.应付债券 D.应付账款

5.企业3月末支付本季短期借款利息3 000元(前两月已预提2 000元)正确分录为( )。

A.借:应付利息　　　　　　　2 000
　　管理费用　　　　　　　1 000
　　　贷:银行存款　　　　　　　3 000
B.借:应付利息　　　　　　　2 000
　　财务费用　　　　　　　1 000
　　　贷:银行存款　　　　　　　3 000
C.借:短期借款　　　　　　　2 000
　　财务费用　　　　　　　1 000
　　　贷:银行存款　　　　　　　3 000
D.借:财务费用　　　　　　　3 000
　　　贷:银行存款　　　　　　　3 000

6.( )是指企业的投资者按照企业章程、合同或协议的约定,实际投入企业的资本金以及按照有关规定由资本公积、盈余公积等转增资本的资金。

A.实收资本 B.未分配利润
C.资本溢价 D.银行存款

7.企业的资金筹集业务按( )分为所有者权益筹资和负债筹资。

A.资金来源 B.资金运用
C.资金分配 D.资金的占用

8.企业接受非现金资产投资时,非现金资产价值根据( )确定。

A.投资合同约定价值 B.评估确认价值
C.公允价值 D.原账面价值

9.( )是指其他法人单位以其依法可以支配的资产投入企业形成的资本金。

A.国家资本金 B.法人资本金
C.个人资本金 D.外商资本金

10.实收资本属于( )类账户。

A.资产 B.负债

C. 所有者权益 　　　　　　　　D. 损益

二、多项选择题

1. 下列会计处理中,反映企业资金筹集业务的有(　　)。
   A. 借记"银行存款"科目,贷记"实收资本"科目
   B. 借记"银行存款"科目,贷记"长期借款"科目
   C. 借记"固定资产"科目,贷记"银行存款"科目
   D. 借记"银行存款"科目,贷记"主营业务收入"科目

2. 企业从银行借入的期限为3个月的借款到期,偿还该借款利息时所编制会计分录可能涉及的账户有(　　)。
   A. 应付利息 　　　　　　　　B. 财务费用
   C. 短期借款 　　　　　　　　D. 银行存款

3. 以银行存款归还到期的长期借款本金及利息,利息分期计提到期一次支付,不符合资本化条件,则借记的科目可能有(　　)。
   A. 财务费用 　　　　　　　　B. 长期借款
   C. 应付利息 　　　　　　　　D. 管理费用

4. 实收资本的来源有(　　)。
   A. 投资者按照企业章程、合同或协议的约定,实际投入企业的资本金
   B. 资本公积转增资本
   C. 盈余公积转增资本
   D. 投资者投入的超出其在企业注册资本中所占的份额

5. 财务费用账户属于损益类账户,用以核算企业为筹集生产经营所需资金等而发生的筹资费用,包括(　　)。
   A. 利息支出 　　　　　　　　B. 汇兑损益
   C. 相关的手续费 　　　　　　D. 企业发生的现金折扣

6. 企业接受投资者投入的资本,可能涉及的会计科目有(　　)。
   A. 银行存款 　　　　　　　　B. 固定资产
   C. 无形资产 　　　　　　　　D. 实收资本

7. 企业用银行存款偿还短期借款,引起(　　)。
   A. 资产增加 　　　　　　　　B. 资产减少
   C. 负债增加 　　　　　　　　D. 负债减少

8. 下列关于长期借款账户说法正确的是(　　)。
   A. 长期借款属于负债类的账户
   B. 贷方登记企业借入的长期借款本金
   C. 借方登记归还的本金和利息
   D. 期末余额在借方,反映企业期末尚未偿还的长期借款

9. 投资者可以以(　　)投资。
   A. 货币资金 　　　　　　　　B. 存货
   C. 固定资产 　　　　　　　　D. 非现金资产

10. 按照资本公积的来源不同,设置的明细科目有( )。
A. 资本溢价　　　　　　　　B. 其他资本公积
C. 法定盈余公积　　　　　　D. 任意盈余公积

三、判断题

1. 企业向银行或其他金融机构借入的款项应通过"长期借款"科目进行核算。（　　）

2. 对于负债筹资形成债权人的权益（通常称为债务资本），这部分资本的所有者享有按约收回本金和利息的权利。（　　）

3. 短期借款账户借方登记短期借款本金的增加额,贷方登记短期借款本金的减少额。期末余额在借方,反映企业期末尚未归还的短期借款。（　　）

4. 实收资本账户贷方登记所有者投入企业资本金的减少额,借方登记所有者投入企业资本金的增加额。期末余额在借方,表示企业期末实收资本（或股本）总额。（　　）

5. 对于企业收到的投资方投入的实物资产,如果确认的资产价值超过其在注册资本中所占的份额,差额应作为资本溢价,计入盈余公积。（　　）

6. 企业向银行借入款项,表现为一项资产增加,一项负债减少。（　　）

7. 所有者权益筹资形成债权人权益,通常称为债务资本。（　　）

8. 企业收到投资者以设备投资,应按其原账面价值作为入账价值。（　　）

9. 长期借款用以核算企业向银行或其他金融机构等借入的偿还期限在1年以上（含1年）的各种借款。（　　）

10. 到期一次还本付息的长期借款计提利息通过应付利息核算。（　　）

四、实务操作题

1. 2016年1月1日,A、B、C三个公司共同投资成立甲有限责任公司。按甲有限公司的章程规定,注册资本为900万元,A、B、C三方各占三分之一的股份。假定A公司以厂房投资,投资各方确认的价值为300万元（同公允价值）;B公司以价值200万元的新设备一套和价值100万元的一项专利权投资,其价值已被投资各方确认,并已向甲公司移交了专利证书等有关凭证;C公司以货币资金300万元投资,已存入甲公司的开户银行。

2017年1月1日D公司和E公司有意投资甲公司,经与A、B、C三公司协商,将甲公司注册资本增加到1500万元,A、B、C、D、E五方各占五分之一股权。D公司需以货币资金出资400万元,以取得20%的股份;E公司以价值400万元的一项土地使用权出资,其价值已被投资各方确认,取得20%的股份。协议签订后,修改了原公司章程,有关出资及变更登记手续办理完毕。

不考虑相关税费。分别编制收到A、B、C、D、E公司投资时的会计分录。

2. A股份有限公司于2016年1月1日从银行借入一笔生产经营用短期借款,共计120 000元,期限为9个月,年利率为4%。分别编制以下两种情况的会计分录。

（1）利息不预提,到期一次偿还本息。

（2）利息按月预提,按季支付,到期还本。

任务三 采购业务的核算

培养目标

1. 理解购置设备的入账价值;
2. 理解材料的采购成本;
3. 熟练掌握固定资产、在建工程、应交税费、原材料、在途物资、应付账款、预付账款、应付票据账户的核算内容及结构;
4. 掌握企业采购业务的账务处理。

要点精讲

一、购置机器设备的核算

购置不需要经过建造安装而直接投入使用的固定资产,按实际支付的买价、运杂费和保险费等作为固定资产的入账价值;

自行建造完成或需要安装完成的固定资产,按照固定资产达到预定可使用状态前发生的一切合理、必要的支出作为其入账价值。

注意:购置机器设备的采购成本不包括可抵扣的增值税,支付的增值税记应交税费的借方,具体的科目为"应交税费——应交增值税(进项税额)"。

【例题1·计算题】 甲公司购入一台不需要安装即可投入使用的设备,取得的增值税专用发票上注明的设备价款为30 000元,增值税额为5 100元,另支付运输费300元,包装费400元,款项以银行存款支付。甲公司属于增值税一般纳税人,固定资产的入账价值为多少?

【答案】 30 000+300+400=30 700元。

(一)账户设置

1."固定资产"账户

借方	固定资产	贷方
固定资产原价的增加		固定资产原价的减少
余额 企业期末固定资产的原价		

2."在建工程"账户

借方	在建工程	贷方
企业各项在建工程的实际支出		完工工程转出的成本
余额 企业期末尚未达到预定可使用状态的在建工程的成本		

3."应交税费"账户

借方	应交税费	贷方
实际缴纳的各种税费		各种应交未交税费
余额 反映企业多交或尚未抵扣的税费		余额 反映企业尚未交纳的税费

(二)账务处理

1. 购入不需要安装的固定资产
借:固定资产
    应交税费——应交增值税(进项税额)
  贷:银行存款等
2. 购入需要安装的固定资产
(1)购入时
借:在建工程
    应交税费——应交增值税(进项税额)
  贷:银行存款等
(2)支付安装费
借:在建工程
  贷:银行存款
(3)安装完成,达到预定可使用状态
借:固定资产
  贷:在建工程

二、采购材料的核算

(一) 采购成本

材料的采购成本是指材料从采购到入库前所发生的全部合理、必要的支出,具体包括:

(1) 材料买价,即购买时发票记载的价格;
(2) 相关税费,包括进口货物关税、消费税和其他费用;
(3) 运输途中的合理损耗以及入库前的挑选整理费用;
(4) 采购过程中发生的运输费、装卸费、保险费以及其他可归属于采购成本的费用。

注意:不包括支付的可抵扣的增值税。

【例题2·单选题】 企业为增值税一般纳税人,购入材料一批,增值税专用发票上标明的价款为25万元,增值税为4.25万元,另支付材料的保险费2万元、包装物押金2万元。该批材料的采购成本为( )万元。

A. 27   B. 29
C. 29.25 D. 31.25

【答案】 A

【解析】 企业为增值税一般纳税人,采购时的增值税是不计入采购成本的。包装物押金最终是要收回的,不计入采购成本中。该批材料的采购成本=25+2=27万元。

(二) 账户设置

1. "原材料"账户

借方	原材料	贷方
已验收入库材料的成本		发出材料的成本
余额 反映企业库存材料的计划成本或实际成本		

2. "在途物资"账户

借方	在途物资	贷方
购入材料的买价和采购费用（采购实际成本）		结转完成采购过程、已验收入库材料的实际采购成本
余额 反映企业期末在途材料等物资的采购成本		

3. "应付账款"账户

借方	应付账款	贷方
偿还的应付账款		企业因购入材料、商品和接受劳务等尚未支付的款项
余额 反映企业期末预付的款项		余额 反映企业期末尚未支付的应付账款余额

4. "预付账款"账户

借方	预付账款	贷方
企业因购货等业务预付的款项		企业收到货物后应支付的款项
余额 反映企业期末预付的款项		余额 反映企业尚需补付的款项

5."应付票据"账户

借方	应付票据	贷方
已经支付或者到期无力支付的商业汇票		企业开出、承兑的商业汇票
		余额 反映企业尚未到期的商业汇票的金额

(三)账务处理

1. 发票账单收到,材料验收入库

(1)货款已经支付,同时材料入库

借:原材料
　　应交税费——应交增值税(进项税额)
　　贷:银行存款等

(2)货款尚未支付,材料已经验收入库

①采购时

借:原材料——甲材料
　　应交税费——应交增值税(进项税额)
　　贷:应付账款(应付票据)等

②支付货款

借:应付账款(应付票据)等
　　贷:银行存款

2. 发票账单收到,材料尚未验收入库

(1)采购时

借:在途物资——甲材料
　　应交税费——应交增值税(进项税额)
　　贷:银行存款等

(2)验收入库

借:原材料
　　贷:在途物资

3. 发票账单未到,材料验收入库

月末仍未收到相关发票凭证,应按照暂估价入账

借:原材料
　　贷:应付账款——暂估应付账款

下月初作相反的会计分录予以冲回:

借:应付账款——暂估应付账款
　　贷:原材料

思考练习

一、单项选择题

1. "应付账款"科目的借方余额反映的是(　　)。
   A. 应付未付供货单位的款项　　B. 预收购货单位的款项
   C. 预付供货单位的货款　　　　D. 应收购货单位的货款

2. 某公司购入机器一台90 000元(假设不考虑增值税),机器已经投入使用,货款尚未支付。这项业务的发生,意味着(　　)。
   A. 资产增加90 000元,负债减少90 000元
   B. 资产增加90 000元,负债增加90 000元
   C. 资产减少90 000元,负债减少90 000元
   D. 资产减少90 000元,负债减少90 000元

3. 下列经济业务中,会使企业月末资产总额发生变化的是(　　)。
   A. 从银行提取现金
   B. 购买原材料,货款已付
   C. 购买原材料,货款未付
   D. 现金存入银行

4. 增值税一般纳税人购进生产用机器设备所支付的增值税款应记入(　　)。
   A. 物资采购
   B. 固定资产
   C. 应交税费
   D. 在建工程

5. 公司支付银行存款30 000元购入不需安装的生产用设备一台(不考虑相关税费),应编制会计分录为(　　)。
   A. 借:在建工程　　　　　　　30 000
   　　贷:银行存款　　　　　　　　30 000
   B. 借:银行存款　　　　　　　30 000
   　　贷:原材料　　　　　　　　　30 000
   C. 借:固定资产　　　　　　　30 000
   　　贷:银行存款　　　　　　　　30 000
   D. 借:银行存款　　　　　　　30 000
   　　贷:固定资产　　　　　　　　30 000

6. 某企业为增值税一般纳税人,购入材料一批,增值税专用发票上标明的价款为

100万元,增值税为17万元,另支付材料的保险费2万元、包装物押金3万元。该批材料的采购成本为( )万元。

A. 100　　　　　　　　　　　B. 102
C. 117　　　　　　　　　　　D. 105

7. 企业预付给甲企业购货款107万元,应借记的科目是( )。

A. 库存现金　　　　　　　　B. 预付账款
C. 银行存款　　　　　　　　D. 应收账款

8. 下列能在"固定资产"账户核算的有( )。

A. 购入正在安装的设备　　　B. 经营性租入的设备
C. 融资租入的正在安装的设备　D. 购入的不需安装的设备

9. 企业采购材料货款暂欠,向供货方开具一张商业汇票,应贷记( )。

A. 应收账款　　　　　　　　B. 银行存款
C. 应付票据　　　　　　　　D. 应付账款

10. 企业采购材料一批,但仍在运输途中,尚未入库,应( )。

A. 借记原材料　　　　　　　B. 贷记原材料
C. 借记在途物资　　　　　　D. 贷记在途物资

二、多项选择题

1. 下列关于"应付账款"账户的表述中,正确的有( )。

A. 一般应按照债权人设置明细科目进行明细核算
B. 借方登记偿还的应付账款
C. 贷方登记企业购买材料、商品和接受劳务等而发生的应付账款
D. 期末贷方余额反映企业尚未支付的应付账款

2. 下列各项中,应计入一般纳税企业材料采购成本的有( )。

A. 购买材料支付的买价
B. 支付的材料运费
C. 采购过程中发生的保险费
D. 购买材料发生的增值税

3. 甲公司外购一批原材料,材料已验收入库,但是月末仍未收到相关发票凭证,款项未支付。该材料的暂估价格为70万,则正确的会计处理为( )。

A. 借记原材料　　　　　　　B. 贷记应付账款
C. 借记材料采购　　　　　　D. 贷记银行存款

4. 某企业购入原材料11 700元,其中以银行存款支付1 700元,开出一张面值10 000元的商业汇票,不考虑相关税费,所做分录涉及的科目及金额有( )。

A. 原材料11 700元
B. 应付票据10 000元
C. 银行存款1 700元
D. 应付账款10 000元

5. 企业赊购一批材料,下列各项中影响应付账款入账金额的是( )。

A. 材料的价款
B. 增值税进项税额
C. 入库后的挑选整理费
D. 销货方代垫运杂费

6. 以下关于"在建工程"账户,说法正确的是(　　)。
A. 在建工程账户属于资产类账户
B. 借方登记企业各项在建工程的实际支出
C. 贷方登记工程达到预定可使用状态时转出的成本
D. 期末余额在借方,反映企业期末尚未达到预定可使用状态的在建工程的成本

7. 固定资产应按取得时的实际成本入账,其实际成本包括固定资产的(　　)。
A. 买价　　　　　　　　　　B. 运费
C. 购买时增值税进项税　　　　D. 安装成本

8. 以下关于"应交税费"账户,说法正确的是(　　)。
A. 应交税费属于负债类账户
B. 借方登记企业实际缴纳的各种税费
C. 贷方登记各种应交未交税费
D. 期末余额在贷方,反映企业尚未交纳的税费

9. 某企业购入一批原材料,货款暂欠,开出一张商业汇票,不考虑相关税费,这项业务的发生,意味着(　　)。
A. 资产增加　　　　　　　　B. 资产减少
C. 负债增加　　　　　　　　D. 负债减少

10. 下列关于"预付账款"账户的表述中,正确的有(　　)。
A. 预付账款属于负债类账户
B. 借方登记企业因购货等业务预付的款项
C. 贷方登记企业因购货等业务预付的款项
D. 期末余额在借方,反映企业期末预付的款项

三、判断题

1. 企业购入需要安装的固定资产,应将购入时发生的成本和安装过程中发生的相关支出,先通过"在建工程"科目核算。(　　)

2. 某公司购入一台管理用设备,取得的增值税专用发票上注明的价款为200万元,增值税额为34万元(根据税法有关规定允许抵扣),发生保险费0.5万元,该设备的入账价值为234.5万元。(　　)

3. 企业采购材料总是借记"原材料"科目。(　　)

4. 企业购置机器设备总是借记"固定资产"科目。(　　)

5. 预付账款核算企业按照合同规定预付的款项,属于企业的一项负债。(　　)

6. 企业已支付货款,但尚在运输中或尚未验收入库的材料,应通过"在途物资"这个科目来核算。(　　)

7. 自行建造完成或需要安装完成的固定资产,按照各项固定资产达到预定可使用状

态前发生的一切合理、必要的支出作为其入账价值。（　　）

8. 企业采购原材料，支付的可抵扣的增值税记入"应交税费"的贷方。（　　）

9. 企业采购材料未付的货款总是记入"应付账款"。（　　）

10. "在途物资"核算企业采购材料的成本，且材料已入库。（　　）

四、实务操作题

1. 华信公司为增值税一般纳税人，2016年1月1日购入甲材料一批，取得的增值税专用发票上记载的价格为50 000元，增值税额8 500元。

（1）款项以银行存款来支付，材料同日验收入库。

（2）款项尚未支付，向对方开具一张商业汇票。

（3）款项尚未支付，2016年2月8日支付货款。

（4）款项以银行存款来支付，材料尚未验收入库。2016年1月15日验收入库。

2. 甲公司为增值税一般纳税人，2016年2月10日购入设备一台，买价为30 000元，增值税税额为5 100元，款项以银行存款支付。

（1）若该设备不需安装；

（2）若该设备需要安装，2016年3月1日支付安装费用5 000元，2016年3月7日安装完成，达到预定可使用状态。

任务四　生产业务的核算

培养目标

1. 理解生产费用的构成；

2. 熟练掌握生产成本、应付职工薪酬、制造费用、累计折旧、库存商品、管理费用账户的核算内容及结构；

3. 掌握生产业务的账务处理。

要点精讲

一、生产费用的构成

（一）直接材料

（二）直接人工

（三）制造费用

制造费用包括车间管理人员的工资和福利费、车间固定资产折旧费、办公费、水电费、物料消耗等。

制造费用属于间接费用,需要按照一定的标准在不同产品中进行分配,再计入产品的生产成本中。

【例题1·单选题】 生产费用是指与企业日常生产经营活动有关的费用,按其经济用途可分为( )。

A. 直接材料

B. 直接人工

C. 制造费用

D. 管理费用

【答案】 ABC

【例题2·计算题】 本月生产A产品耗用机器工时120小时,生产B产品耗用机器工时180小时。本月发生制造费用12万元。该企业按机器工时比例分配制造费用。

【答案】 制造费用分配率=制造费用总额/机器运转总时数
=12/(120+180)=0.04(万元/工时)
A产品应负担的制造费用=0.04×120=4.8(万元)
B产品应负担的制造费用=0.04×180=7.2(万元)

二、账户设置

1. "生产成本"账户

借方	生产成本	贷方
应计入产品生产成本的各项费用		结转完工入库产成品的生产成本
余额 企业期末尚未加工完成的在产品成本		

2. "应付职工薪酬"账户

借方	应付职工薪酬	贷方
本月实际支付的职工薪酬数额		本月计算的应付职工薪酬总额,包括各种工资、奖金、津贴和福利费等
		余额 企业应付未付的职工薪酬

3. "制造费用"账户

借方	制造费用	贷方
实际发生的各项制造费用		期末按照一定标准分配转入"生产成本"账户借方的应计入产品成本的制造费用

4. "累计折旧"账户

借方	累计折旧	贷方
因减少固定资产而转出的累计折旧		计提的折旧额
		余额 期末固定资产的累计折旧额

5. "库存商品"账户

借方	库存商品	贷方
验收入库的库存商品成本		发出的库存商品成本
余额 企业期末库存商品的实际成本或计划成本		

6. "管理费用"账户

借方	管理费用	贷方
发生的各项管理费用		期末转入"本年利润"账户的管理费用

三、账务处理

（一）材料费用的核算

借：生产成本（生产车间生产产品领用）
　　制造费用（生产车间一般耗用）
　　管理费用（行政管理部门）
　　在建工程（工程领料）
　　销售费用（销售部门耗用）
　　其他业务成本（销售部门销售）
　贷：原材料

（二）人工费用的核算

1. 计提应付职工薪酬

借：生产成本（生产工人的职工薪酬）
　　制造费用（生产车间管理人员的薪酬）
　　管理费用（行政管理部门人员的职工薪酬）
　　在建工程（在建工程人员的职工薪酬）
　　销售费用（专设销售机构销售人员的职工薪酬）
　贷：应付职工薪酬

2. 发放应付职工薪酬

借：应付职工薪酬
　贷：银行存款

（三）制造费用的核算

1. 发生制造费用

借：制造费用
　贷：累计折旧（银行存款/应付职工薪酬）等

2. 结转或分摊

借：生产成本
　贷：制造费用

（四）完工产品成本的核算

完工产品生产成本＝期初在产品成本+本期发生的生产费用−期末在产品成本
完工产品成本结转：
借：库存商品
　贷：生产成本

思考练习

一、单项选择题

1. 分配生产车间直接参加产品生产工人的职工薪酬时,应借记的账户是(　　)。
   A. 生产成本　　　　　　　　B. 制造费用
   C. 管理费用　　　　　　　　D. 应付职工薪酬

2. 下列科目中与"制造费用"科目不可能发生对应关系的是(　　)。
   A. 生产成本　　　　　　　　B. 本年利润
   C. 原材料　　　　　　　　　D. 应付职工薪酬

3. 下列不能作为生产费用核算的是(　　)。
   A. 已销产品的成本
   B. 直接从事产品生产的工人的职工薪酬
   C. 构成产品实体的原材料以及有助于产品形成的主要材料和辅助材料
   D. 企业为生产产品和提供劳务而发生的各项间接费用

4. 某生产企业根据"发料凭证汇总表"的记录,2016 年 4 月,生产车间生产 A 产品领用甲材料 20 000 元,车间管理部门领用甲材料 5 000 元,企业行政管理部门领用甲材料 2 000 元。该企业的会计处理正确的是(　　)。

   A. 借:生产成本——A 产品　　　25 000
   　　　管理费用　　　　　　　　2 000
   　　　贷:原材料　　　　　　　　　　27 000

   B. 借:生产成本——A 产品　　　20 000
   　　　管理费用　　　　　　　　7 000
   　　　贷:原材料　　　　　　　　　　27 000

   C. 借:生产成本——A 产品　　　20 000
   　　　制造费用　　　　　　　　5 000
   　　　管理费用　　　　　　　　2 000
   　　　贷:原材料　　　　　　　　　　27 000

   D. 借:生产成本——A 产品　　　27 000
   　　　贷:原材料　　　　　　　　　　27 000

5. 下列费用中,不构成产品成本的是(　　)。
   A. 直接材料费　　　　　　　B. 期间费用
   C. 直接人工费　　　　　　　D. 制造费用

6. 下列各项中,不应该计入企业产品成本的是(　　)。
   A. 销售产品过程中发生的运输费
   B. 车间管理人员工资

C. 生产设备折旧费

D. 生产领用的原材料成本

7. 下列账户中,( )期末一般无余额。

A. 管理费用　　　　　　　　B. 生产成本

C. 利润分配　　　　　　　　D. 应付账款

8. 下列各项不应计入产品制造成本的是( )。

A. 进行产品生产时所发生的材料费

B. 进行产品生产时所发生的燃料和动力费

C. 生产车间发生的车间管理人员工资

D. 产品销售时发生的包装费

9. "累计折旧"属于( )账户。

A. 资产类　　　　　　　　　B. 负债类

C. 所有者权益类　　　　　　D. 损益类

10. 关于制造费用科目,下列说法不正确的是( )。

A. 该科目的借方归集生产过程中发生的间接费用

B. 分配给某个产品的制造费用从贷方转出

C. 本科目期末余额在借方

D. 本科目可以按不同的车间、部门设置明细账

二、多项选择题

1. 企业根据职工提供服务的受益对象进行职工薪酬分配时,可能涉及的会计科目有( )。

A. 生产成本　　　　　　　　B. 制造费用

C. 销售费用　　　　　　　　D. 管理费用

2. 下列各项中,应直接或间接计入产品生产成本的有( )。

A. 管理费用　　　　　　　　B. 直接材料

C. 制造费用　　　　　　　　D. 直接人工

3. 下列各项职工薪酬中,( )能够计入产品成本。

A. 车间生产工人薪酬

B. 车间管理人员薪酬

C. 专设销售机构人员薪酬

D. 企业管理部门人员薪酬

4. 企业的职工薪酬主要包括( )。

A. 工资　　　　　　　　　　B. 奖金

C. 津贴　　　　　　　　　　D. 福利费

5. 企业结转生产完工验收入库产品的生产成本时,编制会计分录可能涉及的账户有( )。

A. 生产成本　　　　　　　　B. 制造费用

C. 主营业务成本　　　　　　D. 库存商品

6.发出材料的核算中可能记入的科目有(　　)。
A.生产成本　　　　　　　　B.制造费用
C.管理费用　　　　　　　　D.在建工程

7.下列会计科目中,与固定资产核算相关的有(　　)。
A.在建工程　　　　　　　　B.累计摊销
C.累计折旧　　　　　　　　D.固定资产

8.以下属于负债的有(　　)。
A.应付账款　　　　　　　　B.应付职工薪酬
C.应交税费　　　　　　　　D.短期借款

9."生产成本"账户的借方登记(　　)。
A.管理费用　　　　　　　　B.直接人工费用
C.分配计入的制造费用　　　D.直接材料费用

10.下列关于"累计折旧"账户的表述,正确的有(　　)。
A.借方登记提取的折旧额
B.贷方登记提取的折旧额
C.资产类账户
D.负债类账户

三、判断题

1."库存商品"科目本期借方发生额,反映企业本期发出库存商品进价或售价。　　　　　　　　　　　　　　　　　　　　　(　　)

2.企业根据有关规定应付给职工的各种薪酬,包括职工工资、奖金、津贴和补贴、职工福利费等均应通过"应付职工薪酬"科目进行核算。　(　　)

3.对于直接用于某种产品生产的材料费用,要先通过"制造费用"科目进行归集,期末再同其他间接费用一起按照一定的标准分配计入有关产品成本。(　　)

4.为核算各种商品的收发和使用情况,企业应当设置"库存商品"科目,其期末余额通常在借方,反映各种库存商品实际成本或计划成本。(　　)

5.管理费用的发生额会直接影响到当期产品成本和当期利润总额。(　　)

6.生产车间使用的固定资产,所计提的折旧应计入"生产成本"。(　　)

7."累计折旧"的借方登记增加额。　　　　　　　　　　　　　　(　　)

8."管理费用"属于损益类账户。　　　　　　　　　　　　　　　(　　)

9."制造费用"属于损益类账户。　　　　　　　　　　　　　　　(　　)

10.在计提应付职工薪酬时,生产车间管理人员的薪酬计入管理费用。(　　)

四、实务操作题

1.甲企业2016年10月份发出A材料总额100 000元,其中生产车间生产A、B产品各领用30 000元,一般耗用10 000元,管理部门领用20 000元,销售部门领用10 000元。

2.2016年5月31日乙公司分配结转本月应付职工工资740 000元,其中:生产K产品的工人工资400 000元,生产N产品的工人工资260 000元,车间管理人员的工资45 000元,公司总部管理人员的工资35 000元。6月3日支付上述工资。

3. 本月 A 产品全部完工入库,B 产品全部未完工,结转本月完工入库产品成本 153 000 元。

任务五　销售业务核算

培养目标

1. 理解收入的确认条件;
2. 熟练掌握主营业务收入、主营业务成本、其他业务收入、其他业务成本、应收账款、预收账款、应收票据、税金及附加和销售费用账户的核算内容及结构;
3. 掌握销售业务的账务处理。

要点精讲

一、商品销售收入的确认

按照《企业会计准则》的要求,销售商品收入的确认,必须同时符合以下条件:
(1)企业已将商品所有权上的主要风险和报酬转移给购货方;
(2)企业既没有保留通常与商品所有权相联系的继续管理权,也没有对已售出的商品实施有效控制;
(3)收入的金额能够可靠地计量;
(4)相关的经济利益很可能流入企业;
(5)相关的已发生或将发生的成本能够可靠地计量。

【例题 1·判断题】　企业在商品售出后,即使仍然能够对售出商品实施有效控制,也应确认商品销售收入。(　　)

【答案】　×

二、账户设置

1. "主营业务收入"账户

借方	主营业务收入	贷方
期末转入"本年利润"账户的主营业务收入(按净额结转),以及发生销售退回和销售折让时应冲减本期的主营业务收入		企业实现的主营业务收入

2. "主营业务成本"账户

借方	主营业务成本	贷方
主营业务发生的实际成本	期末转入"本年利润"账户的主营业务成本	

3. "其他业务收入"账户

借方	其他业务收入	贷方
期末转入"本年利润"账户的其他业务收入	企业实现的其他业务收入	

4. "其他业务成本"账户

借方	其他业务成本	贷方
其他业务的支出额	期末转入"本年利润"账户的其他业务支出额	

5. "应收账款"账户

借方	应收账款	贷方
销售商品以及提供劳务等发生的应收账款，包括应收取的价款、税款和代垫款等	已经收回的应收账款	
余额 企业尚未收回的应收账款	余额 企业预收的账款	

6. "预收账款"账户

借方	预收账款	贷方
销售实现时按实现的收入转销的预收款项		企业向购货单位预收的款项
余额 企业已转销但尚未收取的款项		余额 企业预收的款项

7. "应收票据"账户

借方	应收票据	贷方
企业收到的应收票据		收回的应收票据
余额 企业持有的商业汇票		

8. "税金及附加"账户

借方	税金及附加	贷方
企业应按规定计算确定的与经营活动相关的税额		期末转入"本年利润"账户的税费

9."销售费用"账户

借方	销售费用	贷方
发生的各项销售费用		期末转入"本年利润"账户的销售费用

销售费用、管理费用和财务费用为企业的三大期间费月,其并不构成产品的成本。

三、账务处理

(一)销售商品的账务处理
借:银行存款(应收账款、应收票据等)
　　贷:主营业务收入
　　　　应交税费——应交增值税(销项税额)
借:主营业务成本
　　贷:库存商品
注:销售过程中收到的增值税记应交税费的贷方,具体的科目为"应交税费——应交增值税(销项税额)"。

(二)销售材料的账务处理
借:银行存款(应收账款、应收票据等)
　　贷:其他业务收入
　　　　应交税费——应交增值税(销项税额)
借:其他业务成本
　　贷:原材料

(三)税金及附加的账务处理
1.计算应交的税金及附加
借:税金及附加
　　贷:应交税费
2.实际交纳税金及附加
借:应交税费
　　贷:银行存款

思考练习

一、单项选择题

1. 某企业销售商品一批,增值税专用发票上标明的价款为60万元,适用的增值税税率为17%,款项尚未收回,以银行存款代垫运杂费为2万元。该企业确认的应收账款为(   )万元。
   A. 60   B. 62
   C. 70.2   D. 72.2

2. 下列项目中,不通过"应收账款"账户核算的是(   )。
   A. 员工预借差旅费   B. 销售库存商品应收的款项
   C. 提供劳务应收的款项   D. 销售原材料应收的款项

3. 企业对外销售商品,购货方未支付货款,这项债权应记入(   )。
   A. "应收账款"账户的借方   B. "应收账款"账户的贷方
   C. "应付账款"账户的借方   D. "应付账款"账户的贷方

4. 期末结转已销产品成本时,应借记(   )账户。
   A. 其他业务成本   B. 营业外支出
   C. 主营业务成本   D. 销售成本

5. 企业计算出应交纳的教育费附加时,应借记(   )。
   A. 应交税费   B. 税金及附加
   C. 其他应收款   D. 其他应付款

6. 下列属于期间费用的是(   )。
   A. 财务费用   B. 生产费用
   C. 营业成本   D. 制造费用

7. 下列项目中,不应计入企业销售费用的是(   )。
   A. 销售部门人员工资   B. 销售部门设备折旧费
   C. 销售产品广告费   D. 销售产品代垫运杂费

8. 用银行存款支付销售商品广告费500元,该业务的正确会计分录为(   )。
   A. 借:管理费用   500
         贷:银行存款   500
   B. 借:财务费用   500
         贷:银行存款   500
   C. 借:银行存款   500
         贷:财务费用   500
   D. 借:销售费用   500
         贷:银行存款   500

9. 期末结转已销材料成本时,应借记( )账户。
A. 其他业务成本　　　　　　　B. 原材料
C. 主营业务成本　　　　　　　D. 销售成本
10. 销售费用账户期末应( )。
A. 无余额　　　　　　　　　　B. 有借方余额
C. 有贷方余额　　　　　　　　D. 既有借方余额又有贷方余额

二、多项选择题
1. "应收账款"科目,可用于核算购销活动中的( )。
A. 应收款　　　　　　　　　　B. 预付款
C. 应付款　　　　　　　　　　D. 预收款
2. 商品销售收入确认的条件包括( )。
A. 企业已将商品所有权上的主要风险和报酬转移给买方
B. 企业既没有保留通常与所有权相联系的继续管理权,也没有对已售出的商品实施有效控制
C. 与交易相关的经济利益很可能流入企业
D. 相关的收入和成本能可靠计量
3. 甲公司主营业务是生产并销售产品,该公司某月销售一批原材料,共500千克,单位成本每千克30元(未计提减值),单价为每千克40元,不考虑增值税,款项已经收到。应编制会计分录( )。

A. 借:银行存款　　　　　　　　20 000
　　　贷:主营业务收入　　　　　　　　20 000
B. 借:银行存款　　　　　　　　20 000
　　　贷:其他业务收入　　　　　　　　20 000
C. 借:其他业务成本　　　　　　15 000
　　　贷:原材料　　　　　　　　　　　15 000
D. 借:主营业务成本　　　　　　15 000
　　　贷:原材料　　　　　　　　　　　15 000

4. 下列选项中,通过"其他业务成本"账户核算的有( )。
A. 出租无形资产的摊销额　　　B. 销售材料的成本
C. 出租包装物的成本或摊销额　D. 销售商品的成本
5. 企业销售商品交纳的下列各项税费,计入"税金及附加"科目的有( )。
A. 消费税　　　　　　　　　　B. 增值税
C. 教育费附加　　　　　　　　D. 所得税
6. 下列科目属于损益类科目的有( )。
A. 管理费用　　　　　　　　　B. 销售费用
C. 制造费用　　　　　　　　　D. 财务费用
7. 销售费用包括( )。
A. 产品广告费　　　　　　　　B. 产品展览费

C. 由销售方负担的销售运输费　　　D. 由销售方代垫的销售运输费

8.(　　)是企业销售过程中所使用的账户。
A. 应收票据　　　　　　　　　B. 应付票据
C. 应交税费　　　　　　　　　D. 库存商品

9. 企业销售商品的业务可能借记的账户有(　　)。
A. 银行存款　　　　　　　　　B. 应收账款
C. 应交税费　　　　　　　　　D. 库存商品

10. 企业的债权通过以下(　　)科目核算。
A. 预收账款　　　　　　　　　B. 预付账款
C. 应付账款　　　　　　　　　D. 应收账款

三、判断题

1. 商品取得的收入均属于"主营业务收入",而提供劳务取得的收入则属于"其他业务收入"。(　　)
2. "税金及附加"科目主要核算企业经营活动发生的增值税、消费税、所得税等相关税费。(　　)
3. 以提供劳务为主营业务的企业,在提供劳务结转成本时,应借记"其他业务成本"科目,贷记"劳务成本"科目。(　　)
4. 预收账款情况不多的,也可以不设置"预收账款"账户,将预收的款项直接记入"应付账款"账户。(　　)
5. 企业应在将所有权凭证或实物交给对方时确认商品销售收入。(　　)
6. "预收账款"账户属于资产类账户。(　　)
7. "税金及附加"账户属于损益类账户,借方代表增加额。(　　)
8. "主营业务收入"账户属于损益类账户,借方代表增加额。(　　)
9. 企业销售商品,只要款项未收到,均通过"应收账款"核算。(　　)
10. 企业销售商品,收到对方的银行转账,不考虑增值税,则借记"银行存款",贷记"库存商品"。(　　)

四、实务操作题

1. 甲有限公司为增值税一般纳税人,10月1日销售一批商品,增值税专用发票上注明售价为700 000元,增值税额为119 000元,商品已经发出,该批商品的成本为500 000元。

(1)假设款项已收到并存入银行;
(2)假设销售时收到对方开具的商业汇票一张;
(3)假设销售时尚未收到货款,于11月5日收到货款。

2. 乙有限公司为增值税一般纳税人,其将一批生产剩余的原材料销售给丙公司,增值税专用发票列明价款20 000元、增值税额3 400元,共计23 400元,材料已经发出,尚未收到货款。该批材料成本是8 500元。

任务六　利润形成与分配业务核算

培养目标

1. 理解并掌握营业利润、利润总额和净利润的计算公式；
2. 掌握利润分配的顺序；
3. 熟练掌握本年利润、营业外收入、营业外支出、所得税费用、利润分配、盈余公积和应付股利账户的核算内容及结构；
4. 掌握利润形成与分配业务的账务处理。

要点精讲

一、利润形成核算

(一)利润的形成

1. 营业利润

营业利润=营业收入-营业成本-税金及附加-销售费用-管理费用-财务费用-资产减值损失+公允价值变动收益(-公允价值变动损失)+投资收益(-投资损失)

需要注意的是：
(1)营业收入=主营业务收入+其他业务收入；
(2)营业外收入并不构成企业的收入；
(3)营业成本=主营业务成本+其他业务成本；
(4)营业外支出并不构成企业的成本；
(5)销售费用、管理费用和财务费用为期间费用。

2. 利润总额

利润总额=营业利润+营业外收入-营业外支出

3. 净利润

净利润=利润总额-所得税费用

注意：所得税费用=利润总额×所得税税率

【例题1·多选题】　下列各项中,影响企业营业利润的有(　　)。
A. 营业外收入
B. 资产减值损失
C. 销售费用
D. 其他业务收入

【答案】 BCD

(二)账户设置

1."本年利润"账户

借方	本年利润	贷方
企业期(月)末转入的主营业务成本、其他业务成本、营业税金及附加、管理费用、财务费用、销售费用、营业外支出、投资损失和所得税费用等		企业期(月)末转入的主营业务收入、其他业务收入、营业外收入和投资收益等
余额 企业累计发生的亏损		余额 企业实现的累计净利润

2."营业外收入"账户

借方	营业外收入	贷方
会计期末转入"本年利润"账户的营业外收入额		营业外收入的增加额

3."营业外支出"账户

借方	营业外支出	贷方
营业外支出的发生额		期末转入"本年利润"账户的营业外支出额

4."所得税费用"账户

借方	所得税费用	贷方
企业应计入当期损益的所得税		企业期末转入"本年利润"账户的所得税

(三)账务处理

1. 利润总额形成的账务处理

(1)会计期末(月末或年末)结转各项收入

借:主营业务收入
　　其他业务收入
　　公允价值变动损益
　　投资收益
　　营业外收入
　　贷:本年利润

(2)会计期末(月末或年末)结转各项支出

借:本年利润
　　贷:主营业务成本
　　　　其他业务成本
　　　　税金及附加
　　　　销售费用
　　　　管理费用
　　　　财务费用
　　　　资产减值损失
　　　　营业外支出

2. 所得税的账务处理

(1)确认应交所得税:

借:所得税费用
　　贷:应交税费——应交所得税

(2)实际交纳所得税时:

借:应交税费——应交所得税
　　贷:银行存款

(3)将所得税费用结转计入"本年利润"账户:

借:本年利润
　　贷:所得税费用

二、利润分配核算

(一)利润分配的顺序

1. 计算可供分配的利润

可供分配的利润=净利润(或亏损)+年初未分配利润-弥补以前年度的亏损+其他转入的金额

2. 提取法定盈余公积

企业应当按照当年净利润(减弥补以前年度亏损)的10%提取法定盈余公积,提取的法定盈余公积金累计额超过注册资本50%以上的,可以不再提取。

3. 提取任意盈余公积

4. 向投资者分配利润(或股利)

可供投资者分配的利润=可供分配的利润-提取的盈余公积

(二)账户设置

1. "利润分配"账户

借方	利润分配	贷方
(1)实际分配的利润额,包括提取的盈余公积金和分配给投资者的利润; (2)年末从"本年利润"账户转入的全年发生的净亏损		(1)用盈余公积金弥补的亏损额等其他转入数; (2)年末从"本年利润"账户转入的全年实现的净利润
余额 历年累积的未弥补亏损		余额 历年累积的未分配利润

2. "盈余公积"账户

借方	盈余公积	贷方
实际使用的盈余公积金		提取的盈余公积金
		余额 结余的盈余公积

3. "应付股利"账户

借方	应付股利	贷方
实际支付给投资者的股利或利润		应付给投资者股利或利润的增加额
		余额 企业应付未支付的现金股利或利润

(三)账务处理

1. 净利润转入利润分配

借:本年利润
　　贷:利润分配——未分配利润

注意:企业如果亏损,则做相反分录。

2. 提取盈余公积

借:利润分配——提取法定盈余公积
　　　　　　——提取任意盈余公积
　　贷:盈余公积——法定盈余公积
　　　　　　　　——任意盈余公积

3. 向投资者分配利润或股利

应支付的现金股利:

借:利润分配——应付现金股利
　　贷:应付股利

注意:对董事会或类似机构通过的利润分配方案中拟分配的现金股利或利润,不做账务处理。

4. 企业未分配利润的形成

借:利润分配——未分配利润
　　贷:利润分配——提取法定盈余公积
　　　　　　　　——提取任意盈余公积
　　　　　　　　——应付现金股利

思考练习

一、单项选择题

1. 下列账户中,(　　)期末一般无余额。

A. 管理费用　　　　　　　　B. 生产成本
C. 利润分配　　　　　　　　D. 应付账款

2. 按照《公司法》的有关规定,公司应当按照当年净利润(减弥补以前年度亏损)后的(　　)提取法定盈余公积。

A. 10%　　　　　　　　　　B. 15%
C. 5%　　　　　　　　　　　D. 7%

3. 下列各项中,不会引起利润总额增减变化的是(　　)。

A. 销售费用　　　　　　　　B. 管理费用
C. 所得税费用　　　　　　　D. 营业外支出

4. 某企业年初未分配利润为100万元,本年净利润为1 000万元,按10%计提法定盈余公积,按5%计提任意盈余公积,宣告发放现金股利为80万元,该企业期末未分配利润为( )万元。

    A. 855　　　　　　　　　　B. 867
    C. 870　　　　　　　　　　D. 874

5. 假设企业全年应纳税所得额为180 000元,按税法规定25%的税率计算应纳所得税额,下列账务处理中正确的是( )。

    A. 借:所得税费用　　　　　　　　45 000
    　　　贷:银行存款　　　　　　　　　　45 000
    B. 借:税金及附加　　　　　　　　45 000
    　　　贷:应交税费——应交所得税　　45 000
    C. 借:税金及附加　　　　　　　　45 000
    　　　贷:银行存款　　　　　　　　　　45 000
    D. 借:所得税费用　　　　　　　　45 000
    　　　贷:应交税费——应交所得税　　45 000

6. 某企业本月主营业务收入为1 000 000元,其他业务收入为80 000元,营业外收入为90 000元,主营业务成本为760 000元,其他业务成本为50 000元,税金及附加为30 000元,营业外支出为75 000元,管理费用为40 000元,销售费用为30 000元,财务费用为15 000元,所得税费用为75 000元,制造费用1000元。则该企业本月营业利润为( )元。

    A. 170 000　　　　　　　　　B. 155 000
    C. 25 000　　　　　　　　　D. 80 000

7. 企业期末结转利润时,应将各损益类科目的金额转入( )科目,结平各损益类科目。

    A. 利润分配　　　　　　　　B. 未分配利润
    C. 投资收益　　　　　　　　D. 本年利润

8. 企业当期利润总额扣除( )后,为当期净利润。

    A. 盈余公积　　　　　　　　B. 应付利润
    C. 所得税费用　　　　　　　D. 前期未弥补亏损

9. "利润分配"科目归属于( )科目。

    A. 资产类　　　　　　　　　B. 负债类
    C. 损益类　　　　　　　　　D. 所有者权益类

10. 企业发生因处置机器设备的利得,应将其计入( )。

    A. 资本公积　　　　　　　　B. 其他应付款
    C. 营业外收入　　　　　　　D. 营业外支出

二、多项选择题

1. 期末下列哪些科目的余额能转入"本年利润"科目( )。

    A. 资产减值损失　　　　　　B. 财务费用
    C. 制造费用　　　　　　　　D. 投资收益

2. 企业实现的净利润可进行下列分配（　　）。
   A. 计算缴纳所得税　　　　　　B. 提取法定盈余公积
   C. 提取任意盈余公积　　　　　D. 向投资者分配股利
3. 企业进行利润分配核算时，涉及的会计科目有（　　）。
   A. 利润分配　　　　　　　　　B. 盈余公积
   C. 应付股利　　　　　　　　　D. 应交税费
4. 以下项目中，会影响营业利润计算的有（　　）。
   A. 营业外收入　　　　　　　　B. 税金及附加
   C. 营业成本　　　　　　　　　D. 销售费用
5. 企业的利润总额的计算中需要考虑的项目有（　　）。
   A. 营业利润　　　　　　　　　B. 投资收益
   C. 营业外收入　　　　　　　　D. 所得税费用
6. 企业当年实现净利润100万元，按25%的所得税税率计算，本年度应缴所得税为25万元，则该项经济业务涉及的账户有（　　）。
   A. 应交税费　　　　　　　　　B. 营业税金及附加
   C. 银行存款　　　　　　　　　D. 所得税费用
7. 下列项目中，应记入"营业外支出"账户的有（　　）。
   A. 广告费　　　　　　　　　　B. 借款利息
   C. 固定资产处置损失　　　　　D. 捐赠支出
8. 下列科目属于损益类科目的有（　　）。
   A. 管理费用　　　　　　　　　B. 销售费用
   C. 制造费用　　　　　　　　　D. 财务费用
9. 属于营业外收入的项目有（　　）。
   A. 固定资产处置利得　　　　　B. 政府补助
   C. 销售商品收入　　　　　　　D. 销售材料收入
10. 一般来讲，所有者权益包括（　　）。
    A. 实收资本　　　　　　　　　B. 资本公积
    C. 盈余公积　　　　　　　　　D. 利润分配

三、判断题

1. 企业当期实现的净利润通过"本年利润"科目核算，当期发生的净亏损不通过"本年利润"科目核算。（　　）
2. 企业的所得税费用等于企业的利润总额乘以所得税税率。（　　）
3. 企业期末结转利润时，应将收入类科目的金额转入"本年利润"科目的借方，费用类科目的金额转入"本年利润"科目的贷方，结平损益类科目。（　　）
4. "盈余公积"账户属于所有者权益类账户，该账户借方登记提取的盈余公积，贷方登记实际使用的盈余公积。期末借方余额反映结余的盈余公积。（　　）
5. 利润总额=营业利润+营业外收入－营业外支出。（　　）
6. "本年利润"账户属于损益类账户。（　　）

7. 企业计算所得税费用时应以净利润为基础,根据适用税率计算确定。（　　）
8. 营业外支出是指跟主营业务相关的支出。（　　）
9. "税金及附加"账户在期末结转时,借记"税金及附加"科目,贷记"本年利润"科目。（　　）
10. 向投资者支付分配的利润不影响所有者权益总额。（　　）

四、实务操作题

甲公司2016年12月有关损益类科目的年末余额如下:

账户名称	结账前余额（元）	
	借方	贷方
主营业务收入		7 000 000
其他业务收入		800 000
公允价值变动损益		200 000
投资收益		500 000
营业外收入		60 000
主营业务成本	5 000 000	
其他业务成本	500 000	
税金及附加	60 000	
销售费用	600 000	
管理费用	700 000	
财务费用	300 000	
资产减值损失	100 000	
营业外支出	300 000	

假如不存在纳税调整事项,企业适用的所得税税率为25%,年初未分配利润为3 000 000元,1~11月本年利润累计余额为贷方1 1250 000元。要求:

(1) 计算2016年该公司的营业利润、利润总额;
(2) 结转各项收入、利得类科目;
(3) 结转各项费用、损失类科目;
(4) 计算并结转所得税费用;
(5) 计算本年利润年末余额并编制结转分录;
(6) 按照当年净利润的10%提取法定盈余公积,按照当年净利润的5%提取任意盈余公积;
(7) 向投资者分配现金股利1 020 000元;
(8) 将"利润分配"科目所属其他明细科目的余额转入"未分配利润"并计算年末未分配利润科目余额。

项目六 会计凭证

任务一 会计凭证概述

培养目标

1. 熟悉会计凭证的含义；
2. 掌握会计凭证的作用；
3. 了解会计凭证的分类。

要点精讲

一、会计凭证的概念

会计凭证是记录经济业务,明确经济责任的书面证明,也是登记账簿的依据。

二、会计凭证的作用

(1)记录经济业务,提供记账依据；
(2)明确经济责任,强化内部控制；
(3)监督经济活动,控制经济运行。

三、会计凭证的种类

按填制程序和用途的不同可分为原始凭证和记账凭证。

【例题1·单选题】 会计凭证按其(　　)不同,分为原始凭证和记账凭证。
A.填制用途和手续

B. 填制程序和人员
C. 填制程序和时间
D. 填制程序和用途

【答案】 D

【解析】 本题考核会计凭证的分类依据。会计凭证按其填制程序和用途不同,分为原始凭证和记账凭证。

思考练习

一、单项选择题

1. 原始凭证所记录的经济业务是否符合有关的计划、预算,这属于审核原始凭证的( )。
   A. 合法性　　　　　　　　B. 真实性
   C. 完整性　　　　　　　　D. 合理性

2. 下列说法中,关于会计凭证定义不正确的说法是( )。
   A. 检验账户记录准确性的方法
   B. 用于明确经济责任的证明文件
   C. 会计的方法之一
   D. 据以登记账簿的证明文件

3. 原始凭证是在经济业务的某一时点取得或填制的,下列各项对于这一时点描述正确的是( )。
   A. 填制记账凭证时　　　　B. 发生或完成时
   C. 登记明细账时　　　　　D. 编制原始凭证汇总表时

4. ( )在经济业务发生或完成时取得或填制的,用以记录或证明经济业务的发生或完成情况的书面证明。
   A. 原始凭证　　　　　　　B. 记账凭证
   C. 收款凭证　　　　　　　D. 付款凭证

5. 会计凭证的作用,不包括下列哪项( )。
   A. 记录经济业务,提供记账依据
   B. 明确经济责任,强化内部控制
   C. 监督经济活动,控制经济运行
   D. 保证企业经济业务的正常运行

6. 会计凭证划分为原始凭证和记账凭证的依据是( )。
   A. 填制时间　　　　　　　B. 填制的程序和用途
   C. 取得的来源渠道　　　　D. 反映的会计交易和事项

二、多项选择题

1. 会计凭证在会计核算中的作用有( )。
   A. 记录经济业务,提供记账依据
   B. 明确经济责任,强化内部控制
   C. 监督经济活动,控制经济运行
   D. 预测经济前景,提高经济效益

2. 会计凭证按填制程序和用途的不同可分为( )。
   A. 原始凭证   B. 一次凭证
   C. 汇总凭证   D. 记账凭证

3. 下列说法中,关于会计凭证定义的说法,正确的是( )。
   A. 用以记载交易或事项的证明文件
   B. 用于明确经济责任的证明文件
   C. 会计的方法之一
   D. 据以登记账簿的证明文件

4. 下列哪项不是将会计凭证划分为原始凭证和记账凭证的依据( )。
   A. 填制时间   B. 填制的程序和用途
   C. 取得的来源渠道   D. 反映的会计交易和事项

5. 会计凭证按编制的程序和用途不同,可分为( )。
   A. 外来凭证   B. 自制凭证
   C. 原始凭证   D. 记账凭证

三、判断题

1. 会计凭证是记录经济业务事项发生或完成情况的书面证明,通过填制或取得会计凭证,可以明确经济责任。( )

2. 原始凭证是记录经济业务发生和完成情况的书面证明,也是登记账簿的唯一依据。( )

3. 原始凭证都是以实际发生或完成的经济业务为依据而填制的。( )

4. 记账凭证对经济业务的发生和完成有证明效力。( )

5. 凭证是在经济业务发生时取得或填制的,用以证明经济业务的发生或完成情况,并作为记账原始依据的会计凭证。( )

任务二 原始凭证

培养目标

1. 熟悉原始凭证的种类；
2. 掌握原始凭证的内容和填制要求；
3. 了解原始凭证的审核内容。

要点精讲

一、原始凭证的分类

原始凭证是指经办单位或人员在经济业务发生或完成时取得或填制的用于记录经济业务的发生或完成情况，明确经济责任并作为原始依据的书面证明文件。

【例题 1·判断题】 企业在与外单位发生的任何经济业务中，取得的各种书面证明都是原始凭证。（　　）

【答案】 ×

【解析】 原始凭证必须能够表明经济业务已经发生或其完成情况，凡是不能证明经济业务发生或完成情况的各种单证，如购货申请单、购销合同、计划、银行对账单、银行存款余额调节表等，不能作为原始凭证；

【例题 2·单选题】 下列项目中，属于原始凭证的有（　　）。

A. 入库单
B. 生产计划
C. 购销合同
D. 银行对账单

【答案】 A

【解析】 原始凭证是编制记账凭证的依据，是会计核算最基础的资料。也就是原始凭证要满足两个条件：一是能证明业务已经发生，二是作为编制记账凭证的依据。选项中只有入库单符合条件。生产计划和购销合同不能证明业务已经发生，只是一种计划。银行对账单能证明业务已经发生，但是不能作为记账的依据，只能起对账的作用。所以也不是原始凭证。

（一）按来源分类

原始凭证依据来源不同可以分为自制原始凭证和外来原始凭证。

自制原始凭证 简称自制凭证，是指交易或事项发生或完成时由本企业的经办人员或会计人员自行填制的原始凭证。自制原始凭也是比较常见的，例如，收料单，领料单，工资发放明细表,出库单等。

外来原始凭证,是指交易或事项发生或完成时从外单位或个人取得的原始凭证,如企业采购时取得的发票,出差人员报账时提供的车船、住宿票,货物运单,银行的收账通知单等。

(二)按填制手续及内容分类

按填制手续及内容分类,原始凭证可分为一次凭证、累计凭证和汇总凭证。

1. 一次凭证

一次凭证是指反映一项经济业务或者同时反映若干项同类性质的经济业务,但这些经济业务是一次完成,其填制手续也是一次完成,且一经填列仅一次有效,不能再重复使用的原始凭证。例如:收料单、领料单、报销凭单等。

【例题3·单选题】 下列各项属于一次凭证的是( )。

A. 固定资产卡片

B. 收料单

C. 限额领料单

D. 发料凭证汇总表

【答案】 B

【解析】 一次凭证在经济业务发生或完成时,由相关人员一次填制完成。该凭证只能反映一项经济业务,或同时反映若干项同一性质的经济业务。收料单属于一次凭证。限额领料单属于累计凭证。发料凭证汇总表属于汇总凭证。固定资产卡片是固定资产的明细账,不是凭证。所以本题答案是B。

2. 累计凭证

累计凭证是指在一定期间内,连续多次记载若干不断重复发生的同类交易或事项,需要分次完成填制手续,可以多次使用的原始凭证。例如:限额领料单等。

3. 汇总原始凭证

汇总原始凭证也称原始凭证汇总表,是指在会计核算工作中,为简化记账凭证的编制工作,将一定时期内,若干份记录同类性质交易或事项的原始凭证按照一定的标准汇总在一张凭证上,以集中反映某些交易或事项发生情况的原始凭证,如发料凭证汇总表、收料凭证汇总表、现金收入汇总表等。

(三)按照格式分类

依据格式不同,原始凭证可以分为通用凭证和专用凭证。

1. 通用凭证

通用凭证是指由有关部门统一印制,在一定范围内使用的具有统一格式和使用方法的原始凭证。例如:发票、银行转账结算凭证等。

2. 专用凭证

专用凭证是指由本单位自行印制,仅在本单位内部使用的原始凭证。例如:领料单、差旅费报销单、折旧计算表、工资费用分配表等。

【例题4·多选题】 关于原始凭证的表述正确的是( )。

A. 凡是不能证明经济业务发生或完成情况的各种单证不能作为原始凭证
B. 累计凭证是指根据一定时期内若干相同的原始凭证汇总编制成的原始凭证
C. 差旅费报销单属于累计凭证
D. 银行转账结算凭证、发票属于通用原始凭证

【答案】 AD

【解析】 汇总凭证,是指根据一定时期内若干相同的原始凭证汇总编制成的原始凭证。差旅费报销单属于汇总凭证。因此B、C项说法错误。

二、原始凭证的内容与填制

(一)原始凭证的内容

(1)凭证的名称;
(2)填制凭证的日期;
(3)填制凭证的单位名称或者填制人姓名;
(4)经办人员的签名或者盖章;
(5)接受凭证单位的名称;
(6)经济业务内容;
(7)数量、单价和金额。

注意:没有会计主管人员或出纳等人的签章;没有会计科目、记账符号、余额方向。

【例题5·多选题】 原始凭证的基本内容包括(   )。
A. 凭证的名称、填制凭证的日期
B. 应借应贷科目
C. 所附原始凭证张数
D. 经办人员的签字或者盖章

【答案】 AD

【解析】 BC项是记账凭证的基本内容。原始凭证的基本内容主要有:(1)凭证名称;(2)填制凭证的日期;(3)填制凭证单位名称或者填制人姓名;(4)经办人员的签名或者盖章;(5)接受凭证单位名称;(6)经济业务内容;(7)数量、单价和金额。

(二)原始凭证的填制要求

(1)记录要真实;
(2)内容要完整;
(3)手续要完备;
(4)书写要规范;
(5)编号要连续;
(6)不得涂改,刮擦,挖补;
(7)填制要及时。

注意:原始凭证有错误的,应当由出具单位重开或更正,更正处应当加盖出具单位印

章。但是,原始凭证金额有错误的,应当由出具单位重开,不得在原始凭证上更正。

【例题6·多选题】 在原始凭证上书写阿拉伯数字时,正确的有(   )。
A.所有以元为单位的,一律填写到角、分
B.无角、分的,角位和分位可写"00",或者符号"－"
C.有角无分的,分位应当写"0"
D.有角无分的,分位也可以用符号"－"代替
【答案】 ABC
【解析】 所有以元为单位的阿拉伯数字,除表示单价等情况外,一律填写到角、分;无角、分的,角位和分位可写"00",或者符号"－";有角无分的,分位应当写"0",不得用符号"－"代替。

【例题7·单选题】 下列各项中,金额的表示方法正确的是(   )。
A.￥1006.00
B.人民币拾陆元整
C.人民币伍拾陆元捌角伍分整
D.￥508.0
【答案】 A
【解析】 B项应是人民币壹拾陆元整。C项"分"后面不写"整"字。D项应是￥508.00。

三、原始凭证的审核

(1)审核原始凭证的真实性;
(2)审核原始凭证的合法性;
(3)审核原始凭证的合理性;
(4)审核原始凭证的完整性;
(5)审核原始凭证的正确性;
(6)审核原始凭证的及时性。

思考练习

一、单项选择题

1.原始凭证中(   )出现错误的,不得更正,只能由原始凭证开具单位重新开具。
A.金额   B.汉字
C.计量单位   D.会计科目
2.(   )一般由税务局等部门统一印制,或经税务部门批准由经营单位印制。
A.外来原始凭证   B.自制原始凭证

C. 限额领料单 D. 收料单

3. 下列各项中,不属于原始凭证的基本内容的是( )。
   A. 接受凭证单位名称 B. 交易或事项的内容、数量、单价和金额
   C. 经办人员签名或盖章 D. 应记会计科目名称和记账方向

4. 下面属于审核原始凭证真实性的是( )。
   A. 凭证日期是否真实,业务内容是否真实
   B. 审核原始凭证所记录经济业务是否有违反国家法律法规的情况
   C. 审核原始凭证各项基本要素是否齐全,是否有漏项情况
   D. 审核原始凭证各项金额的计算及填写是否正确

5. 出差人员预借差旅费应当填写借款单,下列表述中,正确的是( )。
   A. 借款单是一种自制的原始凭证
   B. 借款单是一种外出原始凭证
   C. 借款单是一种付款凭证
   D. 借款单是一种单式凭证

6. 职工出差的借款单,按其填制手续属于( )。
   A. 自制原始凭证 B. 外来原始凭证
   C. 一次凭证 D. 累计凭证

7. 审核原始凭证是否填列齐全,手续是否完备,有关经办人员是否都已签名或盖章等,这是审核原始凭证的( )。
   A. 合法性 B. 合理性
   C. 完整性 D. 及时性

8. 会计机构、会计人员对不真实、不合法的原始凭证,应当( )。
   A. 不予接受 B. 予以受理
   C. 予以纠正 D. 予以反映

9. 下列说法正确是( )。
   A. 审核原始凭证是否履行了规定的凭证传递和审查程序属于原始凭证合法性的审核
   B. 审核原始凭证各项金额的计算及填写是否正确属于原始凭证完整性的审核
   C. 审核原始凭证填写的项目内容是否符合规定的要求,是否填列齐全,手续是否完备等属于原始凭证及时性的审核
   D. 审核原始凭证的日期是否真实、摘要是否真实、业务内容是否真实、数据是否真实等属于原始凭证合法性的审核

10. 下列内容不属于原始凭证审核的是( )。
    A. 凭证是否有填制单位的公章和填制人员签章
    B. 凭证是否符合规定的审查程序
    C. 凭证是否符合计划、预算和合同等规定
    D. 会计科目使用是否正确

11. 下列各项中,( )不符合原始凭证基本要求。

A. 从个人取得的原始凭证,必须有填制人员的签名盖章

B. 原始凭证不得涂改、刮擦、挖补

C. 上级批准的经济合同,应作为原始凭证

D. 大写和小写金额必须相等

12. 下列关于人民币 30 010.06 的大写写法的表述中,正确的是( )。

A. 人民币叁万零拾元陆分整

B. 人民币叁万零壹拾元零陆分

C. 人民币三万零十元六分整

D. 人民币三万零十元六分

13. 在原始凭证上书写阿拉伯数字,错误的做法是( )。

A. 金额数字前书写货币币种符号

B. 币种符号与金额数字之间要留有空白

C. 币种符号与金额数字之间不得留有空白

D. 数字前写有币种符号的,数字后不再写货币单位

14. 下列关于原始凭证填制的说法,错误的是( )。

A. 对外开出的原始凭证必须加盖本单位公章

B. 凭证填写的手续必须完备

C. 原始凭证在填写的时候可以将错误凭证撕毁,重新编制一张

D. 书写清楚、规范

15. 下列属于外来原始凭证的是( )。

A. 购进货物发票

B. 工资发放明细表

C. 限额领料单

D. 借款单

16. 在审核原始凭证时,对于真实、合法、合理但内容不够完整、填写有错误的原始凭证,应该( )。

A. 拒绝办理,并向本单位负责人报告

B. 予以抵制,对经办人员进行批评

C. 由会计人员重新填制或予以更正

D. 退回给有关经办人员,由其负责将有关凭证补充完整、更正错误或重开

二、多项选择题

1. 原始凭证的审核内容包括:审核原始凭证( )等方面。

A. 真实性   B. 合法性,合理性

C. 正确性,及时性   D. 完整性

2. 下列金额表示方法中,正确的是( )。

A. ¥86.00   B. 人民币柒拾陆元整

C. 人民币伍拾陆元捌角伍分整   D. ¥508.00

3. 下列关于原始凭证汇总表的说法中,正确的有( )。

A.汇总凭证也称原始凭证汇总表,是指对一定时期内反映经济业务内容相同的若干张原始凭证,按照一定标准综合填制的原始凭证

B.合并了同类型经济业务,简化了记账工作量

C.发料凭证汇总表属于原始凭证汇总表

D.汇总凭证可以将经济业务内容不同的业务汇总在一起,填列在一张汇总原始凭证上

4.下列关于收料单,说法正确的是(   )。

A.企业购进材料验收入库时,由仓库保管人员根据购入材料的实际验收情况来填制

B.一式三联

C.一联留仓库,一联随发票账单到会计处报账,一联交采购人员存查

D.是一次填制完成的

5.原始凭证的基本内容包括原始凭证的名称、(   )、接受凭证单位名称、数量、单价和金额等。

A.经办人员的签名或盖章

B.填制凭证的日期

C.经济业务的内容

D.填制单位名称或填制人员姓名

6.下列各项中,属于审核原始凭证时应当注意的事项的有(   )。

A.从外单位取得的原始凭证,必须盖有填制单位的公章和填制人员的签章

B.自制的原始凭证,必须有经办部门和经办人员的签名或者盖章

C.经济业务应当符合国家有关政策、法令、制度的规定

D.原始凭证所记录经济业务应当符合会计主体经济活动的需要

7.制造费用分配表属于(   )。

A.累计凭证   B.自制原始凭证

C.一次凭证   D.累计凭证

8.审核原始凭证的合法性包括审核原始凭证所记录的经济业务(   )。

A.是否违反国家法律法规

B.是否有贪污腐败等行为

C.是否履行了规定的凭证传递和审查程序

D.是否符合有关的计划、预算和合同等规定

9.下列各项中,(   )属于填制原始凭证时应当注意的事项。

A.编号要连续

B.不得涂改、刮擦、挖补

C.填制要及时

D.内容要完整

10.在原始凭证上书写金额数字,正确的有(   )。

A.人民币符号"¥"与阿拉伯数字间不得留有空白,金额数字一律填写到角分

B.无角、分的,角位和分位可写"00"或者"—";有角无分的,分位可以写"0",也可用

"—"代替

C. 大写金额到元或角为止的,后面要写"整"或"正"字,有分的,不写"整"或"正"字

D. 大写金额前未印有"人民币"字样的,应加写"人民币"三个字,"人民币"字样与大写金额之间不得留有空白

11. 下列关于限额领料单的说法中,正确的有(　　)。

A. 限额领料单是多次使用的累计领发料凭证

B. 限额领料单属于一次凭证

C. 可以简化核算手续

D. 属于原始凭证

12. 下列各项中,(　　)不能作为原始凭证。

A. 购货合同　　　　　　　　B. 车间派工单

C. 材料请购单　　　　　　　D. 工资表

13. 审核记账凭证的金额是否正确,包括以下内容(　　)。

A. 记账凭证与原始凭证的有关金额是否一致

B. 记账凭证的应借、应贷科目是否正确

C. 原始凭证汇总表的金额与记账凭证的金额是否相符

D. 所附原始凭证是否齐全,内容是否合法

三、判断题

1. 汇总凭证只能将类型相同的经济业务进行汇总,不能汇总两类或两类以上的经济业务。汇总原始凭证是有关责任者根据经济管理的需要定期编制的。　　(　　)

2. 支付款项的原始凭证,要有收款单位和收款人的收款证明,或者已支付款项的有关凭证如银行汇款凭证等代替。　　(　　)

3. 对于真实、合法、合理但内容不够完整,填写有错误的原始凭证,会计机构和会计人员不予以接受。　　(　　)

4. 企业在与外单位发生的任何经济业务中,取得的各种书面证明都是原始凭证。
　　(　　)

5. 凭证记载内容有错误的,应当由出具单位重开或更正,不需要盖任何的印章。
　　(　　)

6. 审核原始凭证的正确性,就是要审核原始凭证所记录的经济业务是否符合企业生产经营活动的需要,是否符合有关的计划、预算和合同等规定。　　(　　)

7. 原始凭证开具单位应当依法开具准确无误的原始凭证,对于填制有误的原始凭证,要承担更正的义务,但是不能重开。　　(　　)

8. 会计人员必须对原始凭证进行严格审核。对自制原始凭证,必须有经办部门和经办人员的签名或盖章。　　(　　)

9. 如果原始凭证已预先印定编号,在写坏作废时,应加盖"作废"戳记,妥善保管,不得撕毁。　　(　　)

10. 原始凭证都是以实际发生或完成的经济业务为依据而填制的。　　(　　)

11. 记账凭证对经济业务的发生和完成有证明效力。　　(　　)

任务三 记账凭证

培养目标

1. 熟悉记账凭证的概念和种类;
2. 掌握记账凭证的内容和填制要求;
3. 了解记账凭证的审核内容。

要点精讲

一、记账凭证的概念

记账凭证又称记账凭单,是会计人员根据审核无误的原始凭证,按照经济业务事项的内容加以归类,并据以确定会计分录后所填制的会计凭证,它是登记账簿的直接依据。

二、记账凭证的分类

(一)按照凭证用途分类

1. 专用记账凭证

专用记账凭证是用来专门记录某一类经济业务的记账凭证。依据其反映的经济业务内容,可分为收款凭证、付款凭证和转账凭证三种。

(1)收款凭证

收款凭证是指用于记录库存现金和银行存款、收款业务的记账凭证。

(2)付款凭证

付款凭证是指用于记录库存现金和银行存款付款业务的记账凭证。

注意:对于库存现金和银行存款之间的相互划转的收、付款业务,为避免重复记账,只填制付款凭证,不填收款凭证。

(3)转账凭证

转账凭证是指用于记录不涉及库存现金和银行存款业务的记账凭证。

【例题1·判断题】 现金和银行存款之间的业务可以填制付款凭证,也可以填制收款凭证。( )

【答案】 ×

【解析】 对于库存现金和银行存款之间的相互划转的收、付款业务,为避免重复记账,只填制付款凭证,不填收款凭证。

【例题2·单选题】 下列各项中,不属于专用记账凭证的是( )

A. 收款凭证   B. 付款凭证
C. 转账凭证   D. 通用记账凭证

【答案】 D

【解析】 专用记账凭证是用来专门记录某一类经济业务的记账凭证。主要包括收款凭证、付款凭证和转账凭证三种。

【例题3·单选题】 企业购进材料1000元,款项已经通过银行支付,该笔业务应该编制( )凭证。

A. 收款凭证   B. 付款凭证
C. 转账凭证   D. 以上均可

【答案】 B

【解析】 付款凭证是指用于记录库存现金和银行存款付款业务的记账凭证。

2. 通用记账凭证

通用记账凭证是指适用于所有经济业务的、统一格式的记账凭证。采用通用记账凭证的企业不再区分收、付、转业务,所有的经济业务都采用通用记账凭证。

(二)按照凭证填列方式不同分类

1. 单式记账凭证

单式记账凭证是指只填列经济业务所涉及的一个会计科目及其金额的记账凭证。填列借方科目的称为借项凭证,填列贷方科目的称为贷项凭证。

2. 复式记账凭证

复式记账凭证是将每一笔经济业务所涉及的全部科目及其发生额均在同一张记账凭证中反映的一种凭证。

三、记账凭证的内容与填制

(一)记账凭证的内容

(1)填制凭证的日期;

(2)凭证编号;

(3)经济业务摘要;

(4)会计科目(总分类科目和明细分类科目);

(5)金额;

(6)所附原始凭证张数;

(7)填制凭证人员、稽核人员、记账人员、会计机构负责人、会计主管人员签名或者盖章。

【例题4·单选题】 下列属于记账凭证必须具备而原始凭证不具备的内容是( )。

A. 填制凭证的日期
B. 经济业务内容

C.经办人员的签名或者盖章

D.经济业务摘要

【答案】 D

【解析】 本题考核原始凭证和记账凭证的基本内容。A项记账凭证和原始凭证有,B项是原始凭证具备的内容,D项是记账凭证具备的内容。C项是属于原始凭证具备的内容。

(二)记账凭证的填制要求

1.记账凭证填制的基本要求

(1)记账凭证各项内容必须完整;

(2)记账凭证的书写应当清楚、规范;

(3)除结账和更正错账的记账凭证可以不附原始凭证外,其他记账凭证必须附有原始凭证;

(4)记账凭证可以根据每一张原始凭证填制,或根据若干张同类原始凭证汇总填制,也可以根据原始凭证汇总表填制,但不得将不同内容和类别的原始凭证汇总填制在一张记账凭证上;

(5)记账凭证应连续编号;

(6)填制记账凭证时若发生错误,应当重新填制;

(7)记账凭证填制完成后,如有空行,应当自金额栏最后一笔金额数字下的空行处至合计数上的空行处划线注销。

【例题5·单选题】 可以不附原始凭证的记账凭证是( )。

A.更正错误的记账凭证

B.从银行提取现金的记账凭证

C.以现金发放工资的记账凭证

D.职工临时性借款的记账凭证

【答案】 A

【解析】 除结账和更正错误外,记账凭证必须附有原始凭证。

【例题6·单选题】 填制记账凭证时,错误的做法是( )。

A.根据每一张原始凭证填制

B.根据若干张同类原始凭证汇总填制

C.将若干张不同内容和类别的原始凭证汇总填制在一张记账凭证上

D.根据原始凭证汇总表填制

【答案】 C

【解析】 选项C,应该是多张同类别的原始凭证汇总填制在一张记账凭证上。

2.收款凭证的填制要求

收款凭证左上角的"借方科目"按收款的性质填写"库存现金"或"银行存款";日期填写的是填制本凭证的日期;右上角填写填制收款凭证的顺序号;摘要栏填写对所记录的经济业务的简要说明;贷方总账科目栏填写与收入"库存现金"或"银行存款"相对应的会计科目;"√"是该凭证已登记账簿的标记,防止经济业务重记或漏记;金额是指该项经济业务的发生额;该凭证右边"附单据×张"是指本记账凭证所附原始凭证的张数;最下边分别由有关人员签章,以明确经济责任。

【例题7·业务题】 2016年12月2日,企业为购建固定资产向银行借款100 000元,期限两年,款项已存入企业银行存款账户。

【答案】

借:银行存款　　　　　　　　　　　　　　　　　　　　　　　　100 000
　　贷:长期借款　　　　　　　　　　　　　　　　　　　　　　　100 000

收款凭证

借方科目:银行存款　　　　　　2016年12月2日　　　　　　收字第1号

摘要	应贷科目		记账符号	余额	附件1张
	一级科目	明细科目			
向银行借款	长期借款			100 000	
合计				100 000	

会计主管:　　　　记账:　　　　出纳:　　　　审核:　　　　制单:张三

【解析】
收款凭证左上角的"借方科目"按收款的性质填写"库存现金"或"银行存款";
日期填写的是填制本凭证的日期;
右上角填写填制收款凭证的顺序号;
该凭证右边"附件×张"是指本记账凭证所附原始凭证的张数;
最下边分别由有关人员签章,以明确经济责任;
"摘要"填写对所记录的经济业务的简要说明;
"贷方科目"填写与收入"库存现金"或"银行存款"相对应的会计科目;
"记账"是指该凭证已登记账簿的标记,防止经济业务重记或漏记;
"金额"是指该项经济业务的发生额;
出纳人员在办理收款或付款业务后,应在原始凭证上加盖"收讫"或"付讫"的戳记,以免重收重付。

3. 付款凭证的填制要求

付款凭证是根据审核无误的有关库存现金和银行存款的付款业务的原始凭证填制的。付款凭证的填制方法与收款凭证基本相同,不同的是,在付款凭证的左上角应填列贷方科目,即"库存现金"或"银行存款"科目,借方总账科目栏应填写与"库存现金"或"银行存款"相对应的一级科目和明细科目。出纳人员在办理收款或付款业务后,应在原始凭证上加盖"收讫"或"付讫"戳记,以免重收重付。

【例题8·业务题】 2016年12月7日,签发现金支票,从银行提取现金2 500元备用。

【答案】

借:库存现金　　　　　　　　　　　　　　　　　　　　2 500
　　贷:银行存款　　　　　　　　　　　　　　　　　　2 500

付款凭证

贷方科目:银行存款　　　　2016 年 12 月 7 日　　　　付字第 1 号

摘要	应借科目		记账符号	余额	附件1张
	一级科目	明细科目			
从银行提取现金	库存现金			2 500	
合计				2 500	

会计主管:　　　记账:　　　出纳:　　　审核:　　　制单:张三

【解析】 对于涉及"库存现金"和"银行存款"之间的经济业务,一般只编制付款凭证,不编制收款凭证。

4.转账凭证的填制要求

转账凭证通常是根据有关转账业务的原始凭证填制的。转账凭证中的总账科目栏和明细科目栏应填写应借、应贷的总账科目和明细科目,借方科目应记金额应在同一行的借方金额栏填列,贷方科目应记金额应在同一行的贷方金额栏填列,借方金额栏合计数与贷方金额栏合计数应相等。

【例题 9·业务题】 2016 年 12 月 8 日,车间生产甲产品领用 A 材料 350 公斤,单价 72 元,领用 B 材料 560 公斤,单价 31 元。

【答案】

借:生产成本——甲　　　　　　　　　　　　　　　　42 560
　　贷:原材料——A　　　　　　　　　　　　　　　　25 200
　　　　　　——B　　　　　　　　　　　　　　　　17 360

转账凭证
2016 年 12 月 8 日　　　　转字第 1 号

摘要	会计科目		记账符号	借方金额	贷方金额	附件1张
	一级科目	明细科目				
生产甲产品领用材料	生产成本	甲		42 560		
	原材料	A			25 200	
		B			17 360	
合计				42 560	42 560	

会计主管:　　　记账:　　　出纳:　　　审核:　　　制单:张三

【解析】
转账凭证通常是根据有关转账业务的原始凭证填制的。

转账凭证中"一级科目"和"明细科目"栏应填写应借、应贷的总账科目和明细科目，借方科目应记金额应在同一行的"借方金额"栏填列，贷方科目应记金额应在同一行的"贷方金额"栏填列，"借方金额"栏合计数与"贷方金额"栏合计数应相等。

此外，某些既涉及收款业务，又涉及转账业务的综合性业务，可分开填制不同类型的记账凭证。

四、记账凭证的审核

(1) 内容是否真实；
(2) 项目是否齐全；
(3) 科目是否正确；
(4) 金额是否正确；
(5) 书写是否规范、正确；
(6) 手续是否完备。

【例题10·多选题】 下列属于记账凭证审核内容的是(　　)。
A. 业务是否合法
B. 记账凭证的金额与所附原始凭证的金额是否一致
C. 业务是否符合有关计划和预算
D. 会计科目、借贷方向使用是否正确
【答案】 BD
【解析】 AC是原始凭证审核的内容，不是记账凭证审核的内容。记账凭证审核的内容包括：内容是否真实、项目是否齐全、科目是否正确、金额是否正确、书写是否规范、手续是否完备。

思考练习

一、单项选择题

1. 下列各项中，不属于记账凭证审核内容的是(　　)。
A. 所使用的会计科目是否符合企业会计准则等规定
B. 记账凭证汇总表的内容与其所依据的记账凭证的内容是否一致
C. 审核所记录的经济业务是否符合生产经营活动的需要
D. 审核记账凭证各项目填写是否齐全

2. 下列关于记账凭证填制基本要求的表述中，错误的是(　　)。

A. 记账凭证可以根据若干张同类原始凭证汇总编制
B. 记账凭证的书写应清楚、规范
C. 所有记账凭证都必须附有原始凭证
D. 发现以前年度记账凭证有误的,应当用蓝字填制一张更正的记账凭证

3. 记账凭证的填制是由( )完成的。
A. 出纳人员 B. 会计人员
C. 经办人员 D. 主管人员

4. 下列关于收款凭证左上角的会计科目性质的表述中,正确的是( )。
A. 库存商品 B. 固定资产
C. 借方 D. 贷方

5. ( )是用来记录现金和银行存款收款业务的记账凭证。
A. 收款凭证 B. 付款凭证
C. 转账凭证 D. 复式记账

6. 可以不附原始凭证的记账凭证是( )。
A. 更正错误的记账凭证
B. 从银行提取现金的记账凭证
C. 以现金发放工资的记账凭证
D. 职工临时性借款的记账凭证

7. 从银行提取现金或把现金存入银行的经济业务,一般( )。
A. 只填制付款凭证,不填制收款凭证
B. 只填制收款凭证,不填制付款凭证
C. 既填制付款凭证,又填制收款凭证
D. 填制付款凭证或填制收款凭证

8. 记账凭证按凭证的用途可分为( )。
A. 收款凭证、付款凭证和转账凭证
B. 一次凭证、累计凭证和汇总凭证
C. 复式记账凭证和单式记账凭证
D. 通用记账凭证和专用记账凭证

9. 某公司出纳将公司现金交存开户银行,应编制( )。
A. 现金收款凭证
B. 现金付款凭证
C. 银行存款收款凭证
D. 银行存款付款凭证

10. 付款凭证左上方的"贷方科目"中可以填写的会计科目有( )。
A. 库存现金 B. 固定资产
C. 原材料 D. 库存商品

二、多项选择题

1. 记账凭证与原始凭证的区别有( )。

A. 填制人员不同 B. 填制方式不同
C. 填制依据不同 D. 发挥作用不同

2. 记账凭证审核的主要内容有(　　)。

A. 内容是否真实

B. 项目是否齐全

C. 科目、金额、书写是否正确

D. 填制是否及时

3. 除(　　)的记账凭证可以不附原始凭证外,其他记账凭证必须附有原始凭证。

A. 成本结转 B. 结账
C. 更正错误 D. 提取现金

4. 下列属于记账凭证基本内容的有(　　)。

A. 经济业务事项所涉及的会计科目

B. 记账凭证日期、编号

C. 经济业务事项的摘要和金额

D. 所附原始凭证的张数

5. 下列各项中,(　　)属于记账凭证按照用途不同所分的类别。

A. 通用记账凭证 B. 专用记账凭证
C. 复式记账凭证 D. 单式记账凭证

6. 收款凭证左上方的"借方科目"中可以填写的会计科目有(　　)。

A. 库存现金 B. 产品销售收入
C. 材料 D. 银行存款

7. 审核记账凭证的科目是否正确,包括(　　)。

A. 记账凭证的应借、应贷科目是否正确

B. 计算是否正确

C. 账户对应关系是否清晰

D. 所使用的会计科目及其核算内容是否符合会计制度的规定

8. 下列各项中,属于记账凭证的基本内容有(　　)。

A. 填制凭证的日期和凭证编号

B. 会计科目的名称和金额

C. 所附原始凭证的张数

D. 填制凭证人员、稽核人员、记账人员、会计机构负责人、会计主管人员的签名或盖章

9. 下列各项中,(　　)属于专用记账凭证,按其所记录的经济业务是否与库存现金和银行存款的收付有关所分的类别。

A. 收款凭证 B. 付款凭证
C. 通用凭证 D. 转账凭证

10. 记账凭证填制以后,必须有专人审核,下列各项中属于其审核的主要内容有(　　)。

A. 是否符合原始凭证
B. 会计分录是否正确,对应关系是否清晰
C. 经济业务是否合法、合规、有无违法乱纪行为
D. 有关项目是否填列完备,有关人员签章是否齐全

三、判断题

1. 记账凭证与原始凭证的发挥作用不同是因为原始凭证是记账凭证的附件,是填制记账凭证的依据,而记账凭证是登记账簿的直接依据。（　　）

2. 记账凭证是否附有原始凭证,及其所附原始凭证的张数是否相符,是审核记账凭证的一项重要内容。（　　）

3. 若一笔经济业务涉及的会计科目较多,需填制多张记账凭证的,可采用"分数编号法"。（　　）

4. 收、付款凭证的日期应按照货币收、付的日期填写,转账凭证的日期应按照原始凭证记录的日期填写。（　　）

5. 会计分录应编制在记账凭证上。（　　）

6. 通用记账凭证和专用记账凭证由于均用以记录经济业务,故二者的格式无差别。（　　）

7. 原始凭证用以记录、证明经济业务已经发生或完成,而记账凭证则依据会计科目对已经发生或完成的经济业务进行归类、整理编制。（　　）

8. 除财产清查、结账和更正错误外,记账凭证必须附有原始凭证。（　　）

9. 记账凭证中必须列明会计科目名称、记账金额、填制凭证的日期等内容。（　　）

10. 单式记账凭证便于分工记账,而复式记账凭证不便于分工记账。（　　）

四、业务练习题

某公司 2015 年 6 月发生如下经济业务:

(1) 6 月 2 日,从佳美公司购进甲材料一批,货款 10 000 元,增值税额 1 700 元,运杂费 200 元,已用银行存款支付,材料已验收入库。

(2) 6 月 3 日,通过银行向华新公司预付材料货款 20 000 元。

(3) 6 月 5 日,收到投资者追加投资 50 000 元,存入银行。

(4) 6 月 6 日,采购员王冬预借差旅费 500 元,以现金付讫。

(5) 6 月 10 日,从银行提取现金 30 000 元,备发工资。

(6) 6 月 10 日,以现金 30 000 元发放职工工资。

(7) 6 月 11 日,向茂业公司销售 A 产品一批,货款 20 000 元,增值税额 3 400 元,款项存入银行。

(8) 6 月 12 日,收到天洋公司预付的购货款 70 000 元,存入银行。

(9) 6 月 14 日,采购员王冬回到公司报销差旅费 400 元,余款以现金交回。

(10) 6 月 15 日,签发现金支票 200 元,支付行政管理部门办公费用。

(11) 6 月 20 日,以银行存款 450 元支付产品销售广告费。

(12) 6 月 22 日,以现金 400 元支付职工生活困难补助。

(13) 6 月 30 日,汇总本月从仓库领用材料 56 000 元。其中,生产 A 产品耗用 30 000

元,生产 B 产品耗用 20 000 元,车间一般耗用 2 000 元,管理部门耗用 4 000 元。

(14)6 月 30 日,结算本月工资 52 000 元,分配情况如下:生产 A 产品工人工资 24 000 元,生产 B 产品工人工资 20 000 元,车间管理人员工资 3 000 元,厂部行政管理人员工资 5 000 元。

(15)6 月 30 日,计提本月固定资产折旧 8 800 元。其中:车间用固定资产折旧 6 000 元,行政管理部门用固定资产折旧 2 800 元。

(16)月末,将制造费用 11 000 元分配给 A 产品 6 000 元、B 产品 5 000 元。

(17)6 月 30 日,本月 A、B 产品全部完工,结转完工 A 产品的实际成本 60 000 元,结转完工 B 产品的实际成本 45 000 元。

(18)6 月 30 日,结转已售 A 产品生产成本 12 000 元。

(19)6 月 30 日,计提本月短期借款利息 1 000 元。

(20)6 月 30 日,计算本月应交所得税 6 000 元。

(21)6 月 30 日,提取法定盈余公积金 5 000 元。

要求:分析上述经济业务编制如下图所示收款凭证,付款凭证和转账凭证。

借方科目		收 款 凭 证	凭证编号		
借方			顺序号		
科目		年 月 日	分 号		字 号

摘 要	贷方总账科目	明细科目	借或贷	金 额 千 百 十 万 千 百 十 元 角 分	附单据
					张
合 计					

财务主管　　　　记账　　　　出纳　　　　审核　　　　制单

借方科目		收 款 凭 证	凭证编号		
借方			顺序号		
科目		年 月 日	分 号		字 号

摘 要	贷方总账科目	明细科目	借或贷	金 额 千 百 十 万 千 百 十 元 角 分	附单据
					张
合 计					

财务主管　　　　记账　　　　出纳　　　　审核　　　　制单

贷方科目		付 款 凭 证	凭证编号		
编号			顺序号		
名称		年 月 日	分 号		字 号

摘 要	借方科目 编号及总账科目	明细科目	过页	金 额 千 百 十 万 千 百 十 元 角 分
合 计				

主管　　　　记账　　　　审核　　　　付款　　　　制证　　　　收款

贷方科目		付 款 凭 证	凭证编号	
编号			顺序号	
名称		年 月 日	分号	字号

摘要	借方科目		过页	金额
	编号及总账科目	明细科目		千百十万千百十元角分
合计				

主管　　记账　　审核　　付款　　制证　　收款

贷方科目		付 款 凭 证	凭证编号	
编号			顺序号	
名称		年 月 日	分号	字号

摘要	借方科目		过页	金额
	编号及总账科目	明细科目		千百十万千百十元角分
合计				

主管　　记账　　审核　　付款　　制证　　收款

贷方科目		付 款 凭 证	凭证编号	
编号			顺序号	
名称		年 月 日	分号	字号

摘要	借方科目		过页	金额
	编号及总账科目	明细科目		千百十万千百十元角分
合计				

主管　　记账　　审核　　付款　　制证　　收款

贷方科目		付 款 凭 证		凭 证 编 号		
编号				顺序号		
名称		年 月 日		分 号	字	号

摘 要	借 方 科 目		过页	金 额
	编号及总账科目	明细科目		千百十万千百十元角分
合 计				

主管　　记账　　审核　　付款　　制证　　收款

贷方科目		付 款 凭 证		凭 证 编 号		
编号				顺序号		
名称		年 月 日		分 号	字	号

摘 要	借 方 科 目		过页	金 额
	编号及总账科目	明细科目		千百十万千百十元角分
合 计				

主管　　记账　　审核　　付款　　制证　　收款

贷方科目		付 款 凭 证		凭 证 编 号		
编号				顺序号		
名称		年 月 日		分 号	字	号

摘 要	借 方 科 目		过页	金 额
	编号及总账科目	明细科目		千百十万千百十元角分
合 计				

主管　　记账　　审核　　付款　　制证　　收款

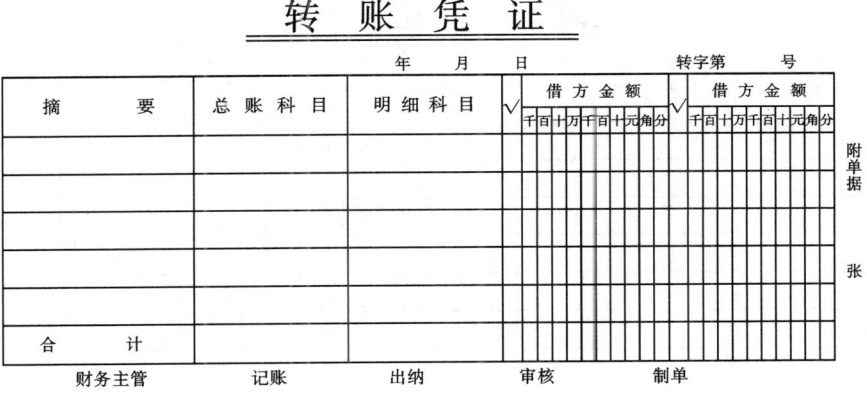

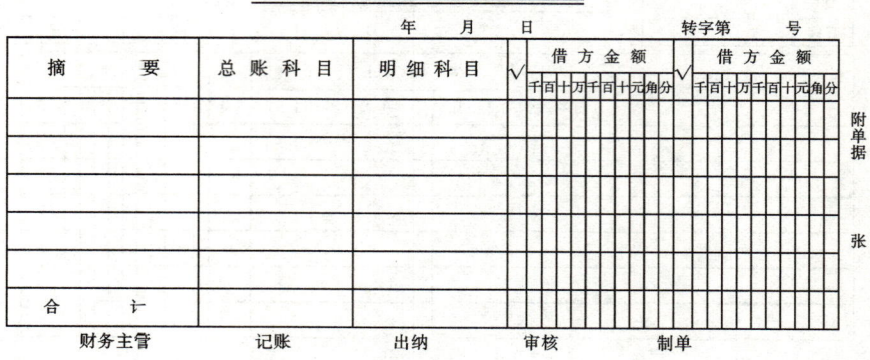

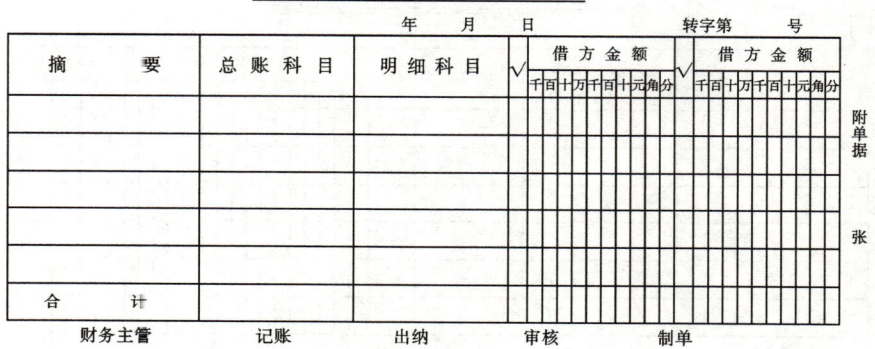

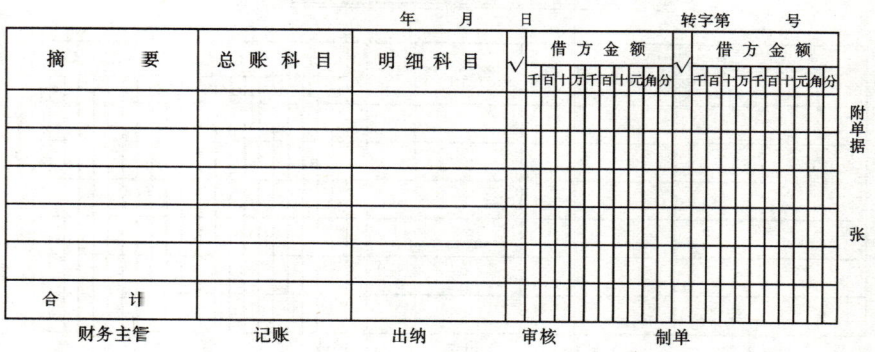

转 账 凭 证

　　　　　　　　　　　　　　　年　月　日　　　　　　　　转字第　号

摘　要	总账科目	明细科目	√	借方金额 千百十万千百十元角分	√	借方金额 千百十万千百十元角分
合　计						

　　财务主管　　　　　记账　　　　　出纳　　　　　审核　　　　　制单

附单据　　　张

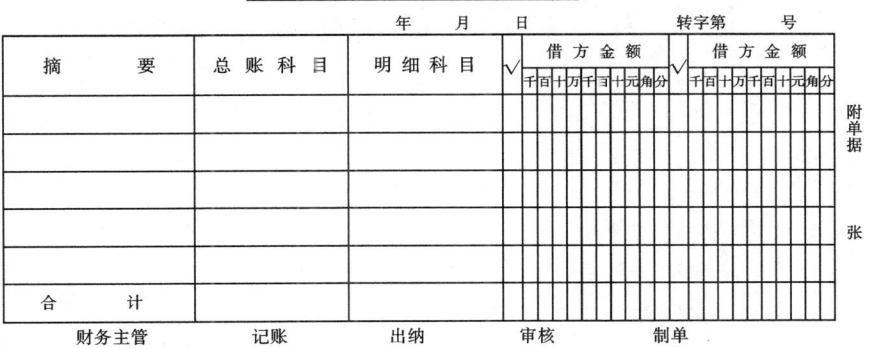

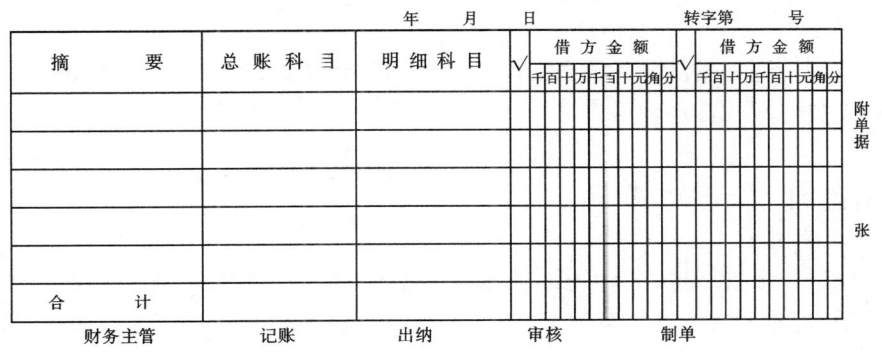

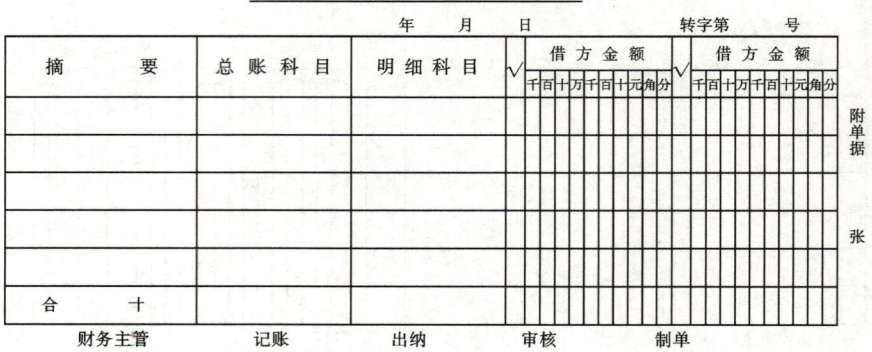

任务四 会计凭证的传递与保管

培养目标

1. 了解会计凭证传递的概念；
2. 熟悉会计凭证传递的程序；
3. 掌握会计凭证保管的基本要求。

要点精讲

一、会计凭证的传递

会计凭证传递是指从会计凭证的取得或填制时起至归档保管过程中，在单位内部有关部门和人员之间的传送程序。

二、会计凭证的保管

会计凭证的保管，是指会计凭证登账后的整理、装订和归档存查工作。会计凭证是记账的依据，是重要的经济档案和历史资料，所以对会计凭证必须妥善整理和保管，不得丢失或任意销毁。

注意：外单位查阅会计凭证应由本单位会计机构负责人、会计主管人员批准，可以复制，需要在专设的登记簿上登记。

【例题1·多选题】 会计凭证的保管说法错误的是(　　)。

A. 未设立档案机构的,应当在会计机构内部指定专人保管

B. 原始凭证经单位负责人批准可以外借

C. 会计凭证到期后不需监管可以销毁

D. 会计凭证的保管是指从会计凭证的取得或填制时起至归档保管过程中,在单位内部有关部门和人员之间的传送程序

【答案】 BCD

【解析】 考核会计凭证保管的知识点。B项原始凭证不得借出。C项会计凭证到期后,需经单位负责人同意,才能销毁。D项说的是会计凭证的传递,不是会计凭证的保管。

思考练习

一、单项选择题

1. 会计凭证的传递,是指(   )在单位内部有关部门和人员之间的传递程序。

A. 会计凭证的取得或填制时起至归档保管过程中

B. 会计凭证的填制到登记账簿止

C. 从会计凭证审核后到归档止

D. 从会计凭证的填制或取得到汇总登记账簿止

2. 其他单位如果因特殊原因需要使用原始凭证时,经本单位会计机构负责人批准,下列行为中,正确的是(   )。

A. 只可以查阅不能复制　　　　B. 可以外借

C. 可以复制　　　　　　　　　D. 不可查阅或复制

3. 关于会计凭证的保管,下列说法不正确的是(   )。

A. 会计凭证应定期装订成册,防止散失

B. 会计主管人员和保管人员应在封面上签章

C. 原始凭证不得外借,其他单位如有特殊原因确实需要使用时,经本单位会计机构负责人(会计主管人员)批准,可以复制

D. 经单位领导批准,会计凭证在保管期满前可以销毁

4. 关于会计凭证的保管,错误的说法是(   )。

A. 未设立档案机构的,应当在会计机构内部指定专人保管

B. 原始凭证可以外借

C. 会计凭证不得任意销毁

D. 出纳人员不得监管会计档案

5. 会计凭证的传递是指会计凭证从(   )保管过程中,在单位内部各有关部门和人员之间的传递。

A. 取得或填制时起至装订

B. 取得或填制时起至归档

C. 取得或填制时起至销毁

D. 取得或填制时起至年末

6. 会计凭证的传递范围是在(　　)。

A. 本单位与外单位有关部门和人员之间

B. 本单位内部有关部门和人员之间

C. 本单位与税收部门和人员之间

D. 本单位与银行之间

7. 关于会计凭证的装订和保管,下列表述不正确的是(　　)。

A. 会计凭证必须按照归档制度妥善整理和保管,形成会计档案,便于随时查阅

B. 对检查无误的会计凭证要按顺序号排列,折叠整齐装订成册并加具封面

C. 如果某些记账凭证的原始凭证数量过多也可以单独装订保管,但应在其封面及有关记账凭证上加注说明

D. 合同、契约、押金收据等重要原始凭证必须装订成册,不得单独保管以防散失

二、多项选择题

1. 在会计凭证的封面中,(　　)是应该注明的。

A. 年度　　　　　　　　　B. 会计主管人员

C. 装订人员　　　　　　　D. 月份

2. 在制定会计凭证传递程序和方法时,应当注意考虑(　　)。

A. 会计凭证的传递程序

B. 会计凭证在每个传递环节上停留的时间

C. 会计凭证交接的签收制度

D. 会计凭证的整理、归类和装订成册

3. 会计凭证封面应注明(　　)等事项。

A. 单位名称　　　　　　　B. 单位负责人

C. 会计主管人员　　　　　D. 凭证种类和张数

4. 关于会计凭证的内容,以下说法正确的有(　　)。

A. 会计凭证是指记录经济业务发生或者完成情况的书面证明,是登记账簿的依据。

B. 只有经过审核无误的会计凭证才能作为登记账簿的依据

C. 单位的档案部门可以出借原始凭证

D. 单位的管理阶层可以出借原始凭证

5. 下列各项中,(　　)属于会计凭证的归档保管注意事项。

A. 原始凭证不得外借,其他单位如有特殊原因确实需要使用时,可以复制

B. 原始凭证较多时,可单独装订,但应在凭证封面注明所属记账凭证的日期、编号和种类

C. 每年装订成册的会计凭证,在年度终了时可暂由单位会计机构保管一年,期满后应当移交本单位档案机构统一保管

D. 出纳人员可以兼管会计档案

6. 确定会计凭证的传递程序应考虑的因素有( )。
   A. 经济业务特点　　　　　　B. 内部机构设置
   C. 人员分工的要求　　　　　D. 管理要求

7. 关于会计凭证的保管,正确的说法是( )。
   A. 未设立档案机构的,应当在会计机构内部指定专人保管
   B. 原始凭证可以外借
   C. 会计凭证不得任意销毁
   D. 出纳人员不得监管会计档案

8. 下列关于会计凭证的传递的说法正确的有( )。
   A. 会计凭证的传递是指从会计凭证的取得或填制时起至归档保管过程中,在单位内部有关部门和人员之间的传送程序
   B. 规定传递程序
   C. 确定传递时间
   D. 建立会计凭证交接的签收制度

9. 会计凭证保管的内容包括( )。
   A. 整理会计凭证
   B. 装订会计凭证
   C. 归档存查会计凭证
   D. 加具封面并签章

10. 其他单位因特殊原因需要使用本单位的原始凭证,正确的做法是( )。
    A. 可以外借
    B. 将外借的会计凭证拆封抽出
    C. 不得外借,经本单位会计机构负责人或会计主管人员批准,可以复制
    D. 将向外单位提供的凭证复印件在专设的登记簿上登记

三、判断题

1. 确定会计凭证传递程序和方法时,应着重考虑会计凭证的整理、归类和装订成册。( )

2. 单位如有特殊原因确实需要使用原始凭证时,经本单位会计机构负责人(会计主管人员)批准,可以向外单位提供原始凭证复印件。( )

3. 会计凭证的保管是指从会计凭证的取得或填制时起至归档保管过程中,在单位内部有关部门和人员之间的传送程序。( )

4. 会计凭证的传递是指会计凭证记账后的整理、装订、归档和存查工作。( )

5. 在会计档案的保管过程中,单位的档案部门以及单位的管理阶层可以自行出借原始凭证。( )

6. 会计凭证保管时,未设立档案机构的,应当在会计机构内部指定专人保管。( )

7. 原始凭证不得外借,其他单位如有特殊原因确实需要使用时,经本单位会计机构负责人(会计主管人员)批准,可以复制。( )

8. 记账凭证所附的原始凭证数量过多,也可以单独装订保管,但应在其封面及有关记账凭证上加注说明。（　）

9. 从外单位取得的原始凭证遗失时,必须补办一模一样的原始凭证。（　）

10. 往年的原始凭证,不用再保管,可以直接销毁。（　）

项目七 会计账簿

任务一 会计账簿概述

培养目标

1. 了解会计账簿的含义和作用;
2. 掌握会计账簿的内容;
3. 熟悉会计账簿的分类。

要点精讲

一、会计账簿的含义

会计账簿是指由一定格式的账页组成的,以经审核无误的会计凭证为依据,全面、系统、连续地记录各项经济业务的簿籍。

会计账簿的记录是编制会计报表的前提和依据,也是检查、分析和控制单位经济活动的重要依据。

【例题1·单选题】 登记账簿的依据是( )。
A. 经济合同　　　　　　　　B. 会计分录
C. 会计凭证　　　　　　　　D. 有关文件
【答案】 C
【解析】 会计账簿的定义。会计账簿是指由一定格式的账页组成的,以经审核无误的会计凭证为依据,全面、系统、连续地记录各项经济业务的簿籍。

二、会计账簿的作用

(1) 满足记录交易或事项的要求,将分散在记账凭证中的资料进行汇总集中;
(2) 为会计报告记载、存储会计信息;
(3) 有利于展开会计监督和会计分析。

三、会计账簿的内容

(1) 封面;
(2) 扉页;
(3) 账页。

四、会计账簿的分类

(一) 按用途分类

会计账簿按照其用途可以分为序时账簿、分类账簿和备查账簿。

(二) 按账页格式分类

1. 两栏式账簿

两栏式账簿是指只有借方和贷方两个基本金额栏目的账簿。普通日记账和转账日记账一般采用两栏式。

2. 三栏式账簿

三栏式账簿是指设有借方、贷方和余额三个金额栏目的账簿。三栏式的账页是最简单的一种格式,几乎适用所有的账簿,金额栏至少应当设置"借方""贷方"和"余额"三个栏次。现金日记账、银行存款日记账以及资本类、债权债务类明细账和总分类账等,都可以采用三栏式账簿。

3. 多栏式账簿

多栏式账簿是指在账簿的两个金额栏目(借方和贷方)按需要分设若干专栏的账簿。多栏式账簿又可以细分为借方多栏式账簿,贷方多栏式账簿和借贷方多栏式账簿三种形式。

【例题2·单选题】 生产成本明细账一般采用(   )明细账。

A. 三栏式

B. 多栏式

C. 数量金额式

D. 任意格式

【答案】 B

【解析】 生产成本明细账归集的项目比较多,一般采用多栏式明细账。

4. 数量金额式账簿

数量金额式账簿是在账簿的借方,贷方和余额三个栏目内,都分设数量、单价和金额三小栏用以登记财产物资数量、单价和总金额。数量金额式账簿一般适用于原材料明细账、库存商品明细账、委托加工物资明细账等。

【例题3·单选题】 原材料等财产物资明细账一般适用(　　)明细账。

A. 数量金额式　　　　　　B. 多栏式
C. 三栏式　　　　　　　　D. 任意格式

【答案】 A

【解析】 数量金额式账簿一般适用于原材料明细账、库存商品明细账、委托加工物资明细账等。

5. 横线登记式账簿

横线登记式账簿又称平行式账簿,是指将前后密切相关的一笔经济业务登记在同一行上,以便检查每笔业务的发生和完成情况的账簿。材料采购、在途物资、应收票据和一次性备用金等明细账一般采用横线登记式账簿。

(三) 按外形特征分类

会计账簿按照外形特征不同,可分为订本式账簿、活页式账簿和卡片式账簿。

【例题4·单选题】 关于账簿分类表述正确的是(　　)。

A. 账簿按用途的不同,可以分为序时账簿、分类账簿、备查账簿
B. 账簿按时间的不同,可以分为序时账簿、分类账簿、备查账簿
C. 按照外型特征的不同,账簿可以分为两栏式、三栏式、多栏式和数量金额式
D. 账簿按账页格式不同,分为订本账、活页账和卡片账

【答案】 A

【解析】 选项C应为按照账页格式不同分类,选项D应为按照外形特征不同分类。

【例题5·多选题】 下列关于各种账簿形式优缺点的表述中,正确的是(　　)。

A. 订本账的优点是能避免账页散失和防止抽换账页
B. 活页账的缺点是不能准确为各账户预留账页,不便于分工记账
C. 活页账的优点是记账时可以根据实际需要,随时将空白账页装入账簿,或抽取不需要的账页,可根据需要增减账页
D. 订本账缺点是如果管理不善,可能会造成账页散失或故意抽换账页

【答案】 AC

【解析】 选项B,是订本账的缺点。选项D,是活页账的缺点。

思考练习

一、单项选择题

1. 下列账簿组成部分中,(　　)作为记录经济业务事项的载体。
   A. 封面　　　　　　　　　　B. 扉页
   C. 账页　　　　　　　　　　D. 说明

2. 由具有一定格式账页组成的,以审核无误的会计凭证为依据,全面、系统、连续地记录各项经济业务的簿籍称为(　　)。
   A. 会计账簿　　　　　　　　B. 会计账户
   C. 序时账簿　　　　　　　　D. 分类账簿

3. 会计账簿是指由一定格式账页组成的,以经过审核的(　　)为依据,全面、系统、连续地记录各项经济业务的簿籍。
   A. 原始凭证　　　　　　　　B. 记账凭证
   C. 会计凭证　　　　　　　　D. 账页

4. 会计报表口各个项目的数字,其直接来源是(　　)。
   A. 原始凭证　　　　　　　　B. 记账凭证
   C. 日记账　　　　　　　　　D. 账簿记录

5. 下列账户的明细账采用三栏式账页的是(　　)。
   A. 管理费用　　　　　　　　B. 销售费用
   C. 库存商品　　　　　　　　D. 应收账款

6. 一般情况下,不需要根据记账凭证登记的账簿是(　　)。
   A. 总分类账　　　　　　　　B. 明细分类账
   C. 日记账　　　　　　　　　D. 备查账

7. 固定资产明细账一般采用(　　)。
   A. 订本式账簿　　　　　　　B. 卡片式账簿
   C. 活页式账簿　　　　　　　D. 多栏式明细分类账

8. "管理费用"明细账一般采用的格式是(　　)。
   A. 借、贷、余三栏式　　　　B. 数量金额式的明细账格式
   C. 多栏式明细账　　　　　　D. 任意一种明细账格式

9. "实收资本"明细账的账页可以采用(　　)。
   A. 三栏式　　　　　　　　　B. 活页式
   C. 数量金额式　　　　　　　D. 卡片式

10. 多栏式明细账一般适用于(　　)。
    A. 收入费用类账户　　　　　B. 所有者权益类账户
    C. 资产类账户　　　　　　　D. 负债类账户

11. 应收账款明细账的账页格式一般采用( )。
A. 三栏式
B. 数量金额式
C. 多栏式
D. 任意一种明细账格式

二、多项选择题

1. 下列关于会计账簿启用的说法中,正确的有( )。
A. 启用会计账簿时,应在账簿封面上写明单位名称和账簿名称
B. 启用会计账簿时,应在账簿扉页上附启用表
C. 启用订本式账簿时应当从第一页到最后一页顺序编定页数,不得跳页、缺号
D. 在年度开始,启用新账簿时,应把上年度的年末余额记入新账的第一行

2. 账簿按其格式不同,可分为( )
A. 订本式账簿
B. 三栏式账簿
C. 多栏式账簿
D. 数量金额式账簿

3. 下列明细账可以采用数量金额式账簿的有( )
A. 原材料明细账
B. 库存商品明细账
C. 制造费用明细账
D. 应收账款明细账

4. 下列关于备查账簿表述正确的是( )。
A. 备查账簿不是依据会计凭证登记、没有固定的格式
B. 备查账簿用文字来记录主要账簿中没有记录的经济业务
C. 每个单位都应设置备查账簿
D. 备查账簿可以连续使用,不必每年更换

5. 下列建立备查账的账簿是( )。
A. 租入的固定资产
B. 购入的固定资产
C. 受托加工材料
D. 应收票据贴现

6. 下列明细账中可以采用三栏式账页的有( )。
A. 应收账款明细账
B. 原材料明细账
C. 材料采购明细账
D. 现金日记账

7. 数量金额式明细分类账的账页格式一般适用于( )。
A. 库存商品明细账
B. 应交税金明细账
C. 应付账款明细款
D. 原材料明细账

8. 下列应设置备查账簿登记的事项有( )。
A. 固定资产卡片
B. 本单位已采购的材料
C. 临时租入的固定资产
D. 本单位受托加工材料

9. 账簿按其外表形式分,可以分为( )。
A. 三栏式
B. 订本式
C. 卡片式
D. 活页式

10. 下列适用多栏式明细账的是( )。
A. 生产成本　　　　　　　　B. 制造费用
C. 材料采购　　　　　　　　D. 应付账款

三、判断题

1. 在登记各种账簿时,可以根据需要隔页,跳行。（　）
2. 启用订本式账簿时应当从第一页到最后一页顺序编定页数,可以跳页,不得缺号。（　）
3. 三栏式明细分类账是设有数量、单价和金额三个栏目,用以分类核算各项经济业务,提供详细核算资料的账簿。（　）
4. 有些企业可以不设置总分类账。（　）
5. 三栏式账簿是指具有日期、摘要、金额三个金额栏目格式的账簿。（　）
6. 订本账在同一时间只能由一人登记,这样不便于记账人员分工记账。（　）
7. 为便于管理,"应收账款""应付账款"的明细账必须采用多栏式明细分类账格式。（　）
8. 在明细账的核算中,只需要进行金额核算的,必须使用三栏式明细账。（　）
9. 多栏式明细账一般适用于资产类账户。（　）
10. 账簿按其用途不同,可分为订本式账簿、活页式账簿和卡片式账簿。（　）

任务二　会计账簿的设置与登记

培养目标

1. 了解会计账簿的记账规则;
2. 掌握各种明细账的登记方法。

要点精讲

一、会计账簿的启用

会计账簿是企业重要的经济档案。会计人员启用新的会计账簿时,应填制账簿启用及经管人员一览表。

二、会计账簿的记账规则

(1)账簿记录准确完整;
(2)标记记账符号;

(3)书写留有空格;
(4)结出余额;
(5)使用正确的书写工具;
(6)特殊情况使用红色墨水记账;
(7)连续记账;
(8)结转下页登账;
(9)不得刮、擦、挖、补。

【例题1·多选题】 会计账簿的登记规则错误的是(　　)。
A.账簿记录中的日期,应该填写原始凭证上的日期
B.多栏式账页中登记减少数可以使用红色墨水
C.在登记各种账簿时,应按页次顺序连续登记,不得隔页、跳行
D.对于没有余额的账户,应在"借或贷"栏内写"0"表示

【答案】 ABD

【解析】 选项A,应该是账簿记录中的日期,应该填写会计凭证上的日期;选项B,应该是在不设借贷等栏的多栏式账页中,登记减少数;选项D,应该是对于没有余额的账户,应在"借或贷"栏内写"平字",并在余额栏内用"0"表示。

【例题2·多选题】 下列符合登记会计账簿基本要求的是(　　)。
A.文字和数字的书写应占格距的1/3
B.登记后在记账凭证上注明已经登账的符号
C.冲销错误记录可以用红色墨水
D.使用圆珠笔登账

【答案】 BC

【解析】 选项A,应该是文字和数字的书写应占格距的1/2;选项D,应该是登记账簿必须使用蓝黑墨水或碳素墨水书写,不得使用圆珠笔(银行的复写账簿除外)或者铅笔书写。

三、账簿的设置与登记

(一)总分类账

总分类账是用来总括地反映企业发生的全部经济业务的账簿,其格式一般都是三栏式。总分类账可以按记账凭证逐笔进行登记,也可按科目汇总表进行登记,还可按汇总记账凭证登记。

(二)明细分类账

明细分类账是按照某一总分类账户所需要的各个明细账户开设的,用于提供其详细指标的账簿。明细分类账的格式,通常有三栏式、多栏式、数量金额式和横线登记式四种。

1. 三栏式明细分类账

三栏式明细账在账页中只设有借方、贷方和余额三个金额栏,分别登记增减发生额及余额,并采取逐笔登记的方法,适用于应收账款、应付账款、短期借款等债权债务结算类账户的明细账;以及实收资本、资本公积等资本类账户的明细账。

2. 多栏式明细分类账

多栏式明细账是在账页上的借方、贷方和借贷双方设置若干个专栏,以集中反映某一总分类账户或某一明细分类账户全部明细项目信息的账簿,它一般适用于反映成本、费用、收入、利润等明细账的登记,如生产成本。

3. 数量金额式明细分类账

数量金额式明细分类账其借方(收入)、贷方(发出)和余额(结存)都分别设有数量,单价和金额三个专栏。适用于"原材料""产成品"以及"库存商品"等总账科目的明细分类核算。

【例题3·单选题】 某企业在"原材料"总分类账户下开设"甲材料""乙材料"和"丙材料"3个明细账户。本月"原材料"总分类账户的贷方发生额为2 500万元,"甲材料"明细分类账户贷方发生额为850万元,"乙材料"明细分类账户的贷方发生额为730万元,则本月"丙材料"明细分类账户的贷方发生额应当是(　　)。

A. 2 620万元　　　　　　　　B. 2 380万元
C. 920万元　　　　　　　　　D. 4 080万元

【答案】 C

【解析】 本月"丙材料"明细分类账户的贷方发生额=2500-850-730=920(万元)。

4. 横线登记式明细分类账

该账簿将前后密切相关的经济业务在同一行内进行详细登记,适用于登记材料采购、在途物资、应收票据和一次性备用金业务。

(三)日记账的格式与登记方法

企业设置的日记账有普通日记账和特种日记账,常见的特种日记账一般有现金日记账和银行存款日记账。

1. 现金日记账的格式和登记方法

现金日记账是用来核算和监督库存现金每日的收入、支出和结余情况的账簿。现金日记账的格式主要有三栏式和多栏式两种,现金日记账必须使用订本账。

(1) 三栏式现金日记账

三栏式现金日记账的登记方法是:根据现金收付款凭证以及部分银行存款的付款凭证,按照业务发生时间的先后顺序逐日逐笔登记,并结出余额,并与实存现金相核对,检查现金情况及限额的执行情况。

(2) 多栏式现金日记账

多栏式现金日记账的登记方法是:现金收入要按对应科目,将金额记入有关的贷方科目栏内,同时加计收入合计栏,现金支出要按对应科目,将金额记入有关的借方科目栏内,同时加计支出合计栏;每日终了将现金付出日记账的支出合计数登入现金收入日记账的支出合计栏,并结出余额填入余额栏。

【例题4·单选题】 现金日记账的登记方法错误的是( )。

A.每日终了,应分别计算现金收入和现金支出的合计数,结出余额,同时将余额同库存现金实有数核对

B.现金日记账可逐月结出现金余额,与库存现金实存数核对,以检查每月现金收付是否有误

C.凭证栏系指登记入账的收、付款凭证的种类和编号

D.日期栏系指记账凭证的日期

【答案】 B

【解析】 现金日记账可逐日结出现金余额,与库存现金实存数核对,以检查每日现金收付是否有误。

【例题5·多选题】 现金日记账的登记依据有( )。

A.银行存款收款凭证

B.现金收款凭证

C.现金付款凭证

D.银行存款付款凭证

【答案】 BCD

【解析】 由出纳人员根据库存现金收款凭证、库存现金付款凭证以及银行存款的付款凭证,按照库存现金收、付款业务和银行存款付款业务发生时间的先后顺序逐日逐笔登记。

2.银行存款日记账的格式与登记方法

银行存款日记账是由出纳人员根据审核无误的银行存款收、付款凭证和有关的现金付款凭证,序时逐笔登记的账簿。银行存款日记账应按企业在银行开立的账户和币种分别设置,每个银行账户设置一本日记账。

银行存款日记账的登记方法是:根据银行存款收款凭证和有关的现金付款凭证登记借方栏,根据银行存款付款凭证登记贷方栏,每日结出存款余额。

思考练习

一、单项选择题

1.下面关于账页格式的选择,表述错误的是( )。

A.库存现金日记账的格式主要有三栏式和多栏式

B.总分类账以及资本、债权、债务明细账一般采用三栏式

C.收入、成本、费用明细账一般采用三栏式

D.原材料、库存商品等存货明细账一般采用数量金额式

2.对所发生的每项经济业务事项,都要以会计凭证为依据,一方面记入有关总分类账户,另一方面记入总账所属明细分类账户。下列选项中,正确表明该方法的是(　　)。
　　A.复式记账法　　　　　　　　B.平行登记法
　　C.借贷记账法　　　　　　　　D.同时登记法
3.下列账簿形式中,(　　)适用于原材料,库存商品等存货类明细账。
　　A.三栏式　　　　　　　　　　B.多栏式
　　C.数量金额式　　　　　　　　D.横线登记式
4.三栏式银行存款日记账属于(　　)。
　　A.序时账　　　　　　　　　　B.明细账
　　C.总分类账　　　　　　　　　D.备查账
5.下列关于库存现金日记账的表述中,正确的是(　　)。
　　A.库存现金日记账应当每月结出发生额和余额
　　B.库存现金日记账应当每十五天结出发生额
　　C.库存现金日记账应当每隔三至五天结出余额
　　D.库存现金日记账应当每日结出发生额和余额
6.多栏式现金日记账(　　)登记的是现金实际收付的金额。
　　A.收入、支出栏　　　　　　　B.凭证栏
　　C.摘要栏　　　　　　　　　　D.对方科目栏
7.下列各账簿中,必须逐日逐笔登记的是(　　)。
　　A.库存现金总账　　　　　　　B.银行存款日记账
　　C.库存商品明细账　　　　　　D.原材料明细账
8.关于会计账簿的登记要求,错误的是(　　)。
　　A.账簿记录中的日期,应该填写原始凭证上的日期
　　B.在不设借贷等栏的多栏式账页中,登记减少数可以使用红色墨水
　　C.在登记各种账簿时,应按页次顺序连续登记,不得隔页、跳行
　　D.对于没有余额的账户,应在"借或贷"栏内写"平"字,并在"余额"栏用"0"表示
9.下列关于订本账的表述,错误的是(　　)。
　　A.订本账是启用之前就已将账页装订在一起,并对账页进行了连续编号的账簿
　　B.订本账的优点是能避免账页散失和防止抽换账页,其缺点是不能准确为各账户预留账页
　　C.这种账簿一般适用于总分类账、现金日记账、银行存款日记账
　　D.所有的账簿都必须采用订本账
10.下列明细分类账中,(　　)可以采用多栏式账簿。
　　A.应付账款明细分类账　　　　B.实收资本明细分类账
　　C.库存商品明细分类账　　　　D.管理费用明细分类账
11.关于三栏式账簿,错误的是(　　)。
　　A.三栏式账簿是设有借方、贷方和余额三个基本栏目的账簿
　　B.各种收入、费用类明细账都采用三栏式账簿

C. 三栏式账簿又分为设对方科目和不设对方科目两种
D. 有"对方科目"栏的,称为设对方科目的三栏式账簿

12. ( )提供的核算信息是编制会计报表的主要依据。
    A. 会计凭证   B. 序时账簿
    C. 分类账簿   D. 总分类账

13. 下列账簿中可以采用卡片账的是( )。
    A. 原材料总分类账   B. 现金日记账
    C. 固定资产明细分类账   D. 固定资产总分类账

14. 会计账簿可按不同的标准进行分类,下列属于按用途划分的账簿类别是( )。
    A. 数量金额式明细账   B. 活页账
    C. 订本账   D. 序时账

15. 订本式账簿主要适用于( )。
    A. 债权、债务明细账   B. 收入、费用明细账
    C. 材料、商品明细账   D. 总账、日记账

16. 记账人员登记完毕账簿后,要在记账凭证上注明已记账的符号,主要是 ( )
    A. 便于明确记账责任   B. 避免错行或隔页
    C. 避免重记或漏记   D. 防止凭证丢失

二、多项选择题

1. 关于明细分类账,正确的说法是( )。
   A. 明细分类账是根据二级账户或明细账户开设账页,分类,连续地登记经济业务以提供明细核算资料的账簿
   B. 明细分类账所提供的资料也是编制会计报表的依据之一
   C. 明细分类账一般采用订本式账簿
   D. 有的明细分类账可以采用卡片式账簿

2. 总分类账可以根据( )登记。
   A. 记账凭证   B. 科目汇总表
   C. 汇总记账凭证   D. 试算平衡表

3. 下列( )明细账既可逐日逐笔登记,也可定期汇总登记。
   A. 固定资产   B. 库存商品
   C. 应收账款   D. 管理费用

4. 下列各项中,( )可以作为银行存款日记账的记账依据。
   A. 库存现金收款凭证   B. 库存现金付款凭证
   C. 银行存款收款凭证   D. 银行存款付款凭证

5. 常见的特种日记账主要是指( )。
   A. 现金日记账   B. 银行存款日记账
   C. 收入日记账   D. 固定资产日记账

6. 银行存款日记账通常是由出纳人员根据审核后的( )逐日逐笔按照先后顺序进行登记

A. 银行存款收款凭证　　　　　　B. 银行存款付款凭证
C. 现金收款凭证登记　　　　　　D. 现金付款凭证登记

7. 登记会计账簿时,下列说法正确的有(　　)。
A. 要使用蓝黑墨水钢笔书写
B. 月末结账划线可用红色墨水笔
C. 在某些特定条件下可使用铅笔
D. 在规定范围内可以使用红色墨水

8. 下列应采用多栏式账页格式的是(　　)。
A. 原材料明细分类账
B. 主营业务收入明细分类账
C. 管理费用明细分类账
D. 制造费用明细分类账

9. 下列各项中,(　　)属于会计账簿的主要分类标准。
A. 用途　　　　　　　　　　　　B. 账页格式
C. 外形特征　　　　　　　　　　D. 金额

10. 活页式账簿的主要缺点有(　　)。
A. 使用不灵活,不便于分工　　　B. 账页易散失
C. 账页容易被抽换　　　　　　　D. 不能有效防止记账差错

11. 下列账簿中,属于按照账页格式的不同分类的有(　　)。
A. 横线登记式账簿　　　　　　　B. 三栏式账簿
C. 数量金额式账簿　　　　　　　D. 多栏式账簿

12. 备查账簿与序时账簿、分类账簿的不同在于(　　)。
A. 登记依据不同　　　　　　　　B. 账簿格式不同
C. 登记方法不同　　　　　　　　D. 账簿种类不同

三、判断题

1. 账簿只是一个外在形式,账户才是它的真实内容。账簿与账户的关系,是形式和内容的关系。　　　　　　　　　　　　　　　　　　　　　　　　　(　　)

2. 总分类账和明细分类账平行登记要求做到方向相同,期间一致,金额相等。
(　　)

3. 期末进行试算平衡时,发现所有总分类科目的本期借方发生额合计数与所有总分类科目的本期贷方发生额合计数不相等,则说明科目记录不正确。　(　　)

4. 费用明细账一般均采用三栏式账簿。　　　　　　　　　　　　　(　　)

5. 总分类账户计入借方,明细分类账户也计入借方;总分类账户计入贷方,明细分类账户也计入贷方。　　　　　　　　　　　　　　　　　　　　　(　　)

6. 明细账一般是逐笔登记,也可以定期汇总登记。　　　　　　　　(　　)

7. 明细分类账可以根据原始凭证直接登记,也可以根据汇总原始凭证登记,还可以根据记账凭证登记。　　　　　　　　　　　　　　　　　　　　(　　)

8.三栏式或多栏式现金日记账,可以使用活页账。（　　）

9.现金日记账是由出纳人员根据审核无误的现金收、付款凭证和转账凭证按照经济业务的发生顺序,逐日、逐笔序时登记。（　　）

10.三栏式账簿是指具有日期、摘要、金额三个栏目格式的账簿。（　　）

四、实务操作题

目的:练习日记账的登记方法。

资料:光华公司2016年5月31日银行存款日记账余额为150 000元,现金日记账的余额为22 000元,6月份发生下列经济业务:

(1)6月1日以现金20 000元存入银行(付字01号)。

(2)6月2日收到上月销售产品的货款80 000元,存入银行(收字01号)。

(3)6月14日以银行存款偿付前欠货款40 000元(付字02号)。

(4)6月15日采购员小王预支差旅费1 000元(付字03号)。

(5)从银行提取现金3 000元备用(付字04号)。

(6)6月18日用银行款偿还短期借款100 000元(付字05号)。

(7)6月28日,提取现金58 000元,备发工资(付字06号)。

(8)6月28日,以现金发放工资58 000元(付字07号)。

(9)6月29日用银行存款上交税费3 700元(付字08号)。

(10)6月30日小王报销差旅费1 200元,补付200元现金(付字09号)。

要求:登记银行存款日记账和现金日记账,格式如下:

库存现金日记账

年		凭证		摘要	对方科目	√	收入（借方）金额	付出（贷方）金额	借或贷	结余金额	√
月	日	字	号				千百十万千百十元角分	千百十万千百十元角分		千百十万千百十元角分	

年		凭证		摘要	对方科目	√	收入（借方）金额									支出（贷方）金额									借或贷	结余金额									√
月	日	字	号				千	百	十	万	千	百	十	元	角	分	千	百	十	万	千	百	十	元	角	分		千	百	十	万	千	百	十	元	角	分	

（表头：银行存款日记账）

任务三　对　账

培养目标

1. 了解对账的概念和作用；
2. 掌握各种对账方法。

要点精讲

一、对账的概述

对账就是核对账目，是对账簿记录所进行的核对工作。包括账簿与凭证的核对，账簿与账簿的核对，账簿与实物的核对，对账工作至少每年进行一次。

【例题1·多选题】　关于对账工作的说法正确的有（　　）。

A. 对账就是核对账目，即对账簿、账户记录的正确与否所进行的核对工作

B. 对账工作是为了保证账证相符、账账相符和账实相符的一项检查性工作，目的在于使期末用于编制会计报表的数据真实、可靠

C. 对账工作应该每年至少进行一次

D. 对账工作一般在月初进行

【答案】　ABC

【解析】　选项D，对账工作一般在月末进行。

二、对账的内容

对账一般可以分为账证核对、账账核对和账实核对。

(一)账证核对

记账后应将账簿记录与会计凭证核对,核对账簿记录与原始凭证,记账凭证的时间、凭证字号、内容、金额等是否一致,记账方向是否相符,做到账证相符,以保证账簿记录的正确性。

【例题2·多选题】 下列各项中,关于账证核对的说法正确的是(   )。

A. 如果账证不符,可以将账簿记录与有关会计凭证进行核对
B. 账证核对是对会计账簿记录与原始凭证、记账凭证的各项内容进行核对
C. 是追查会计记录正确与否的最终途径
D. 通常在日常编制凭证和记账过程中进行

【答案】 ABCD
【解析】 本题考核账证核对。

(二)账账核对

账账核对是指核对不同会计账簿之间的账簿记录是否相符。主要包括:
(1)总分类账之间的核对;
(2)总分类账簿与所属明细分类账簿之间的核对;
(3)总分类账簿与序时账簿之间的核对;
(4)明细分类账之间的核对。

【例题3·多选题】 账账核对不包括(   )。

A. 证证核对
B. 银行存款日记账余额与银行对账单余额核对
C. 总账账户借方发生额合计与其明细账借方发生额合计的核对
D. 各种应收、应付账款明细账面余额与有关债权、债务单位的账目余额相核对

【答案】 ABD
【解析】 本题考核账账核对。选项A是干扰项目,证证核对显然不属于账证核对。选项B、D,属于账实核对。

(三)账实核对

将各项财产物资,债权债务等账面余额与实存数额进行核对。账实核对的主要内容包括:
(1)现金日记账账面余额与现金实际库存数核对相符;
(2)银行存款日记账账面余额与银行对账单的余额是否相符;
(3)各项财产物资明细账账面余额与财产物资的实有数额定期核对是否相符;
(4)有关债权债务明细账账面余额与对方单位的账面记录是否相符。

【例题4·多选题】 下列属于账实核对的有(   )。

A. 银行对账单余额与银行日记账余额核对
B. 债权债务明细账余额与对方单位的账面记录是否相等
C. 总分类账的金额与所属明细分类账簿的金额之和核对
D. 现金日记账余额与库现金数额是否相等

【答案】 ABD
【解析】 本题考核账实核对。选项C,属于账账核对。

思考练习

一、单项选择题

1. 下列关于总账和明细账的表述中,正确的是(　　)。
   A. 明细账根据明细分类科目设置
   B. 总账的余额不一定等于其所属明细账的余额的合计数
   C. 所有资产类总账的余额合计数应等于所有负债总账的余额合计数
   D. 现金日记账实质上就是现金的总账

2. (　　)就是核对账目,是指对账簿记录所进行的核对工作。
   A. 对账   B. 结账
   C. 错账更正   D. 试算平衡

3. 银行存款日记账与银行对账单之间的核对属于(　　)。
   A. 账证核对   B. 账账核对
   C. 账实核对   D. 余额核对

4. 下列关于银行存款账实核对的表述中,正确的是(　　)。
   A. 将银行存款日记账的余额与银行存款的收付款凭证核对
   B. 将银行存款日记账的余额与总账中的银行存款账核对
   C. 将银行存款日记账的余额与银行对账单核对
   D. 将银行存款日记账的余额与银行金库中存款的实有数核对

5. 下列关于对账的表述,不正确的是(　　)。
   A. 对账工作一般在月末进行,即在记账之后结账之前进行
   B. 对账的内容包括账证核对、账账核对、账实核对、证表核对
   C. 账证核对是指账簿记录与原始凭证、记账凭证的核对
   D. 账实核对是指各项财产物资、债权债务等账面余额与实有数额之间的核对

6. 明细账应与记账凭证或原始凭证相核对属于(　　)。
   A. 账证核对   B. 账账核对
   C. 账实核对   D. 余额核对

7. 现金日记账账面余额应与现金实际库存数逐日核对相符属于(　　)。
   A. 账证核对   B. 账账核对

C. 账实核对   D. 余额核对

8. 下列不属于账证核对的是(   )。
A. 日记账应与收、付款凭证相核对
B. 总账全部账户的借方期末余额合计数应与贷方期末余额合计数核对相符
C. 总账应与记账凭证核对
D. 明细账应与记账凭证或原始凭证相核对

9. 下列关于对账的意义,说法不正确的是(   )。
A. 能够保证账簿记录的准确无误和编制会计报表数字的真实可靠
B. 能够发现会计工作中的薄弱环节,有利于会计核算质量的不断提高
C. 能够加强单位内部控制,建立健全经济责任制
D. 能够提高会计人员的工作效率

10. 下列各项中,不属于账账核对内容的是(   )。
A. 所有总账账户的借方发生额合计与所有总账账户的贷方发生额合计核对
B. 本单位的应收账款账面余额与对方单位的应付账款账面余额之间核对
C. 现金日记账和银行存款日记账的余额与其总账账户余额核对
D. 会计部门有关财产物资明细账余额与保管、使用部门的财产物资明细账余额之间核对

二、多项选择题

1. 账簿与账户的关系是(   )。
A. 账户存在于账簿之中,账簿中的每一账页就是账户的存在形式和载体
B. 没有账簿,账户就无法存在
C. 账簿序时、分类地记载经济业务,是在个别账户中完成的
D. 账簿只是一个外在形式,账户才是它的真实内容

2. 下列关于会计账簿与账户关系的说法中,正确的有(   )。
A. 账户存在于账簿之中,账簿中的每一账页就是账户的存在形式和载体
B. 没有账簿,账户就无法存在
C. 账簿只是一个外在形式,账户才是其真实内容
D. 账簿与账户的关系是形式和内容的关系

3. 对账的主要内容包括(   )。
A. 账证核对   B. 账账核对
C. 账实核对   D. 证表核对

4. 下列属于对账内容的是(   )。
A. 明细账与总账核对
B. 库存商品账和实物核对
C. 往来账与业务合同核对
D. 记账凭证与原始凭证核对

5. 账实核对是指账簿与财产物资实有数额是否相符,具体包括(   )核对。
A. 现金日记账余额与实际库存数

B. 银行存款日记账余额与银行对账单余额

C. 各种财物明细账余额与实存额

D. 债权、债务明细账余额与对方单位或个人的记录(往来对账)

6. 现金日记账对账的内容包括( )。

 A. 账证核对   B. 账账核对

 C. 账表核对   D. 账实核对

7. 下列关于对账的表述,正确的是( )。

 A. 对账工作一般在月末进行,即在记账之后结账之前进行

 B. 对账的内容包括账证核对、账账核对、账实核对、证表核对

 C. 账证核对是指账簿记录与原始凭证,记账凭证的核对

 D. 账实核对是指各项财产物资、债权债务等账面余额与实有数额之间的核对

三、判断题

1. 现金日记账和银行存款日记账期末余额应分别同有关总分类账户的期末余额核对,属于账账核对。( )

2. 对账就是在会计期末(月末、季末、年末)将本期内所有发生的经济业务全部登记入账以后,计算出本期发生额和期末发生额。( )

3. 银行存款日记账的账面余额,应同开户银行寄送企业的银行对账单相核对,一般至少一年核对一次。( )

4. 会计部门有关库存商品的明细账与保管部门库存商品明细账核对属于账实核对的内容。( )

5. 现金日记账账面余额应每天与现金实存数相核对,不准以借条抵充现金与挪用现金,做到日清月结。( )

6. 通过平行登记,可以使总分类账户与其所属明细分类账户保持统驭关系,便于核对与检查,纠正错误与遗漏。( )

7. 本单位的应收账款账面余额与对方单位的应付账款账面余额之间核对也属于账账核对。( )

8. 账证核对、账账核对、账实核对、证表核对都属于对账的内容。( )

9. 往来账与业务合同核对,属于账实核对。( )

10. 账实核对是指各项财产物资、债权债务等账面余额与实有数额之间的核对。( )

任务四 结 账

培养目标

1. 了解结账的定义；
2. 掌握结账的程序；
3. 熟悉各种账户的结账方法。

要点精讲

一、结账的概述

(一)结账的定义

结账,是指在一定时期内,在将所发生的经济业务全部登记入账的基础上结算各种账簿的本期发生额和期末余额。

(二)结账的程序

(1)将本期发生的经济业务事项全部登记入账,并保证其正确性。

(2)实行权责发生制的企业应按权责发生制的要求,对属于本期内的收入和费用进行账项调整。

(3)结转过渡性账户,将损益类账户转入"本年利润"账户,结平所有损益类账户。

(4)结算出资产、负债和所有者权益账户的本期发生额和余额,并结转下期。

二、结账的方法

(一)不需按月结计本期发生额的账户(如债权、债务明细账)

每次记账以后,都要随时结出余额,每月最后一笔余额是月末余额,月末结账时,需要在最后一笔经济业务记录下通栏划单红线。

(二)现金、银行存款日记账和需要按月结计发生额的收入、费用类明细账

要在最后一笔经济业务记录下面通栏划单红线,结出本月发生额和期末余额,在摘要栏内注明"本月合计"字样,并在下面通栏划单红线。

(三)需要结计本年累计发生额的明细账户(如收入类明细账、费用类明细账)

在"本月合计"行下结出自年初起至本月末止的累计发生额,在摘要栏内注明"本年累计"字样,并在下面通栏划单红线。12月末的"本年累计"就是全年累计发生额,全年

累计发生额下通栏划双红线。

(四)总账账户

平时只需结出月末余额,不需要结计本月发生额。年终结账时,将所有总账账户结出全年发生额和年末余额,在摘要栏内注明"本年合计"字样,并在合计数下通栏划双红线。

【例题1·单选题】 下列结账方法错误的是(　　)。

A.总账账户平时只需结出月末余额

B.12月末的"本年累计"就是全年累计发生额,全年累计发生额下通栏划双红线

C.账户在年终结账时,在"本年合计"栏下通栏划双红线

D.现金、银行存款日记账,每月结账时,在摘要栏注明"本月合计"字样,并在下面通栏划双红线

【答案】 D

【解析】 现金、银行存款日记账,每月结账时,在摘要栏注明"本月合计"字样,并在下面通栏划单红线。

(五)有余额的账户

年度终了结账时,将其余额结转到下一个会计年度,并在摘要栏注明"结转下年"字样,在下一个会计年度新建有关账户的第一行余额栏内填写从上年结转的余额,并在摘要栏注明"上年结转"字样。

【例题2·单选题】 年终结账,将余额结转下年时(　　)。

A.不需要编制记账凭证,但应将上年账户的余额反向结平才能结转下年

B.应编制记账凭证,并将上年账户的余额反向结平

C.不需要编制记账凭证,也不需要将上年账户的余额结平,直接注明"结转下年"即可

D.应编制记账凭证予以结转,但不需要将上年账户的余额反向结平

【答案】 C

【解析】 年度终了结账时,有余额的账户,应将其余额结转下年,并在摘要栏注明"结转下年"字样。此时是不需要编制记账凭证的,也不需要将上年的账户余额反向结平,只需要在摘要栏内注明"结转下年"即可。

思考练习

一、单项选择题

1.需要结计本年累计发生额的账户,结计"过次页"的合计数为(　　)。

A.年初起至本日止累计数

B.自年初起至本页末止累计数

C. 自月初至本页末止累计数

D. 自本页初至本页末止累计数

2. 年终结账,将余额结转下年时,( )。

A. 不需要编制记账凭证,但应将上年账户的余额反向结平才能结转下年

B. 应编制记账凭证,并将上年账户的余额反向结平

C. 不需要编制记账凭证,也不需要将上年账户的余额结平,直接注明"结转下年"即可

D. 应编制记账凭证予以结转,但不需要将上年账户的余额反向结平

3. 结账时,应当划通栏双红线的是( )。

A. 12月末结出全年累计发生额后

B. 各月末结出全年累计发生额后

C. 结出本季累计发生额后

D. 结出当月发生额后

4. 下列结账方法表述错误的是( )。

A. 总账账户平时只需结出月末余额,在年终结账时,在"本年合计"栏下通栏划双红线。

B. 需要结计本年累计发生额的明细账户,12月末的"本年累计"就是全年累计发生额,全年累计发生额下通栏划双红线。

C. 对不需按月结计本期发生额的账户,每次记账后,随时结出余额,每月最后一笔余额即为月末余额。

D. 现金、银行存款日记账,收入费用明细账,结出本月发生额和余额,在摘要栏注明"本月合计"字样,并在下面通栏划双红线。

二、多项选择题

1. 下列结账方法中,正确的有( )。

A. 现金、银行存款日记账,每月要结出本月发生额和余额,在摘要栏内注明"本月合计"字样,并在下面通栏划单红线。

B. 需要结计本年累计发生额的明细账,每月结账时,应在"本月合计"行下结出自年初起至本月末的累计发生额。

C. 总账账户平时只需结出月末余额。年终结账时,将所有总账账户结出全年发生额和年末余额,在摘要栏内注明"本年合计"字样,并在合计数下通栏划双红线。

D. 年度终了时,对有余额的账户,要将其余额结转下年,并在摘要栏注明"结转下年"字样。

2. 下列需要划双红线的有( )。

A. 在"本月合计"的下面

B. 在"本年累计"的下面

C. 在12月末的"本年累计"的下面

D. 在"本年合计"下面

3. 下列有关结账的说法中正确的有( )。

A. 总账账户应按月结出本月发生额和月末余额

B. 现金日记账应按月结出本月发生额和月末余额

C. 应收账款明细账应在每次记账后随时结出余额

D. 年终应将所有总资产账户结计全年发生额和年末余额

4. 结账的内容通常包括(　　)。

A. 在会计期末将本期所有发生的经济业务事项全部登记入账

B. 结清各种损益类账户,并据以计算确定本期利润

C. 结清各资产、负债和所有者权益账户,分别结出本期发生额合计和余额

D. 期末有余额的账户,要将其余额结转下一期间

5. 下列结账方法表述正确的是(　　)。

A. 总账账户平时只需结出月末余额,在年终结账时,在"本年合计"栏下通栏划双红线

B. 需要结计本年累计发生额的明细账户,12月末的"本年累计"就是全年累计发生额,全年累计发生额下通栏划双红线

C. 对不需按月结计本期发生额的账户,每次记账后,随时结出余额,每月最后一笔余额即为月末余额

D. 现金、银行存款日记账,收入费用明细账,结出本月发生额和余额,在摘要栏注明"本月合计"字样,并在下面通栏划双红线

三、判断题

1. 对既不要需要结计本月发生额也不需要结计本年累计发生额的账户,可以只将每页末的余额结转次页。　　　　　　　　　　　　　　　　　　(　　)

2. 月结时,收入、费用类账户需要结出本月发生额和余额,记入最后一笔记录下的借方和贷方栏内,并在摘要栏内注明"本月合计"字样,同时在该行下划双红线,以完成月结工作。　　　　　　　　　　　　　　　　　　　　　　　　　　(　　)

3. 年末结账时,应当在全年累计发生额下面划双红线。　　　　　　　(　　)

4. 新旧账有关账户之间转记余额,不必编制记账凭证。　　　　　　　(　　)

5. 现金、银行存款日记账,收入费用明细账,结出本月发生额和余额,在摘要栏注明"本月合计"字样,并在下面通栏划双红线。　　　　　　　　　　(　　)

6. 年终结账,将余额结转下年时,应编制记账凭证,并将上年账户的余额反向结平。

(　　)

任务五　错账查找与更正方法

培养目标

1. 了解错账查找方法;

2.掌握错账更正方法。

要点精讲

一、错账查找方法

查找错账的方法主要有两种:个别检查法和全面检查法。

（一）个别检查法

所谓个别检查法,就是针对错账的数字来进行检查的方法。个别检查法分为差数法、尾数法、倍数法和除9法。

【例题1·判断题】 除2法是指以差数除以2来查找错账的方法,适用于将数字写小、将数字写大、邻数颠倒。（ ）

【答案】 ×

【解析】 除9法是指以差数除以9来查找错账的方法,适用于将数字写小、将数字写大、邻数颠倒。

（二）全面检查法

全面检查法就是对一定时期的账目进行全面核对的检查方法,具体分为两种:顺查法和逆查法。

二、错账更正方法

错账的更正方法一般有划线更正法、红字更正法和补充登记法三种。

（一）划线更正法

在结账前,记账凭证正确,但发现账簿记录中文字或数字有错误,应采用划线更正法。

【例题1·业务题】

A数字错误：例如：7980.00（正确是7390.00）。

89	7980.00盖章
错误方法：7980.00	正确的更正方法：~~7980.00~~

B文字错误：例如：收回贷款

货（盖章）
收回贷款

（二）红字更正法

红字更正法也叫赤字冲账法或红笔订正法。这种方法适用于记账凭证上的应记科目和金额发生错误,并已登记入账的情况。红字更正法一般在下述两种情况下使用：

(1)记账以后发现记账凭证中应借、应贷科目有错。此类错误如在当年发现,应用红字更正法予以更正。

(2)原记账凭证中应借、应贷科目没有错误,所填金额大于应填金额。

【例题2·业务题】 4月6日,企业购入材料5 000元,货款尚未支付。

错误记录:原记账凭证写错账户名称并已登记入账。

借：原材料　5 000
　　贷：应收账款　5 000

原材料	应收账款
5 000	5 000

【答案】

(1)编制红字记账凭证并记入账内：

借：原材料　　　　　　　　　　　　　　　　　　　　　5 000
　　贷：应收账款　　　　　　　　　　　　　　　　　　　　　　5 000

(注意:摘要栏是"冲销4月6日X号凭证错账")

借：原材料　5 000
　　贷：应收账款　5 000

原材料	应收账款
5 000	5 000

(2)用蓝字编制正确记账凭证并登记入账：

借：原材料　　　　　　　　　　　　　　　　　　　　　5 000
　　贷：应付账款　　　　　　　　　　　　　　　　　　　　　　5 000

(注意:摘要栏是"订正4月6日X号凭证错账"。)

原材料	应收账款	应付账款
5 000	5 000	
5 000	5 000	
5 000		5 000
5 000	0	5 000

【解析】 记账后,如果发现记账凭证中的应借,应贷会计科目有错误,那么可以用红字更正法予以更正。

【例题3·业务题】 企业提取本月固定资产折旧费3 800元,编制记账凭证时误记为38 000元。

错误记账凭证和错账为:

借:管理费用　　　　　　　　　　　　　　　　　　　　　　　　　38 000
　贷:累计折旧　　　　　　　　　　　　　　　　　　　　　　　　　38 000

管理费用	累计折旧
38 000	38 000

【答案】

将多记金额用红字编制记账凭证,并记入账内:

借:管理费用　　　　　　　　　　　　　　　　　　　　　　　　　34 200
　贷:累计折旧　　　　　　　　　　　　　　　　　　　　　　　　　34 200

(注意:摘要栏是"冲销X月X日X号凭证错账"。)

管理费用	累计折旧
38 000	38 000
34 200	34 200
3 800	3 800

【解析】 记账后,如果发现记账凭证和账簿记录中应借,应贷的账户没有错误,只是所记金额大于应记金额,则采用红字更正法。

(三)补充登记法

补充登记法适用于记账后发现记账凭证中应借、应贷的会计账户正确,但所填的金额小于正确金额的情况。

【例题4·业务题】 为生产产品领用材料8 400元。

错误凭证:

　　　借:生产成本　　4 800
　　　　贷:原材料　　　　4 800

生产成本	原材料
4 800	4 800

【答案】
将少记金额编制记账凭证并过入账内：
借：生产成本　　　　　　　　　　　　　　　　　　　　　3 600
　　贷：原材料　　　　　　　　　　　　　　　　　　　　　　3 600
（注意：摘要栏是"补记 X 月 X 日 X 号凭证少记部分"。）

生产成本	原材料
4 800	4 800
3 600	3 600
8 400	8 400

【解析】 结账之前，发现记账凭证中会计科目和应借、应贷的账户没有错误，但所实记金额小于应记金额，造成账簿中所记金额也小于应记金额，这种错账应采用补充登记法进行更正。

思考练习

一、单项选择题

1. 下列各种方法中，（　　）适用于记账后发现账簿错误是由于记账凭证中会计科目运用错误引起的情况。
   A. 划线更正法　　　　　　　　　　B. 红字更正法
   C. 补充登记法　　　　　　　　　　D. 平行登记法

2. 收回货款 1 500 元存入银行，填制记账凭证时，会计科目无误，金额误填为 15 000 元，并已入账。正确的更正方法是（　　）。
   A. 采用划线更正法
   B. 用蓝字借记"银行存款"，贷记"应收账款"
   C. 用蓝字借记"应收账款"，贷记"银行存款"
   D. 用红字借记"银行存款"，贷记"应收账款"

3. 更正错账时，划线更正法的适用范围是（　　）。
   A. 记账凭证上会计科目或记账方向错误，导致账簿记录错误
   B. 记账凭证正确，在记账时发生错误，导致账簿记录错误
   C. 记账凭证上会计科目或记账方向正确，所记金额大于应记金额，导致账簿记录错误
   D. 记账凭证上会计科目或记账方向正确，所记金额小于应记金额，导致账簿记录错误

4.下列错账中,可以采用补充登记法更正的是(　　)。
A.在结账前发现账簿记录有文字或数字错误,而记账凭证没有错误
B.记账后在当年内发现记账凭证所记的会计科目错误
C.记账后在当年内发现记账凭证所记金额大于应记金额
D.记账后发现记账凭证填写的会计科目无误,只是所记金额小于应记金额

5.更正错账时,划线更正法的适用范围是(　　)。
A.记账凭证上会计科目或记账方向错误,导致账簿记录错误
B.记账凭证正确,在记账时发生错误,导致账簿记录错误
C.记账凭证上会计科目或记账方向正确,所记金额大于应记金额,导致账簿记录错误
D.记账凭证上会计科目或记账方向正确,所记金额小于应记金额,导致账簿记录错误

6.记账以后,如果发现记账凭证上应借、应贷的会计科目并无错误,只是金额有错误,且所错记的金额小于应记的正确金额,应采用的更正方法是(　　)。
A.划线更正法　　　　　　B.红字更正法
C.补充登记法　　　　　　D.横线登记法

二、多项选择题

1.下列属于错账产生的原因的有(　　)。
A.重记　　　　　　　　　B.漏记
C.数字颠倒　　　　　　　D.数字记错

2.账簿记录发生错误,不准涂改、挖补、刮擦或者用药水消除字迹,不准重新抄写,而是应该按(　　)方法更正。
A.全冲全入法　　　　　　B.补充登记法
C.红字更正法　　　　　　D.划线更正法

3.下列各项中(　　)属于错账更正方法。
A.划线更正法　　　　　　B.红字更正法
C.补充登记法　　　　　　D.平行登记法

4.错账查找方法具体分为(　　)。
A.全面检查　　　　　　　B.局部抽查
C.定期检查　　　　　　　D.不定期检查

5.填制记账凭证若发生错误,且已经登记入账,下面更正方法中,正确的有(　　)。
A.用涂改液进行更正
B.先用红字填写一张与原内容相同的记账凭证,在摘要栏注明"注销某月某日某号凭证"字样。同时再用蓝字重新填制一张正确的记账凭证。
C.如果会计科目没有错误,只是金额错误,也可将正确数字与错误数字之间的差额,另编一张调整的记账凭证,调增金额用蓝字,调减金额用红字
D.发现以前年度记账凭证有错误的,不涉及损益类科目,科目正确,金额少记,应当按少记的金额用蓝字填制一张与原记账凭证应借、应贷科目完全相同的记账凭证

6. 下列各种工作的错误,应当用红字更正法予以更正的有( )。
A. 在账簿中将 2 500 元误记为 2 550 元,记账凭证正确无误
B. 在填制记账凭证时,误将"应收账款"科目填为"其他应收款",并已登记入账
C. 在填制记账凭证时,误将 3 000 元填作 300 元,尚未入账
D. 记账凭证中的借贷方向用错,并已入账

7. 收回货款 1 500 元存入银行,记账凭证中误将金额填为 15 000 元,并已入账,错账的更正方法不正确的是( )。
A. 用划线更正法更正
B. 用蓝字借记"银行存款"账户 1 500 元,贷记"应收账款"账户 1 500 元
C. 用红字借记"应收账款"账户 15 000 元,贷记"银行存款"账户 15 000 元
D. 用红字借记"银行存款"账户 13 500 元,贷记"应收账款"账户 13 500 元

8. 可用于更正因记账凭证错误而导致账簿登记错误的错账更正方法有 ( )
A. 划线更正法   B. 红字更正法
C. 补充登记法   D. 顺查法

三、判断题

1. 错账查找方法中的逆查法有利于全面检查账簿记录的正确性,但是查找工作量大。
( )
2. 错账查找方法中的逆查法属于局部抽查方法。 ( )
3. 在记账过程中,可能由于种种原因会使账簿记录发生错误。对于发生的账簿记录错误,应采用正确、规范的方法予以更正,不得涂改、挖补、刮擦或者用药水消除字迹,不得重新抄写。 ( )
4. 如果在结账前发现账簿记录有文字或数字错误,而记账凭证没有错误,则可采用划线更正法,不可以采用红字更正法。 ( )
5. 差数法是指对于发生的差错只查找末位数,以提高查错效率的方法。 ( )
6. 错账查找方法中的顺查法能减少查找的工作量,实际工作中使用较多。 ( )
7. 发现以前年度记账凭证是错误的,应当用红字填制一张更正的记账凭证。( )
8. 随着科技的发展,记账错误均可采用褪色药水消除字迹,而不必采用麻烦的更正方法。 ( )
9. 记账凭证中会计账户、记账方向正确,但所记金额大于应记金额而导致账簿登记金额增加的情况,可采用补充登记法进行更正。 ( )
10. 填制记账凭证若发生错误,且已经登记入账,要先用红字填写一张与原内容相同的记账凭证,在摘要栏注明"注销某月某日某号凭证"字样。同时再用蓝字重新填制一张正确的记账凭证。 ( )

四、业务练习题

目的:练习错账更正方法

资料:光华公司属于工业企业,为增值税一般纳税人。该公司会计人员在 2016 年结账前进行对账时,发现如下错账。

(1) 2 月,甲公司购买乙公司股票作为交易性金融资产(购买时不含已宣告未发放的

现金股利)。3月乙公司宣告分配的现金股利200万元。3月编制的会计分录为：

借：应收股利　　　　　　　　　　　　　　　　　　　2 000 000
　　贷：交易性金融资产　　　　　　　　　　　　　　　　　2 000 000

(2)7月,光华公司以银行存款支付生产车间固定资产修理费用78万元。7月编制的会计分录为：

借：管理费用　　　　　　　　　　　　　　　　　　　　870 000
　　贷：银行存款　　　　　　　　　　　　　　　　　　　　870 000

(3)8月光华公司销售商品一批,增值税专用发票上注明售价为500万元,增值税85万元。款项已收到并存入银行。8月编制的会计分录为：

借：银行存款　　　　　　　　　　　　　　　　　　　　585 000
　　贷：主营业务收入　　　　　　　　　　　　　　　　　　500 000
　　　　应交税费——应交增值税(销项税额)　　　　　　　　85 000

(4)11月,光华公司以银行存款支付广告费20万元。11月编制的会计分录为：

借：销售费用　　　　　　　　　　　　　　　　　　　　200 000
　　贷：银行存款　　　　　　　　　　　　　　　　　　　　200 000

光华公司登记账簿时,在"销售费用"和"银行存款"账户登记的金额为2万元。

要求：(1)指出对上述错账应采用何种更正方法。

(2)分别编制错账更正会计分录。

任务六　会计账簿的更换与保管

培养目标

1. 了解会计账簿更换制度；
2. 掌握会计账簿保管的内容。

要点精讲

一、会计账簿的更换

会计账簿是记录和反映经济业务的重要历史资料和证据。会计年度末,在本年经济业务全部入账并进行了年度结账后,应将本年账簿更换为下年新账。总账、日记账和多数明细账应每年更换一次。变动小的部分明细账如固定资产明细账或固定资产卡片及备查账簿可以连续使用,新旧账簿有关账户之间的结转余额,无须编制记账凭证。

【例题1·判断题】　企业的所有账簿应该每年更换一次。(　　)

【答案】　×

【解析】 总账、日记账和多数明细账应每年更换一次。变动小的部分明细账如固定资产明细账或固定资产卡片及备查账簿可以连续使用。

二、会计账簿的保管

会计账簿同会计凭证和会计报表一样,都属于会计档案,是重要的经济档案,各单位必须按规定妥善保管,确保其安全与完整,并充分加以利用。

(一)账簿平时管理的具体要求

(1)会计账簿未经领导和会计负责人或者有关人员批准,非经管人员不能随意翻阅查看会计账簿。

(2)会计账簿除需要与外单位核对外,一般不能携带外出,对携带外出的账簿,一般应由经管人员或会计主管人指定专人负责。

(3)会计账簿不能随意交与其他人员管理,以保证账簿安全和防止任意涂改账簿等问题发生。

(二)旧账的归档保管

年度终了更换并启用新账后,对更换下来的旧账要整理装订,造册归档,统一管理,会计账簿暂由本单位财务会计部门保管1年,期满之后,由财务会计部门编造清册移交本单位的档案保管部门。

注意:一般交于总账会计集中保管。

思考练习

一、单项选择题

1. 会计账簿暂由本单位财务会计部门保管(　　),期满之后,由财务会计部门编造清册移交本单位的档案部门保管。

A. 1年　　　　　　　　　　B. 3年

C. 5年　　　　　　　　　　D. 10年

2. 下列账簿中,不需要每年进行更换的账簿是(　　)。

A. 现金日记账　　　　　　　B. 银行存款日记账

C. 总账　　　　　　　　　　D. 固定资产明细账

3. 下列账簿中,可以跨年度连续使用的是(　　)。

A. 总账　　　　　　　　　　B. 备查账

C. 日记账　　　　　　　　　D. 多数明细账

4. 现金、银行存款日记账则要保存(　　)年。

A. 1年　　　　　　　　　　B. 3年

C. 5 年 D. 25 年

5. 涉外和对私改造账簿应该保存（　　）。
A. 永久 B. 3 年
C. 5 年 D. 25 年

二、多项选择题

1. 关于会计账簿的更换，正确的说法有（　　）。
A. 会计账簿的更换通常在新会计年度建账时进行
B. 总账、日记账和多数明细账应每年更换一次
C. 变动较小的明细账可以连续使用
D. 各种备查账簿可以连续使用

2. 下列关于会计账簿的更换和保管正确的有（　　）。
A. 总账、日记账和多数明细账每年更换一次
B. 变动较小的明细账可以连续使用，不必每年更换
C. 备查账不可以连续使用
D. 会计账簿由本单位财务会计部门保管半年后，交由本单位档案管理部门保管

3. 年度结束后，对于账簿的保管，应当做到（　　）
A. 装订成册 B. 加上封面
C. 统一编号 D. 当即销毁

4. 下列账簿中，不可以跨年度连续使用的是（　　）。
A. 总账 B. 备查账
C. 日记账 D. 多数明细账

5. 根据《会计档案管理办法》的相关规定，（　　）均应该保存 15 年。
A. 总分类账 B. 明细分类账
C. 辅助账 D. 日记账

三、判断题

1. 各种账簿必须按照国家统一规定的保存年限妥善保管，保管期满后可以任意销毁。（　　）
2. 所有的账簿每年都要更换新账。（　　）
3. 财产物资明细账和债权债务明细账必须每年度更换一次。（　　）
4. 新旧账簿有关账户之间的结转余额，需要编制记账凭证。（　　）
5. 总账、日记账和多数明细账应每年更换一次。（　　）
6. 年度结束后，对于账簿的保管，应当做到当即销毁。（　　）
7. 变动较小的明细账可以连续使用，不必每年更换。（　　）
8. 企业设置的备查账不可以连续使用。（　　）
9. 会计账簿未经领导和会计负责人或者有关人员批准，非经管人员不能随意翻阅查看会计账簿。（　　）
10. 现金、银行存款日记账则要保存 25 年，涉外和对私改造账簿应该永久保存。（　　）

项目八  财产清查

任务一 财产清查概述

培养目标

1. 了解财产清查的内容,掌握财产清查的程序和方法;
2. 熟练掌握财产清查的分类;
3. 掌握财产物资的盘存制度。

要点精讲

一、财产清查的概念与意义

财产清查是指通过对货币资金、实物资产和往来款项的盘点或核对,确定其实存数,以查明账存数与实存数是否相符的一种专门会计核算方法。

财产清查的意义主要包括:
(1) 保证会计核算资料的真实可靠。
(2) 有利于挖潜增效,加速资金周转。
(3) 建立健全规章制度,提高企业的管理水平。

二、财产清查的种类

财产清查按照清查范围,可分为全面清查和局部清查;按照财产清查的时间,可分为定期清查和不定期清查。

（一）全面清查和局部清查

1. 全面清查

全面清查是指对企业的全部财产物资所进行的盘点和核对。适用范围：

（1）年终决算前，为确保年终决算会计资料真实、正确，需进行全面清查。

（2）单位撤销、合并或改变隶属关系前，中外合资、国内合资前以及企业实行股份制改制前。

（3）单位主要领导调离工作前。

（4）开展全面清产核资、资产评估等活动。

2. 局部清查

局部清查就是根据需要，只对部分财产物资进行的盘点核对。一般情况下，它适合于企业流动性较大的财产，如现金、原材料、产成品及贵重物品等进行的清查盘点。局部清查的对象如下：

（1）库存现金，出纳人员应于每日业务终了时清点核对；

（2）银行存款，出纳人员每月至少应同银行核对一次；

（3）库存商品、原材料、包装物等流动性较大的材料物资，除年度清查外，年内应轮流盘点或重点抽查；

（4）对各种贵重物资，每月应盘点一次；

（5）债权债务，每年至少应同对方核对一至两次。

（二）定期清查和不定期清查

1. 定期清查

定期清查是指根据事先计划安排的时间对财产进行的盘点和核对。定期清查一般在年末、季末、月末进行。

2. 不定期清查

不定期清查是事前不规定清查日期，而是根据特殊需要临时进行的盘点或核对。不定期清查可以是全面清查，也可以是局部清查，应根据实际需要来确定清查的对象和范围。

【例题1·多选题】 年终决算之前，为确保年终决算会计信息的真实和准确，需要进行的财产清查是(　　)。

A. 全面清查

B. 局部清查

C. 定期清查

D. 不定期清查

【答案】 AC

【例题2·多选题】 下列需要进行全面财产清查的情况是(　　)。

A. 年终决算之前

B. 企业股份制改制前

C. 更换财产物资、库存现金保管人员时

D. 单位财务科长调离时

【答案】 AB

【例题 3·多选题】 进行局部财产清查时,正确的做法是( )。
A. 现金每月清点一次
B. 银行存款每月至少同银行核对一次
C. 贵重物品每月至少盘点一次
D. 债权债务每年至少核对一至二次

【答案】 BCD

三、财产清查的一般程序

(1)成立财产清查小组;
(2)组织清查人员学习有关政策规定,掌握有关法律、法规和相关业务知识、以提高财产清查工作的质量;
(3)确定清查对象、范围,明确清查任务;
(4)制订清查方案,具体安排清查内容、时间、步骤、方法,以及必要的清查前准备;
(5)清查时本着先清查数量、核对有关账簿记录等,后认定质量的原则进行;
(6)填制盘存清单;
(7)根据盘存单填制实物、往来款项清查结果报告表。

四、财产清查的盘存制度

企业财产物资的盘存制度通常有以下两种:

(一) 永续盘存制

永续盘存制,又称账面盘存制,是指对各项财产物资的增减变动情况,都必须根据会计凭证在有关账簿中进行连续登记,并随时在账簿中结算出各项财产物资结存数的一种盘存制度。

计算公式:期末账面结存数额=期初账面结存数额+本期收入数额-本期发出额

(二) 实地盘存制

实地盘存制,又称定期盘存制或以存计销制,是指对各种财产物资平时只在明细账簿中登记增加数,不登记减少数,月末根据对财产物资实地盘点的结存数倒挤出财产物资的减少数,并据以登记有关账簿的一种盘存制度。

计算公式:本期发出数额=期初账面结存数额+本期收入数额-期末实际结存数额

思考练习

一、单项选择题

1. 企业现金出纳人员发生变动时,应对其保管的现金进行清查。下列关于该清查类别的表述中,正确的是(　　)。
   A. 全面清查和定期清查　　　　B. 局部清查和不定期清查
   C. 全面清查和不定期清查　　　D. 局部清查和定期清查

2. (　　)是指对属于本单位或存放在本单位的所有财产物资、货币资金和各项债权债务进行全面的盘点与核对。
   A. 定期清查　　　　　　　　　B. 不定期清查
   C. 全面清查　　　　　　　　　D. 局部清查

3. 财产清查的意义不包括(　　)。
   A. 提高资金的使用效益
   B. 可以禁止各项财产物资被非法挪用
   C. 可以查明各项财产物资的实有数量,确定实有数量与账面数量之间的差异,查明原因和责任
   D. 提高会计资料的准确性

4. 全面清查和局部清查是按照(　　)来划分的。
   A. 财产清查的范围　　　　　　B. 财产清查的时间
   C. 财产清查的方法　　　　　　D. 财产清查的性质

5. 财产清查是通过实地盘点、查证核对来查明(　　)是否相符的一种方法。
   A. 账证　　　　　　　　　　　B. 账账
   C. 账实　　　　　　　　　　　D. 账表

6. 定期清查是(　　)。
   A. 临时清查　　　　　　　　　B. 局部清查
   C. 全部清查　　　　　　　　　D. 清查对象不定

7. 财产清查按清查对象和范围可分为(　　)。
   A. 全面清查和局部清查　　　　B. 局部清查和不定期清查
   C. 内部清查和外部清查　　　　D. 货币资金清查和非货币资金清查

8. 采用实地盘存制,平时对财产物资的记录(　　)。
   A. 只登记收入数,不登记发出数
   B. 先登记收入数,后登记发出数
   C. 只登记发出数,不登记收入数
   D. 既要登记收入数,又要登记发出数

9. 在永续盘存制下,平时(　　)。

A. 对各项财产物资增加数和减少数,都不在账簿中登记
B. 只在账簿中登记财产物资的减少数,不登记财产物资的增加数
C. 只在账簿中登记财产物资的增加数,不登记财产物资的减少数
D. 对各项财产物资的增加减少数,都要根据会计凭证在账簿中登记

10. 在实地盘存制下,平时(　　)。
A. 只在账簿中登记财产物资的减少数,不登记财产物资的增加数
B. 只在账簿中登记财产物资的增加数,不登记财产物资的减少数
C. 对各项财产物资增加数和减少数,都不在账簿中登记
D. 对各项财产物资的增加减少数,都要根据会计凭证在账簿中登记

二、多项选择题

1. 下列各项中,(　　)属于财产清查一般程序。
A. 组织清查人员学习有关政策规定
B. 确定清查对象、范围,明确清查任务
C. 制定清查方案
D. 填制盘存单和清查报告表

2. 下列各项中,(　　)企业应当进行全面清查。
A. 编制年度财务会计报告前　　B. 改变隶属关系前
C. 股份制改制前　　　　　　　D. 盘点存货时

3. 下列关于财产全面清查特点的表述中,正确的有(　　)。
A. 清查的范围广　　　　　　　B. 清查的内容多
C. 清查的时间长　　　　　　　D. 投入的人力多

4. 下列各项中属于财产清查程序的是(　　)。
A. 建立财产清查组织　　　　　B. 组织清查人员学习有关政策规定
C. 向关联方通报清查计划　　　D. 制定清查方案

5. 全面清查一般在年终进行,但单位在(　　)时,也要进行全面清查。
A. 中外合资改制　　　　　　　B. 合并
C. 更换单位负责人　　　　　　D. 更换实物保管人

6. 企业进行财产清查,其意义有(　　)。
A. 保证账实相符,提高会计资料的准确性
B. 保证账账相符,提高会计报表的准确性
C. 保障财产物资的安全完整
D. 充分利用各项财产物资,提高资金使用效果

7. 下列情况需要进行不定期清查的是(　　)。
A. 年终决算前进行财产清查　　B. 更换财产物资保管人员
C. 发生自然灾害或意外损失　　D. 临时性清产核资

8. 年终决算之前,为确保年终决算会计信息的真实和准确,需要进行的财产清查,是(　　)。
A. 全面清查　　　　　　　　　B. 局部清查

C. 定期清查　　　　　　　　D. 不定期清查

任务二　财产清查的方法

培养目标

1. 熟悉各种货币资金、实物资产和往来款项的清查方法；
2. 掌握银行余额调节表的编制。

要点精讲

一、货币资金的清查方法

（一）库存现金的清查

库存现金清查的基本方法是实地盘点法，它通过盘点库存现金的实有数与现金日记账的余额进行核对来查明账实是否相符。在日常的工作中，现金出纳员每日清点库存现金实有数额，并及时与现金日记账的余额相核对。另外，如果是由专门清查人员来进行清查工作，为了明确经济责任，清查时出纳人员必须在场。现金盘点结束后，应根据盘点的结果，填制"库存现金盘点报告表"，并由盘点人员和出纳人员共同签章方能生效。

（二）银行存款的清查

银行存款的清查，是采用与开户银行核对账目的方法进行的，也就是将本单位的银行存款日记账与开户银行转来的对账单逐笔进行核对核查，检查账账是否相符。产生未达账项的原因有以下四种情况：

（1）企业已收款入账，银行尚未收款入账。
（2）企业已付款入账，银行尚未付款入账。
（3）银行已收款入账，企业尚未收款入账。
（4）银行已付款入账，企业尚未付款入账。

★重点掌握：银行存款余额调节表只是为了核对账目，并不能作为调整银行存款账面余额的记账依据；通过银行存款余额调节表，调节后的存款余额表示企业可以动用的银行存款实有数。

【例题1·单项选择题】 2014年9月30日，某企业银行存款日记账账面余额为216万元，收到银行对账单的余额为212.3万元，经逐笔核对，该企业存在以下记账差错及未达账项，从银行提取现金6.9万元，会计人员误记为9.6万元；银行为企业代付电话费6.4万元，但企业未接到银行付款通知，尚未入账。9月30日调节后的银行存款余额为（　　）万元。

A. 225.1
B. 218.7
C. 205.9
D. 212.3

【答案】 D

【解析】 银行对账单不存在记账差错和未达账项,因此银行对账单的余额212.3万元即为调节后的银行存款余额。如果从企业银行存款日记账出发,那么调节后的银行存款余额=216+(9.6-6.9)-6.4=212.3(万元)。选项D正确。

二、实物资产的清查方法

实物的清查主要包括存货(如原材料、在产品、自制半成品、库存商品、低值易耗品等)和固定资产的清查。由于实物资产具有种类繁多、数量大、堆积方式多样等特点,因此,在进行清查时往往要针对不同的清查对象,选用不同的清查方法。实物资产的清查方法主要有以下几种:

(一)实地盘点法

在财产物资存放现场逐一清点数量或用计量仪器确定其实存数的一种方法。

(二)技术推算法

技术推算法是指利用技术方法推算财产物资的实存数,故又称估推法。该方法主要适应于那些大量成堆、廉价笨重且不能逐项清点的物资,如露天堆放的煤、砂石、焦炭等。

三、往来款项的清查方法

往来款项的清查主要是对各种应收、应付款和预收、预付款、其他应收、应付款的清查。由于往来款项所体现出来的非实物特征,对往来款项的清查一般采用向对方单位发送询证函的方法进行。

【例题2·多选题】 以下资产可以采用发函询证方法进行清查的是( )。
A. 原材料　　　　　　　　B. 预收账款
C. 固定资产　　　　　　　D. 应收账款

【答案】 BD

思考练习

一、单项选择题

1. 下列各项中,( )需要采用发函询证方法进行核对。

A. 固定资产 B. 存货
C. 库存现金 D. 往来款项

2. 下列记录可以作为调整账面数字的原始凭证的是( )。
   A. 盘存单 B. 实存账存对比表
   C. 银行存款余额调节表 D. 往来款项对账单

3. 在盘点财产物资时,将各项实物资产的盘点结果登记在( )里。
   A. 盘存单 B. 账存实存对比表
   C. 对账单 D. 现金盘点报告表

4. 对单位价值比较低、数量多,不便于一一清点的财产应该采用( )进行盘点。
   A. 实地盘点法 B. 测量计算法
   C. 对账单法 D. 技术推算法

5. 下列表述中,正确的是( )。
   A. 库存现金应每日清查一次 B. 银行存款每月至少同银行核对两次
   C. 贵重物品每天应盘点一次 D. 债权债务每年至少核对二至三次

6. 对银行存款进行清查时,下列各项中,( )应与银行对账单逐笔核对。
   A. 银行存款总账 B. 银行存款日记账
   C. 银行支票备查簿 D. 库存现金日记账

7. 下列说法正确的是( )。
   A. 库存现金采用实地盘点法进行清查
   B. 库存现金应每月清查一次
   C. 单位只定期组织对库存现金的专门清查
   D. 对库存现金清查时,出纳人员应该回避

8. 对企业与其开户银行之间的未达账项,进行账务处理的时间是( )。
   A. 编好银行存款余额调节表时 B. 查明未达账项
   C. 收到银行对账单时 D. 实际收到有关结算凭证时

9. 华为公司2016年6月30日银行存款日记账的余额为100万元,经逐笔核对,未达账项如下:银行已收,企业未收的2万元;银行已付,企业未付的1.5万元。调整后的企业银行存款余额应为( )万元。
   A. 100 B. 100.5
   C. 102 D. 101.5

10. 会导致企业银行存款日记账余额大于银行对账单余额的未达账项有( )。
    A. 企业已收、银行未收款和企业已付、银行未付款
    B. 企业已付、银行未付款和银行已付、企业未付款
    C. 企业已收、银行未收款和银行已付、企业未付款
    D. 企业已付、银行未付款和企业已付、银行未付款

二、多项选择题

1. 关于往来款项和库存现金的清查,下列说法正确的有( )。
   A. 往来款项的清查一般采用实地盘点的方法

B. 往来款项的清查一般采用发函询证的方法进行核对

C. 采用发函询证法,对方单位经过核对相符后,在回联单上加盖公章退回,表示已经核对

D. "现金盘点报告表"不能作为调整账簿记录的原始凭证,不能根据"现金盘点报告表"进行账务处理

2. 对各项财产物资的盘点结果,应逐一填制盘存单,由(　　)共同签章。

A. 盘点人员　　　　　　　　　　B. 实物保管人员

C. 单位负责人　　　　　　　　　D. 会计主管

3. 下列关于银行存款余额调节表的表述中,不正确的有(　　)。

A. 调节后的余额表示企业可以实际动用的银行存款数额

B. 该表是通知银行更正错误的依据

C. 可以作为调整本单位银行存款日记账记录的原始凭证

D. 是更正本单位银行存款日记账记录的依据

4. 关于现金清查,下列说法不正确的是(　　)。

A. 采用实地盘点法进行清查

B. 出纳员应对其进行不定期清查

C. 单位应定期或不定期组织专门清查

D. 现金清查报告表由出纳签章即可

5. 关于现金清查,下列说法中正确的是(　　)。

A. 出纳员每天都必须进行清查

B. 单位只在年终决算前组织对库存现金的专门清查

C. 清查小组清查前,出纳员应当将现金收付款凭证全部登记入账,并结出账存数

D. 清查小组清查盘点时,出纳人员必须在场

6. 下列凭证不可以作为调整账面数字的原始凭证的是(　　)。

A. 财产物资清查盘存单　　　　　B. 实存账存对比表

C. 银行存款余额调节表　　　　　D. 库存现金盘点报告表

7. 财产清查的盘存制度(　　)。

A. 永续盘存制　　　　　　　　　B. 实地盘点法

C. 技术推算法　　　　　　　　　D. 实地盘存制

8. 财产物资清查时,常用的方法有(　　)。

A. 全面清查　　　　　　　　　　B. 局部清查

C. 实地盘点法　　　　　　　　　D. 技术推算法

9. 实地盘点法一般适用于(　　)的清查。

A. 各项实物财产物资　　　　　　B. 库存现金

C. 银行存款　　　　　　　　　　D. 应收账款

10. "待处理财产损溢"科目的贷方登记(　　)。

A. 批准前待处理财产物资盘盈净值

B. 批准前待处理财产物资盘亏及毁损净值

C. 结转已批准处理财产物资的盘盈数
D. 结转已批准处理财产物资的盘亏及毁损数

任务三　财产清查结果的账务处理

培养目标

1. 掌握财产清查的账户设置；
2. 熟练掌握财产清查结果的步骤及账务处理。

要点精讲

一、财产清查结果的处理要求

对于通过财产清查所发现的财产管理和核算方面存在的问题，企业应当认真分析研究、总结经验，按照有关财产管理制度，做好财产清查结果的处理工作，具体要求包括：

（1）分析账实不符的原因和性质，提出合理性建议；
（2）积极处理多余积压财产，清理往来款项；
（3）总结经验教训，建立健全各项管理制度；
（4）及时调整账簿记录，保证账实相符。

二、财产清查应设置的账户

"待处理财产损溢"账户属于双重性质账户，借方用来登记各项财产物资发生的盘亏、毁损数和经批准处理盘盈财产物资的转销数；贷方登记各项财产物资发生的盘盈数和经批准处理的盘亏、毁损财产物资的转销数；期末如为借方余额，表示尚待处理的财产物资盘亏及毁损数大于盘盈数的净损失；如为贷方余额，表示尚待处理的财产物资盘盈数大于盘亏及毁损数的净溢余。对于等待批准处理的财产盘盈、盘亏，会计年终前应处理完毕。会计期末，该账户无余额。"待处理财产损溢"账户的基本结构如图8-1所示：

借方	待处理财产损溢	贷方
清查时发现的财产物资的盘亏和毁损数 批准后，盘盈的财产物资的转销数		清查时发现的财产物资的盘盈数 批准后，盘亏及毁损的财产物资的转销数
尚待批准处理财产物资盘亏及毁损数大于盘盈数的差额		尚待批准处理财产物资的盘盈数大于盘亏及毁损数的差额

图8-1　待处理财产损溢

【例题1·单选题】 关于"待处理财产损溢"科目,下列说法中不正确的是( )。
A.该科目贷方登记财产物资盘盈的金额及盘亏的转销额
B.处理前的借方余额反映企业尚未处理的财产的净收益
C.该科目期末应无余额
D.该科目借方登记财产物资盘亏、毁损的金额以及盘盈的转销额
【答案】 B

三、财产清查的步骤

对于财产清查中结果的处理可分为以下两种情况:

(一)审批之前的处理

根据"盘存单""实存账存对比表"等已经查实的数据资料,编制记账凭证,记入有关账簿,使账簿记录与实际盘存数相符,同时根据企业的管理权限,将处理建议报股东大会或董事会,或经理(厂长)会议或类似机构批准。

(二)审批之后的处理

企业查清的各种财产的损溢,应于期末前查明原因,并根据企业的管理权限,将处理建议报股东大会或董事会,或经理(厂长)会议或累计机构批准后,在期末结账前处理完毕。企业应严格按照有关部门对财产清查结果提出的处理意见进行账务处理,编制有关记账凭证,登记有关账簿,并追回由于责任者原因造成的财产损失。企业清查的各种财产的损溢,如果在期末结账前尚未经批准,在对外提供财务会计报告时,先按上述规定进行处理,并在附注中做出说明;如果其后批准处理的金额与已处理的金额不一致,调整财务报表相关项目的年初数。

四、财产清查结果的账务处理

(一)现金清查结果的账务处理

审批前:现金溢余(长款)时,应借记"库存现金",贷记"待处理财产损溢——待处理流动资产损溢";现金短缺(短款)时,应借记"待处理财产损溢——待处理流动资产损溢",贷记"库存现金"。

审批后:对于盘盈(长款)的现金,如果应支付给有关相关人员的,应借记"待处理财产损溢——待处理流动资产损溢",贷记"库存现金";如果无法查明原因,经批准后,应借记"待处理财产损溢——待处理流动资产损溢",贷记"营业外收入"。对于短缺的现金(短款),如果是由有关责任人的原因造成的,应借记"其他应收款",贷记"待处理财产损溢——待处理流动资产损溢";如果无法查明短缺的原因,经主管批准后,借记"管理费用",贷记"待处理财产损溢——待处理流动资产损溢"。

【例题2·单选题】 企业在现金清查中发现有待查明原因的现金短缺或溢余,已按

管理权限批准,下列各项中,有关会计处理不正确的是( )。

A.属于无法查明原因的现金溢余,应借记"待处理财产损溢"科目,贷记"营业外收入"科目

B.属于应支付给有关单位的现金溢余,应借记"待处理财产损溢"科目,贷记"其他应付款"科目

C.属于应由保险公司赔偿的现金短缺,应借记"其他应收款"科目,贷记"待处理财产损溢"科目

D.属于无法查明原因的现金短缺,应借记"营业外支出"科目,贷记"待处理财产损溢"科目

【答案】 D

(二)存货清查结果的账务处理

审批前:盘盈各种材料、库存商品等存货,借"原材料""库存商品"等科目,贷记"待处理财产损溢——待处理流动资产损溢";盘亏、毁损的各种材料、库存商品等存货时,借"待处理财产损溢——待处理流动资产损溢",贷"原材料""库存商品""应交税费——应交增值税(进项税额转出)"。

审批后:对于盘盈的存货,借"待处理财产损溢——待处理流动资产损溢",贷记"管理费用"。对于盘亏、毁损的存货,按可收回的保险赔偿款或者相关责任人的赔偿,借"其他应收款",属于管理原因造成的,借"管理费用",属于非正常损失的,借"营业外支出——非常损失",贷"待处理财产损溢——待处理流动资产损溢"。

【例题3·单选题】 某企业为增值税一般纳税人,适用的增值税税率为17%,该企业因管理不善使一批库存材料被盗,该批原材料的实际成本为40 000元,购买时支付的增值税为6 800元,应收保险公司赔偿21 000元。不考虑其他因素,该批被盗原材料形成的净损失为( )元。

A.19 000
B.40 000
C.46 800
D.25 800

【答案】 D

【解析】 管理不善导致的材料被盗,材料的增值税进项税应当作进项税额转出处理。被盗材料形成的净损失=40 000+6 800-21 000=25 800(元)。

(三)固定资产清查结果的账务处理

审批前:对于盘盈的固定资产,属于记账差错,不能通过"待处理财产损溢——待处理固定资产损溢",应作为前期差错更正处理。盘盈的固定资产通过"以前年度损益调整"科目核算,应借记"固定资产",贷记"以前年度损益调整"。对于盘亏的固定资产,借记"待处理财产损溢——待处理固定资产损溢""累计折旧",贷记"固定资产"。

审批后:对于盘盈的固定资产,借记"以前年度损益调整",贷记"盈余公积""利润分配"。对于盘亏的固定资产,按可收回的保险赔偿款或者相关责任人的赔偿,借"其他应

收款",对于盘亏的净损失,借"营业外支出",贷"待处理财产损溢——待处理固定资产损溢"。

【例题4·单选题】 企业在盘盈固定资产时,应通过( )科目进行核算。

A.待处理财产损溢

B.以前年度损益调整

C.资本公积

D.营业外收入

【答案】 B

(四)往来款项清查结果的账务处理

1.应收款清查结果的账务处理

在财产清查过程中发现无法收回的应收款项,不通过"待处理财产损溢"账户核算,而是在原账面记录的基础上,按规定程序经批准后直接处理。企业无法收回或收回可能性极小的应收款项称为坏账,由于发生坏账而给企业造成的损失成为坏账损失。

对于坏账损失的核算企业采用备抵法处理。在备抵法下企业按期估计坏账损失。借记"资产减值损失",贷记"坏账准备";待实际发生坏账时,冲减已计提的坏账准备,即借记"坏账准备",贷记"应收账款"。

2.应付款清查结果的账务处理

由于债权单位撤销等原因造成的企业应付而无法支付的款项,不通过"待处理财产损溢"账户核算,而是在原账面记录的基础上,按规定程序经批准后直接处理,将长期支付的应付账款转作营业外收入。

★将库存现金、存货及固定资产清查的账务处理总结如下:

项目	盘盈(现金称溢余)	盘亏(现金称短缺)
库存现金	借:库存现金 　贷:待处理财产损溢 借:待处理财产损溢 　贷:其他应付款 　　营业外收入(无法查明原因)	借:待处理财产损溢 　贷:库存现金 借:其他应收款 　　管理费用(无法查明原因) 　贷:待处理财产损溢
存货	借:原材料等 　贷:待处理财产损溢 借:待处理财产损溢 　贷:管理费用	借:待处理财产损溢 　贷:原材料 　　应交税费—应交增值税(进项税额转出)注意:自然灾害不需转出) 借:原材料(收回残料) 　　其他应收款(责任人赔偿) 　　管理费用(管理不善) 　　营业外支出(非常损失) 　贷:待处理财产损溢

项目	盘盈(现金称溢余)	盘亏(现金弥短缺)
固定资产	按前期差错处理 借:固定资产(重置成本) 　贷:以前年度损益调整 借:以前年度损益调整 　贷:盈余公积 　　利润分配—未分配利润	借:待处理财产损溢 　累计折旧 　固定资产减值准备 　贷:固定资产 借:营业外支出 　贷:待处理财产损溢

思考练习

一、单项选择题

1. 盈亏的材料,查明原因属于一般经营损失,经批准后进行会计处理。下列关于应记入科目的表述中,正确的是( )。
   A. 管理费用　　　　　　　B. 营业费用
   C. 财务费用　　　　　　　D. 投资收益

2. 固定资产发生盘亏进行会计处理,下列各项中,( )是应借记的会计科目。
   A. 固定资产清理　　　　　B. 待处理财产损溢
   C. 以前年度损益调整　　　D. 材料成本差异

3. 财产清查中财产盘亏是由于自然灾害所造成的,下列关于会计处理时应计入的借方科目中,正确的是( )。
   A. 管理费用　　　　　　　B. 营业外支出
   C. 其他应收款　　　　　　D. 生产成本

4. 某企业在财产清查中,盘亏现金1 000元,其中400元应由出纳赔偿,另外600元是由于管理不善导致的。现经批准后,转销现金盘亏的会计分录为( )。

　A. 借:待处理财产损溢　　　　　　1 000
　　　贷:库存现金　　　　　　　　　　　1 000

　B. 借:管理费用　　　　　　　　　　600
　　　营业外支出　　　　　　　　　　400
　　　贷:库存现金　　　　　　　　　　　1 000

　C. 借:管理费用　　　　　　　　　　600
　　　其他应收款　　　　　　　　　　400
　　　贷:库存现金　　　　　　　　　　　1 000

　D. 借:管理费用　　　　　　　　　　600
　　　其他应收款　　　　　　　　　　400
　　　贷:待处理财产损溢　　　　　　　　1 000

5. 在财产清查中,通过"账存实存对比表"发现:账存甲材料 100 000 元,实存甲材料 110 000 元,原因待查,在未批准处理前,下列账务处理中正确是(　　)。
　　A. 借:原材料——甲材料　　　　　　　　　　　10 000
　　　　贷:待处理财产损溢——流动资产损溢　　　10 000
　　B. 借:原材料——甲材料　　　　　　　　　　　10 000
　　　　贷:营业外收入　　　　　　　　　　　　　10 000
　　C. 借:固定资产——甲材料　　　　　　　　　　10 000
　　　　贷:待处理财产损溢——非流动资产损溢　　10 000
　　D. 借:待处理财产损溢——流动资产损溢　　　　10 000
　　　　贷:原材料——甲材料　　　　　　　　　　10 000

6. 某企业盘点中发现因自然灾害损失一台设备,原始价值 50 000 元,已计提折旧 10 000 元。根据事先签订的保险合同,保险公司应赔偿 30 000 元,则扣除保险公司赔偿后剩余的损失 10 000 元应记入(　　)科目。
　　A. 累计折旧　　　　　　　　　　B. 营业外支出
　　C. 管理费用　　　　　　　　　　D. 所有者权益

7. 对于"待处理财产损溢"科目,下列说法中不正确的是(　　)。
　　A. 该科目贷方登记财产物资盘亏、毁损的金额、盘盈的转销额
　　B. 处理前的借方余额反映企业尚未处理的财产的净损失
　　C. 该科目年末应无余额
　　D. 该科目借方登记财产物资盘亏、毁损的金额、盘盈的转销额

8. 无法查明原因的现金溢余,经批准记入(　　)。
　　A. 其他业务收入　　　　　　　　B. 管理费用
　　C. 其他应收款　　　　　　　　　D. 营业外收入

9. 无法查明原因的现金短缺,经批准记入(　　)。
　　A. 管理费用　　　　　　　　　　B. 其他应付款
　　C. 其他业务支出　　　　　　　　D. 营业外支出

10. 固定资产发生盘盈进行会计处理,应贷记(　　)会计科目。
　　A. 营业外收入　　　　　　　　　B. 待处理财产损溢
　　C. 以前年度损益调整　　　　　　D. 其他应收款

二、多项选择题

1. 某企业 2016 年 8 月 31 日银行存款日记账余额 562 000 元,银行对账单余额 673 200 元。经逐笔核对,发现存在以下 4 笔未达账项:
　　(1)企业偿还货款 50 000 元已登记入账,但银行尚未登记入账;
　　(2)企业收到销售商品款 15 200 元已登记入账,但银行尚未登记入账;
　　(3)银行已划转水费 3 600 元登记入账,但企业尚未收到付款通知单,未登记入账;
　　(4)银行已收到外地汇入货款 80 000 元登记入账,但企业尚未收到收款通知单,未登记入账。

银行余额调节表

2016 年 8 月 31 日　　　　　　　　　　　　　　　　　　　单位:元

项目	金额	项目	金额
银行存款日记账余额	562 000	银行对账单余额	673 200
加:银行已收、企业未收款		加:企业已收、银行未收款	(2)
减:银行已付、企业未付款	(3)	加:企业已收、银行未收款	(4)
调节后余额	(1)	调节后余额	

下列说法正确的有(　　)。

A.(1)中填写的金额是 638 400

B.(2)中填写的金额是 15 200

C.(3)中填写的金额是 80 000

D.(4)中填写的金额是 15 200

2.财产清查中,对于已查明的资产盘亏或毁损,报经批准后,根据不同原因可能记入的账户有(　　)。

　　A.其他应收款　　　　　　　　B.营业外支出

　　C.应收账款　　　　　　　　　D.管理费用

3.下列说法中正确的是(　　)。

A.存货的盘盈可冲减管理费用

B.固定资产盘盈可计入营业外收入

C.由于人为原因造成的财产毁损,应由责任人赔偿

D.发生的坏账损失应计入营业外支出

4.企业进行库存现金清查时盘盈库存现金 100 元,无法查明原因。按照规定,账务处理正确的有(　　)。

　　A.借:待处理财产损溢　　　　　　100
　　　　贷:库存现金　　　　　　　　　　100

　　B.借:库存现金　　　　　　　　　100
　　　　贷:待处理财产损溢　　　　　　　100

　　C.借:管理费用　　　　　　　　　100
　　　　贷:待处理财产损溢　　　　　　　100

　　D.借:待处理财产损溢　　　　　　100
　　　　贷:营业外收入　　　　　　　　　100

5.下列关于存货清查的说法中不正确的有(　　)。

A.存货发生盘亏或毁损时,应按实际盘亏或毁损的金额,借记"待处理财产损溢"科目,贷记"原材料"等科目

B.存货盘盈报经批准后应该记入"营业外收入"科目核算

C.存货的清查应该采用技术推算法

D. 存货盘亏净损失中由于管理不善导致的部分应该计入"其他应收款"核算

6. 某企业进行固定资产清查时盘亏设备一台,原值9 000元,已经计提折旧4 000元,保险公司赔偿2 000元(款项尚未收到)。按照规定,其账务处理正确的有(　　)。

  A. 借:待处理财产损溢　　　　　　　　　5 000
    累计折旧　　　　　　　　　　　　4 000
     贷:固定资产　　　　　　　　　　　　　9 000
  B. 借:其他应收款　　　　　　　　　　　　2 000
    营业外支出　　　　　　　　　　　　3 000
     贷:待处理财产损溢　　　　　　　　　　5 000
  C. 借:其他应收款　　　　　　　　　　　　3 000
     贷:待处理财产损溢　　　　　　　　　　3 000
  D. 借:营业外支出　　　　　　　　　　　　5 000
     贷:待处理财产损溢　　　　　　　　　　5 000

7. 某企业在财产清查中,盘盈材料一批,价值2 000元,批准前后编制的会计分录为(　　)。

  A. 借:待处理财产损溢　　　　　　　　　2 000
     贷:原材料　　　　　　　　　　　　　2 000
  B. 借:原材料　　　　　　　　　　　　　　2 000
     贷:待处理财产损溢　　　　　　　　　　2 000
  C. 借:待处理财产损溢　　　　　　　　　2 000
     贷:管理费用　　　　　　　　　　　　2 000
  D. 借:待处理财产损溢　　　　　　　　　2 000
     贷:营业外收入　　　　　　　　　　　2 000

8. 存货盘亏经批准后的账务处理可能涉及的科目有(　　)。
  A. 管理费用　　　　　　　　B. 营业外支出
  C. 其他应收款　　　　　　　D. 待处理财产损溢

9. 下列说法不正确的是(　　)。
  A. 财产清查结束后,对于账实不符的情况,财务部门应当立即调整账面记录
  B. 在处理建议得到批准之前,财务部门不得进行任何财务处理
  C. 调整盘亏财产的账面价值时,使用的对方科目是"待处理财产损溢"
  D. "待处理财产损溢"科目月末应无余额

10. 下列财产清查结果处理过程中,需要通过"待处理财产损溢"科目核算的有(　　)。
  A. 固定资产盘盈　　　　　　B. 库存现金盘盈
  C. 材料盘亏　　　　　　　　D. 固定资产的盘亏

三、判断题

1. 永续盘存制实际记录了财产物资的收、付、存数量和金额,所以企业实行永续盘存制,就不需要定期进行财产清查。(　　)

2. 实地盘存制,是指企业对各项财产物资收入和发出的数量和金额,都必须根据原始凭证和记账凭证在有关账簿中进行连续登记,并随时结出账面余额的一种盘存制度。(   )

3. 银行存款余额调节表,调节后的余额如果相等,通常说明企业和银行的账面记录一般没有错误,该余额通常为企业可以动用的银行存款实有数。(   )

4. 在财产清查中发现的长期未结算的往来款项,应及时清查。对于经查明确实无法支付的应付款项可按规定的程序报经批准后,转作为其他业务收入。(   )

5. 存货盘亏、毁损的净损失一律记入"管理费用"科目。(   )

6. 经批准转销固定资产盘亏净损失时,账务处理应借记"营业外支出"科目,贷记"固定资产清理"科目。(   )

7. 对于材料的盘盈一般冲减管理费用,固定资产盘盈作为前期差错更正。(   )

8. 在财产物资的变动和结存实际情况与账簿记录不一致时,企业应依据盘点实有数量调整账面数量。(   )

9. 企业在日常工作中发生的待处理财产损溢,通常必须在年报编制前处理完毕。(   )

10. 企业对于与外部单位往来款项的清查,一般采取编制对账单寄交给对方单位的方式进行,因此属于账账核对。(   )

11. 对已清查出来的残存变质物资、伪劣产品,应另行编制"残存变质物资、伪劣产品情况表",写明损失程度和损失金额,经盘点小组研究决定后提出处理意见,情况比较严重的还应作专项说明。(   )

12. 技术推算法运用度、量、衡等工具,通过点数,逐一确定被清查实物实有数。(   )

13. 对实物资产的数量进行清查的同时,还要对实物的质量进行鉴定,可根据不同的实物采用不同的检查方法,如物理法、化学法等。(   )

14. 在库存现金盘点结束后,直接填制"库存现金盘点报告表",由盘点人员、会计及其相关负责人签名盖章。(   )

15. 未达账项不会导致账实不符。(   )

16. 每日终了,银行存款日记账必须结出余额,并与银行对账单核对相符。(   )

17. 库存现金进行清查时,出纳人员需要回避。(   )

18. 对仓库中的所有存货进行盘点是全面清查。(   )

19. 通过财产清查,可以挖掘财产物资的潜力,有效利用财产物资,加速资金周转。(   )

20. 发生自然灾害或意外事故导致财产毁损时,必须进行全面清查。(   )

21. 库存商品、原材料、包装物等,年内应轮流盘点或重点抽查,对各种贵重物资,每月应盘点一次。(   )

22. 财产清查是指对货币资金、实物资产和往来款项的盘点或核对,确定其实存数,查明账存数与实存数是否相符的一种专门方法。(   )

23. 财产清查中,银行存款至少每月与银行核对一次。(   )

24. 实际发生坏账损失时,应借记"坏账准备"账户,贷记"资产减值损失"账户。
（   ）

25. 坏账准备科目期末余额一般在贷方,反映企业已计提但尚未转销的坏账准备。
（   ）

四、实务操作题

1. 山水集团2016年9月30日银行存款日记账余额为98 500元,9月底公司与银行往来的其余资料如下：

①9月30日收到购货方转账支票一张,金额为12 600元,已经送存银行,但银行尚未入账。

②本公司当月的水电费用800元银行已代为支付,但公司未接到通知而尚未入账。

③本公司当月开出的用以支付供货方货款的转账支票,尚有4 500元未兑现。

④本公司送存银行的某客户转账支票35 000元,因对方存款不足而被退票,而公司未接到通知。

⑤公司委托银行代收的款项22 000元,银行已转入本公司的存款户,但本公司尚未收到通知入账。

要求：完成下列山水集团的银行存款余额调节表。

银行存款余额调节表

编制单位：山水集团公司　　　　　　　2016年9月30日　　　　　　　单位：元

项目	金额	项目	金额
银行存款日记账余额	98 500	银行对账单余额	76 600
加：银行已收、企业未收款	(1)	加：企业已收、银行未收款	(3)
减：银行已付、企业未付款	800	加：企业已收、银行未收款	(4)
调节后余额	(2)	调节后余额	(5)

2. 甲公司为增值税一般纳税人,增值税税率为17%。生产中所需W材料按实际成本核算。2016年6月份发生的有关W材料业务如下：

(1) 6月6日,签发一张商业承兑汇票购入W材料,增值税专用发票上注明的货款为163万元,增值税额27.71万元,对方代垫保险费0.4万元。材料已验收入库。

(2) 6月10日,收到乙公司作为资本投入的W材料,并验收入库。投资合同约定该批原材料价值（不含可抵扣的增值税进项税额）为1 415万元,增值税进项税额为240.55万元,乙公司开具增值税专用发票。假定合同约定的价值与公允价值相等,未发生资本溢价。

(3) 6月20日,销售W材料,开出增值税专用发票上注明的售价为171万元,增值税额为29.07万元,款项已由银行收妥。该批W材料实际成本为168万元。

(4) 6月30日,因自然灾害毁损W材料14万元,该批材料购入时支付的增值税为2.38万元。经保险公司核定应赔偿10万元,款项尚未收到,其余损失已经由有关部门批准处理。

(5)6月份,生产车间领用W材料560万元;车间管理部门领用W材料196万元;企业行政管理部门领用W材料126万元。要求:逐笔编制甲公司上述业务的会计分录。(答案中的金额单位用万元表示)

根据以上经济业务,编制正确的会计分录。

(1)第一题

(2)第二题

(3)第三题

(4)第四题

(5)第五题

项目九 账务处理程序

任务一 账务处理程序概述

培养目标

1. 了解账务处理程序的概念和意义；
2. 熟练账务处理程序的分类以及各账务处理程序的异同点。

要点精讲

一、账务处理程序的概念与意义

账务处理程序，又称会计核算组织程序或会计核算形式，是指会计凭证、会计账簿、会计报表相结合的方式，即由填制和审核原始凭证到编制记账凭证、登记日记账、明细分类账和总分类账，编制财务报表的工作程序和方法等。包含凭证账簿报表组织体系和记账程序两个部分，其中凭证账簿报表组织体系的核心是账簿组织。

【例题1·多选题】 账务处理程序是指（　　）结合的方式。
A. 财务报表
B. 会计账簿
C. 会计凭证
D. 会计岗位
【答案】 ABC
【解析】 账务处理程序是指会计凭证、会计账簿、财务报表结合的方式，包括账簿组织和记账程序。选项D是干扰项目。

【例题2·多选题】 账务处理程序的主要内容包括（　　）。
A. 会计凭证、会计账簿种类及格式

B. 会计凭证与账簿之间的联系方法
C. 会计机构及会计岗位的设置
D. 会计工作人员的职责

【答案】 AB

【解析】 账务处理程序包括账簿组织和记账程序。账簿组织是指会计凭证和会计账簿的种类、格式,会计凭证与账簿之间的联系方法。

二、账务处理程序的种类

(一)账务处理程序的分类

(1)记账凭证账务处理程序;
(2)科目汇总表账务处理程序;
(3)汇总记账凭证账务处理程序。

(二)不同账务处理程序的异同点

共同点在于以下几个方面:
(1)都要依据原始凭证编制记账凭证;
(2)都要依据记账凭证以及其后面所附的原始凭证登记各种明细账;
(3)期末,将日记账和明细账余额分别与有关总分类账余额相核对;
(4)期末,根据总账和明细账编制会计报表。
不同账务处理程序的区别主要在于登记总分类账的依据和方法不同。

【例题3·单选题】 各种账务处理程序的主要区别在于( )。
A. 登记总账的依据和方法不同
B. 登记明细账的依据和方法不同
C. 会计凭证的种类不同
D. 登记明细账的依据和方法不同

【答案】 A

【解析】 不同账务处理程序的区别主要在于登记总分类账的依据和方法不同。

思考练习

一、单项选择题

1.( )指会计凭证和会计账簿的种类、格式、会计凭证与账簿之间的联系方法。
A. 凭证组织　　　　　　　　B. 账簿组织
C. 记账程序　　　　　　　　D. 报表组织

2.各种账务处理程序的主要区别是( )。

A. 总账格式不同 B. 登记明细账的依据不同
C. 登记总账的依据和方法不同 D. 编制会计报表的依据不同

3. 总分类账的登记方法,取决于所采用的（　　）。
A. 账簿体系 B. 会计凭证的类别
C. 会计科目的设置 D. 账务处理程序

4. 各种账务处理程序之间的主要区别在于（　　）不同。
A. 登记总账的依据和方法 B. 反映经济业务的内容
C. 企业的会计制度 D. 所采用的会计核算方法

5. 在会计核算中填制和审核会计凭证、依据会计凭证登记账簿、根据账簿记录编制会计报表,这个过程的步骤以及三者结合的方式称为（　　）
A. 会计凭证传递 B. 会计账簿组织
C. 会计工作组织 D. 账务处理程序

6. 各账务处理程序的共同之处在于（　　）
A. 适用范围相同 B. 登记总分类账的依据相同
C. 会计凭证的组织相同 D. 会计账簿的组织相同

二、多项选择题

1. 根据总账的登记依据对账务处理程序进行分类,下列各项中正确的有（　　）。
A. 记账凭证账务处理程序
B. 汇总记账凭证账务处理程序
C. 科目汇总表账务处理程序
D. 一般账务处理程序

2. 账簿组织包括（　　）。
A. 会计凭证、会计账簿的种类及格式
B. 会计凭证与账簿之间的联系方法
C. 会计机构及会计岗位的设置
D. 会计工作人员的职责

3. 下列项目中,属于科学、合理地选择适用于本单位的账务处理程序的意义有（　　）。
A. 有利于规范会计工作
B. 有利于增强会计信息可靠性
C. 有利于提高会计信息的质量
D. 有利于保证会计信息的及时性

4. 在实际工作中,常用的账务处理程序有（　　）。
A. 日记总账账务处理程序 B. 记账凭证账务处理程序
C. 科目汇总表账务处理程序 D. 汇总记账凭证账务处理程序

5. 各种账务处理程序的基本相同点在于（　　）。
A. 填制记账凭证的依据相同
B. 登记明细账的依据和方法相同

C.登记总分类账的依据和方法相同

D.编制会计报表的依据和方法相同

6.账务处理程序应共同遵循的程序有( )。

A.期末,根据总分类账和明细分类账的记录,编制财务报表

B.期末,库存现金日记账、银行存款日记账和明细分类账的余额与有关总分类账的余额核对相符

C.根据科目汇总表登记总分类账

D.根据记账凭证,定期编制科目汇总表

7.在哪几种账务处理程序下,会计报表的编制依据是相同的。( )

A.日记总账账务处理程序　　　　B.记账凭证账务处理程序

C.科目汇总表账务处理程序　　　D.汇总记账凭证账务处理程序

三、判断题

1.科学、合理地选择适合本单位的账务处理程序有利于保证会计记录的完整性和正确性,增强会计信息的可靠性。（　）

2.账务处理程序就是记账程序。（　）

3.同一企业可以采用几种不同的账务处理程序。（　）

4.在不同的账务处理程序下,各种账务处理程序的根本区别在于财务报表编制依据不同。（　）

5.账务处理程序,又称会计核算组织程序或会计核算形式,是指会计凭证、会计账簿、财务报表相结合的方式,包括账簿组织和记账程序。（　）

6.在不同的账务处理程序中,登记总账的依据相同。（　）

7.各账务处理程序的共同之处在于会计凭证的组织相同。（　）

8.在各种不同账务处理程序下,会计报表的编制依据都是相同的。（　）

9.在各种不同的账务处理程序下,登记总分类账的依据和程序都是相同的。（　）

任务二　记账凭证账务处理程序

培养目标

1.了解记账凭证账务处理程序的概念及特点;

2.熟悉记账凭证账务处理程序的步骤;

3.理解记账凭证账务处理程序的适用范围。

要点精讲

一、记账凭证账务处理程序的特点与凭证账簿组织

记账凭证账务处理程序的特点就在于它是直接依据记账凭证逐笔登记总分类账。记账凭证账务处理程序是指对发生的经济业务事项,都要根据原始凭证或汇总原始凭证编制记账凭证,然后直接根据每一张记账凭证逐笔登记总分类账的一种账务处理程序。

【例题1·单选题】(　　)对所发生的经济业务事项,根据原始凭证或汇总原始凭证编制记账凭证,然后直接根据记账凭证逐笔登记总分类账。
A.记账凭证账务处理程序
B.汇总记账凭证账务处理程序
C.科目汇总表账务处理程序
D.日记总账账务处理程序
【答案】　A
【解析】　本题考核记账凭证账务处理程序的概念,从登记总账的依据来辨别。

二、记账凭证账务处理程序的步骤

记账凭证账务处理程序的业务流程主要由以下6个步骤组成:
(1)根据原始凭证或汇总原始凭证,编制记账凭证;
(2)根据收款凭证、付款凭证逐笔登记库存现金日记账和银行存款日记账;
(3)根据原始凭证、汇总原始凭证和记账凭证,逐笔登记各种明细分类账;
(4)根据记账凭证直接登记总分类账;
(5)期末,将库存现金日记账、银行存款日记账和明细分类账的发生额及余额与有关总分类账的余额进行核对;
(6)期末,根据核对无误的总分类账和明细分类账编制会计报表。

三、记账凭证的账务处理程序优缺点和适用范围

优点:首先,简单明了,易于理解;其次,便于查账,对账和分析。
缺点:工作量大。
适用范围:一般适用于规模小,业务量少,记账凭证数量不多的企业。
【例题2·多选题】　记账凭证账务处理程序的优点有(　　)。
A.记账程序简单明了
B.登记总分类账的工作量较大
C.能进行试算平衡,有利于保证总账登记的正确性
D.总分类账可以详细地反映经济业务的发生情况

【答案】 AD

思考练习

一、单项选择题

1. 记账凭证账务处理程序下,不能作为登记明细分类账依据的是( )。
   A. 原始凭证   B. 汇总原始凭证
   C. 记账凭证   D. 记账凭证汇总表

2. 记账凭证账务处理程序是指对发生的经济业务事项,先根据原始凭证或汇总原始凭证填制记账凭证,再直接根据( )逐笔登记总分类账的一种账务处理程序。
   A. 原始凭证   B. 原始凭证汇总表
   C. 记账凭证   D. 会计凭证

3. 下列账务处理程序中,最基本的账务处理程序是( )。
   A. 记账凭证账务处理程序   B. 汇总记账凭证账务处理程序
   C. 科目汇总表账务处理程序   D. 以上都不对

4. 下列账务处理程序中,( )适用于生产经营规模小,经济业务量较少的单位。
   A. 汇总记账凭证账务处理程序   B. 科目汇总表账务处理程序
   C. 记账凭证账务处理程序   D. 多栏式日记账账务处理程序

5. 甲公司是一家小规模企业,选用记账凭证账务处理程序记账,工作流程涉及如下环节:①根据原始凭证或汇总原始凭证填制记账凭证;②根据原始凭证或原始凭证汇总表、记账凭证登记明细账;③根据明细账和总分类账编制会计报表;④根据收款凭证、付款凭证登记现金日记账和银行存款日记账;⑤根据记账凭证登记总分类账;⑥库存现金日记账、银行存款日记账和明细分类账的余额与有关总分类账的余额核对相符。下列流程中,正确的是( )。
   A. ①②③④⑤⑥
   B. ①④②⑤⑥③
   C. ①⑤④②③⑥
   D. ⑤④①②⑥③

6. 记账凭证账务处理程序的主要缺点是( )。
   A. 登记总分类账的工作量较大
   B. 不利于会计分工
   C. 不反映各科目的对应关系
   D. 总分类账不能详细地反映经济业务的发生情况

7. 一家小型商业流通企业,主要经销家电产品,其账务处理使用记账凭证账务处理程序。则月末登记总账的依据是( )。
   A. 原始凭证   B. 原始凭证汇总表

C. 记账凭证　　　　　　　　　　D. 记账凭证汇总表
8. 直接根据记账凭证逐笔登记总分类账的账务处理程序有　　　　（　　）
A. 日记总账账务处理程序　　　　B. 多栏式日记账账务处理程序
C. 记账凭证账务处理程序　　　　D. 通用日记账账务处理程序
9. 规模较小，业务量简单，使用会计科目较少的企业一般采用　　（　　）
A. 记账凭证账务处理程序　　　　B. 科目汇总表账务处理程序
C. 日记账账务处理程序　　　　　D. 汇总记账凭证账务处理程序

二、多项选择题

1. 下列各项中，属于企业填制记账凭证依据的有（　　）。
A. 汇总记账凭证　　　　　　　　B. 科目汇总表
C. 原始凭证　　　　　　　　　　D. 汇总原始凭证
2. 以下属于记账凭证账务处理程序优点的有（　　）。
A. 简单明了，易于理解
B. 总分类账可较详细地记录经济业务发生情况
C. 便于进行会计科目的试算平衡
D. 减轻了登记总分类账的工作量
3. 记账凭证账务处理程序的优点有（　　）。
A. 记账程序简单明了
B. 便于查对和分析账目
C. 能进行试算平衡，有利于保证总账登记的正确性
D. 总分类账可以详细地反映经济业务的发生情况
4. 在记账凭证账务处理程序下，记账凭证可以采用（　　）。
A. 通用记账凭证　　　　　　　　B. 收款凭证
C. 付款凭证　　　　　　　　　　D. 转账凭证
5. 在记账凭证账务处理程序下，账簿组织一般应设置（　　）。
A. 库存现金日记账　　　　　　　B. 银行存款日记账
C. 总分类账　　　　　　　　　　D. 明细分类账

三、判断题

1. 记账凭证账务处理程序是最基本的账务处理程序，其他账务处理程序都是在此基础上发展形成的，其优点就是登记账簿的工作量小。　　　　　　　　　　（　　）
2. 记账凭证账务处理程序的特点是直接根据记账凭证逐笔登记总分类账，是基本的账务处理程序。　　　　　　　　　　　　　　　　　　　　　　　　（　　）
3. 记账凭证账务处理程序的缺点之一是登记总分类账的工作量较大。　（　　）
4. 在记账凭证账务处理程序下，其记账凭证必须采用收款凭证、付款凭证和转账凭证三种格式。　　　　　　　　　　　　　　　　　　　　　　　　　（　　）
5. 记账凭证账务处理程序是直接根据记账凭证登记总账，所以总分类账的登记工作非常简单，工作量较小。　　　　　　　　　　　　　　　　　　　　（　　）
6. 记账凭证账务处理程序的特点是直接根据每张记账凭证逐笔登记总分类账。
　　　　　　　　　　　　　　　　　　　　　　　　　　　　　　（　　）

7. 规模较小,业务量简单,使用会计科目较少的企业一般采用记账凭证账务处理程序。（   ）

8. 记账凭证账务处理程序下的账簿组织,一般应设置库存现金日记账、银行存款日记账、总分类账和明细分类账。（   ）

9. 根据记账凭证逐笔登记总分类账工作量大,因此,规模大,品种多的企业不适合用记账凭证账务处理程序。（   ）

任务三　汇总记账凭证账务处理程序

培养目标

1. 了解汇总记账凭证账务处理程序的概念及特点；
2. 熟悉汇总记账凭证账务处理程序的步骤；
3. 理解汇总记账凭证账务处理程序的适用范围。

要点精讲

一、汇总记账凭证账务处理程序的特点与账簿组织

定期编制汇总收款凭证、汇总付款凭证和汇总转账凭证,再根据汇总记账凭证登记总分类账的一种账务处理程序。其特点在于定期将记账凭证汇总编制成汇总记账凭证,并据以登记总分类账。

二、汇总记账凭证账务处理程序的步骤及编制方法

（一）汇总记账凭证账务处理程序的步骤

（1）根据原始凭证或汇总原始凭证,编制记账凭证；

（2）根据收款凭证、付款凭证逐笔登记现金日记账和银行存款日记账；

（3）根据原始凭证、汇总原始凭证和记账凭证,登记各种明细分类账；

（4）根据各种记账凭证编制有关汇总记账凭证；

（5）根据各种汇总记账凭证登记总分类账；

（6）期末,现金日记账、银行存款日记账和明细分类账的余额同有关总分类账的余额核对相符；

（7）期末,根据总分类账和明细分类账的记录,编制会计报表。

(二)汇总记账凭证账务处理程序的编制方法

1. 汇总收款凭证的编制

汇总收款凭证,是指按"库存现金"和"银行存款"账户的借方分别设置的一种汇总记账凭证。

2. 汇总付款凭证

汇总付款凭证,是指按"库存现金"和"银行存款"账户的贷方分别设置的一种汇总记账凭证。

3. 汇总转账凭证

汇总转账凭证,是指按每一贷方科目分别设置,用来汇总一定时期内转账业务的一种汇总记账凭证。

【例题1·多选题】 汇总记账凭证一般包括(　　)。

A. 汇总收款凭证

B. 汇总付款凭证

C. 科目汇总表

D. 原始凭证汇总表

【答案】 AB

【解析】 汇总记账凭证包括汇总收款凭证、汇总付款凭证、汇总转账凭证。

(三)汇总记账凭证账务处理程序的优缺点和适用范围

优点:首先,简化总分类账的登记工作;其次,收付款及转账凭证分类平衡,使记账数字不容易错误;最后,在汇总凭证和总账账页中明确反映账户对应关系,便于分析。

缺点:增加了编制汇总凭证的手续,其次,不利于分工核算。

适用范围:规模较大,交易或事项较多,会计工作明细分工的企业。

【例题2·单选题】 汇总记账凭证账务处理程序的缺点在于(　　)。

A. 不利于会计核算的日常分工

B. 减少了登记总分类账的工作量

C. 不能保持科目之间的对应关系

D. 便于查对和分析账目

【答案】 A

【解析】 本题考核汇总记账凭证账务处理程序的优缺点。

【例题3·多选题】 汇总记账凭证账务处理程序的特点主要表现在(　　)。

A. 记账凭证可以采用一种通用的格式,即通用记账凭证

B. 定期将全部记账凭证按收、付款凭证和转账凭证分别归类编制成汇总记账凭证

C. 根据汇总记账凭证登记总账

D. 根据原始凭证或汇总原始凭证编制记账凭证

【答案】 BC

【解析】 考核汇总记账凭证账务处理程序的一般步骤,汇总记账凭证账务处理程序概念及一般步骤。

思考练习

一、单项选择题

1. 下列各项中,(　　)不属于汇总记账凭证账务处理程序步骤。
   A. 根据原始凭证编制汇总原始凭证
   B. 根据各种记账凭证编制有关汇总记账凭证
   C. 根据各种汇总记账凭证登记总分类账
   D. 根据各种记账凭证编制科目汇总表

2. 汇总收款凭证是按科目的(　　)进行设置的。
   A. 借方   B. 贷方
   C. 借方或贷方   D. 借方和贷方

3. 规模较大,经济业务量较多的单位适用的账务处理程序是(　　)。
   A. 记账凭证账务处理程序
   B. 汇总记账凭证账务处理程序
   C. 多栏式日记账账务处理程序
   D. 日记账账务处理程序

4. 在汇总记账凭证账务处理中,登记总账的直接依据是(　　)。
   A. 付款凭证   B. 汇总记账凭证
   C. 记账凭证   D. 收款凭证

5. 根据原始凭证或汇总原始凭证编制记账凭证,定期根据记账凭证分类编制汇总收款凭证、汇总付款凭证和汇总转账凭证,再根据汇总记账凭证登记总分类账。下列各项中,(　　)属于这种账务处理程序。
   A. 记账凭证账务处理程序
   B. 汇总记账凭证账务处理程序
   C. 科目汇总表账务处理程序
   D. 不存在这种账务处理程序

6. 在汇总记账凭证账务处理程序下,汇总转账凭证应当按科目进行设置,设置方向为(　　)。
   A. 借方   B. 贷方
   C. 增加   D. 减少

7. 下列各项中,属于汇总记账凭证账务处理程序缺点的是(　　)。
   A. 当转账凭证较多时,编制汇总转账凭证的工作量大
   B. 编制汇总记账凭证的程序比较烦琐
   C. 总分类账中无法清晰地反映科目之间的对应关系
   D. 登记总分类的工作量较大

8. 下列各项中,( )属于既能汇总登记总分类账,减轻总账登记工作,又能明确反映账户对应关系,便于查账、对账的账务处理程序。

A. 科目汇总表账务处理程序

B. 汇总记账凭证账务处理程序

C. 多栏式日记账账务处理程序

D. 日记账账务处理程序

9. 汇总记账凭证账务处理程序的特点是根据汇总记账凭证逐笔登记( )。

A. 日记账和明细分类账

B. 总分类账和明细分类账

C. 总分类账

D. 明细分类账

10. 汇总转账凭证的借方科目不可能有( )。

A. 应付账款或预付账款

B. 固定资产或无形资产

C. 库存现金或银行存款

D. 生产成本或制造费用

二、多项选择题

1. 下列说法中正确的有( )。

A. 汇总记账凭证分为汇总收款凭证、汇总付款凭证和汇总转账凭证

B. 汇总记账凭证是按每个科目设置,并按设置科目一方的对应科目进行汇总

C. 汇总记账凭证账务处理程序是根据汇总记账凭证登记总分类账

D. 汇总记账凭证账务处理程序适用于规模较大,经济业务较多的单位

2. 以记账凭证为依据,按有关账户的贷方设置,按借方账户归类的有( )。

A. 汇总收款凭证   B. 汇总转账凭证

C. 汇总付款凭证   D. 科目汇总表

3. 汇总记账凭证一般分为( )。

A. 汇总收款凭证   B. 汇总付款凭证

C. 原始凭证汇总表   D. 汇总转账凭证

4. 下列各项中,( )不属于汇总记账凭证账务处理程序缺点。

A. 总分类账中无法清晰地反映科目之间的对应关系

B. 登记总分类账的工作量较大

C. 编制汇总记账凭证的程序比较繁琐

D. 当转账凭证较多时,编制汇总转账凭证的工作量较大

5. 对于汇总记账凭证账务处理程序下,下列说法错误的有( )。

A. 登记总账的工作量大

B. 不能体现账户之间的对应关系

C. 明细账与总账无法核对

D. 当转账凭证较多时,汇总转账凭证的编制工作量较大

6. 下列各项属于汇总记账凭证账务处理程序缺点的有(　　)。
A. 当转账凭证较多时,编制汇总转账凭证的工作量大
B. 根据汇总记账凭证登记总分类账
C. 总分类账中无法清晰地反映科目之间的对应关系
D. 不利于会计工作的日常分工

7. 汇总记账凭证账务处理程序表述正确的是(　　)。
A. 汇总记账凭证账务处理程序和科目汇总表账务处理程序都减少了登记总账的工作量
B. 汇总收款凭证是按贷方科目设置,按借方科目归类,定期汇总,按月编制的
C. 汇总转账凭证是按每一贷方科目分别设置的记账凭证
D. 登记总分类账时,根据汇总收款凭证贷方的合计数,计入"库存现金"或者"银行存款"总分类账户的借方,根据汇总收款凭证各借方科目的合计数分别计入有关总分类账户的贷方

8. 汇总记账凭证账务处理程序的优点是(　　)。
A. 便于会计核算的日常分工　　B. 便于了解账户之间的对应关系
C. 减轻了登记总分类账的工作量　　D. 便于试算平衡

9. 汇总记账凭证包括(　　)。
A. 汇总收款凭证　　B. 汇总付款凭证
C. 汇总转账凭证　　D. 汇总原始凭证

10. 汇总转账凭证的借方科目可能有(　　)。
A. 应付账款或预付账款　　B. 固定资产或无形资产
C. 库存现金或银行存款　　D. 生产成本或制造费用

三、判断题

1. 汇总记账凭证账务处理程序是直接根据记账凭证逐笔登记总分类账的一种账务处理程序。(　　)

2. 汇总记账凭证账务处理程序的缺点之一是按每一贷方科目编制汇总转账凭证,不利于会计核算的日常分工。(　　)

3. 在汇总记账凭证账务处理程序中,登记总分类账时,应根据汇总付款凭证的合计数,记入"库存现金"或者"银行存款"总分类账户的借方,根据汇总付款凭证各贷方科目的合计数分别计入有关总分类账户的贷方。(　　)

4. 汇总收款凭证是按贷方科目设置,按借方科目归类,定期汇总编制的。(　　)

5. 汇总记账凭证账务处理程序的优点之一是按每一贷方科目编制汇总转账凭证,有利于会计核算的日常分工。(　　)

6. 汇总记账凭证账务处理程序和科目汇总表账务处理程序的根本区别在于汇总记账凭证和科目汇总表的编制方法不同(　　)。

7. 汇总记账凭证是按照每个会计科目设置,并汇总出每一个会计科目的借方本期余额和贷方本期余额。(　　)

8. 在汇总记账凭证账务处理程序中,即使在月份内某一贷方科目的转账凭证不多,

也必须编制汇总转账凭证,根据汇总转账凭证登记总分类账。 (　)

9.为了便于编制汇总转账凭证,要求所有的转账凭证也应按一个贷方科目与一个或几个借方科目的对应关系来填制,不应填制一个借方科目与几个贷方科目相对应的转账凭证。 (　)

10.采用汇总记账凭证账务处理程序增加了一道填制汇总记账凭证的工作程序,增加了总分类账的登记工作量。 (　)

11.汇总记账凭证账务处理程序适用于各种类型的单位。 (　)

任务四　科目汇总表账务处理程序

培养目标

1. 了解科目汇总表账务处理程序的概念及特点;
2. 熟悉科目汇总表账务处理程序的步骤;
3. 理解科目汇总表账务处理程序的适用范围。

要点精讲

一、科目汇总表账务处理程序的特点与凭证账簿组织

是企业通常定期对全部记账凭证进行汇总后,按照不同的会计科目分别列示各账户借方发生额和贷方发生额的一种汇总凭证。其特点就是定期根据记账凭证编制科目汇总表,即记账凭证汇总表,然后再根据科目汇总表汇总登记总分类账。

二、科目汇总表账务处理程序的步骤及方法

(一)科目汇总表账务处理程序的步骤

科目汇总表账务处理程序的业务流程主要由以下7个步骤组成:
(1)根据原始凭证或汇总原始凭证,编制记账凭证;
(2)根据收款凭证、付款凭证逐笔登记现金日记账和银行存款日记账;
(3)根据原始凭证、汇总原始凭证和记账凭证,登记各种明细分类账;
(4)根据各种记账凭证编制科目汇总表;
(5)根据科目汇总表登记总分类账;
(6)期末,现金日记账、银行存款日记账和明细分类账的余额同有关总分类账的余额核对相符;
(7)期末,根据总分类账和明细分类账的记录,编制会计报表。

【例题1·多选题】 下列各项中,属于科目汇总表账务处理程序一般程序的有( )。

A. 根据原始凭证编制汇总原始凭证
B. 根据收款凭证、付款凭证逐笔登记现金日记账和银行存款日记账
C. 根据原始凭证、汇总原始凭证和记账凭证,登记各种明细分类账
D. 根据各种记账凭证编制科目汇总表

【答案】 ABCD
【解析】 本题考核科目汇总表账务处理程序的一般步骤。

(二)科目汇总表账务处理程序的编制方法

将一定时期内的全部记账凭证按照相同科目归类,汇总计算出每一总账科目的本期借方发生额和贷方发生额合计数,填入表内,全部科目的借方发生额合计数应与贷方发生额合计数相等。

【例题2·单选题】 在科目汇总表账务处理程序下,一般应采用( )记账凭证。

A. 一借多贷
B. 多借多贷
C. 一借一贷
D. 一贷多借

【答案】 C
【解析】 在科目汇总表账务处理程序下,由于需要按照科目汇总记账凭证,为了便于相同科目的归类和汇总,一般应采用一借一贷的记账凭证。

三、科目汇总表账务处理程序的优缺点和适用范围

优点:首先,减少了工作量;其次,可以进行试算平衡;最后,简明易懂,方便易学。

缺点:科目汇总表无法反映账户之间的对应关系和经济业务之间的来龙去脉,不便于对经济业务进行检查和分析。

适用范围:适用于规模较大,业务量较多的大中型企业。

【例题3·多选题】 科目汇总表账务处理程序的优点是( )。

A. 大大减轻登记总账的工作量
B. 总账能反映账户之间的对应关系
C. 总账能详细记录经济业务的发生情况
D. 可以对发生额试算平衡,及时发现错误

【答案】 AD
【解析】 本题考核科目汇总表的账务处理程序的优点:大大减轻登记总账的工作量;可以对发生额试算平衡,及时发现错误。

思考练习

一、单项选择题

1. (　　)不能反映各科目的对应关系,不便于分析和检查经济业务的来龙去脉,不便于查对账目。
   A. 记账凭证账务处理程序
   B. 汇总记账凭证账务处理程序
   C. 日记账账务处理程序
   D. 科目汇总表账务处理程序

2. 科目汇总表的汇总范围是(　　)。
   A. 全部科目的借、贷方发生额和余额
   B. 全部科目的借、贷方余额
   C. 全部科目的借、贷方发生额
   D. 汇总收款凭证、汇总付款凭证、汇总转账凭证的合计数

3. 以下项目中,属于科目汇总表账务处理程序缺点的是(　　)。
   A. 不便于理解
   B. 增加了登记总分类账的工作量
   C. 不便于检查核对账目
   D. 不便于进行试算平衡

4. 汇总记账凭证账务处理程序和科目汇总表账务处理程序的主要不同点是(　　)。
   A. 登记日记账的依据不同
   B. 编制记账凭证的依据不同
   C. 登记总分类账的依据不同
   D. 编制汇总记账凭证的依据不同

5. 在各种不同账务处理程序中,不能作为登记总账依据的是(　　)。
   A. 记账凭证　　　　　　　　B. 汇总记账凭证
   C. 汇总原始凭证　　　　　　D. 科目汇总表

6. 下列各项中,(　　)不属于科目汇总表账务处理程序步骤。
   A. 根据原始凭证、汇总原始凭证和记账凭证,登记各种明细分类账
   B. 根据各种记账凭证编制汇总记账凭证
   C. 根据科目汇总表登记总分类账
   D. 期末根据总分类账和明细分类账的记录,编制会计报表

7. 根据科目汇总表登记总分类账,在能够进行发生额试算平衡的同时也起到了(　　)的作用。
   A. 简化报表的编制

B. 简化明细分类账工作

C. 清晰反映科目之间的对应关系

D. 简化登记总分类账工作

8. 科目汇总表是依据(　　)编制的。

A. 记账凭证　　　　　　　　B. 原始凭证

C. 原始凭证汇总表　　　　　D. 各种总账

9. 科目汇总表账务处理程序与汇总记账凭证财务处理程序的共同优点是(　　)。

A. 反映科目之间的对应关系,便于分析查对账目

B. 减轻了总分类账登记的工作量

C. 进行试算平衡

D. 总分类账可以较详细地反映经济业务的发生情况

10. 以下关于科目汇总表账务处理程序的描述中,错误的是(　　)。

A. 根据科目汇总表登记总分类账

B. 不能反映账户间的对应关系

C. 能反映各账户一定时期内的借方发生额和贷方发生额,进行试算平衡

D. 由于科目汇总表的编制手续复杂,所以只适用于小规模、业务少的企业

11. 在科目汇总表核算形式下,记账凭证不可以用来(　　)。

A. 登记库存现金日记账

B. 登记总分类账

C. 登记明细分类账

D. 编制科目汇总表

12. 下列各项中,(　　)属于科目汇总表账务处理程序与汇总记账凭证账务处理程序共同优点。

A. 保持科目之间的对应关系

B. 简化总分类账登记工作

C. 进行所有科目余额的试算平衡

D. 可以详细反映经济业务的发生情况

二、多项选择题

1. 下列关于科目汇总表账务处理程序与汇总记账凭证账务处理程序共同之处的表述中,正确的有(　　)。

A. 都适用于规模较大,业务量较多的企业

B. 可以减少总分类账登记工作量

C. 可以保持会计科目之间对应关系

D. 可以进行发生额试算平衡

2. 以下关于科目汇总表账务处理程序的优缺点与适用范围的表述,正确的有(　　)。

A. 将记账凭证通过科目汇总表汇总后登记总分类账,大大减轻了登记总账的工作量

B. 通过编制科目汇总表,可以对发生额进行试算平衡,从而及时发现错误,保证记账

工作质量

C.科目汇总表能反映账户之间的对应关系,有利于根据账簿记录检查和分析交易或事项的来龙去脉,便于查对账目

D.适用于业务量多的大、中型企业

3.在科目汇总表账务处理程序下,月末应将(　　)与总分类账进行核对。

A.现金日记账　　　　　　　　B.明细分类账

C.银行存款日记账　　　　　　D.备查账

4.下列各项中,(　　)属于记账凭证。

A.转账凭证　　　　　　　　　B.收款凭证

C.科目汇总表　　　　　　　　D.汇总记账凭证

5.下列有关科目汇总表账务处理程序的表述中,正确的有(　　)。

A.减少了登记总分类账的工作量

B.可做到试算平衡

C.不能反映账户之间的对应关系,不便于查核账目

D.是最简单的账务处理程序

6.科目汇总表账务处理程序下不需要编制(　　)。

A.科目汇总表　　　　　　　　B.汇总收款凭证

C.汇总付款凭证　　　　　　　D.记账凭证

7.下列各项中,(　　)能够通过科目汇总表反映。

A.各个会计科目借方本期发生额

B.各个会计科目贷方本期发生额

C.各个会计科目借方本期余额

D.各个会计科目贷方本期余额

8.下列表述,适合于科目汇总表账务处理程序的是(　　)。

A.大大减少了登记总账的工作量

B.不能反映各个账户之间的对应关系,不利于对账目进行检查

C.层次分明、简单明了、手续简便、容易掌握

D.适用于规模较小、业务量较少、记账凭证不多的单位

9.各种账务处理程序的相同之处是(　　)。

A.根据原始凭证编制汇总原始凭证

B.根据原始凭证、汇总原始凭证和记账凭证,登记各种明细分类账

C.根据收款凭证和付款凭证登记现金、银行存款日记账

D.根据总账和明细账编制财务报表

三、判断题

1.科目汇总表账务处理程序是会计核算中最基本的账务处理程序,其他账务处理程序都是在这种账务处理程序的基础上发展,演变形成的。(　　)

2.科目汇总表账务处理程序的优点之一是编制汇总记账凭证的程序比较简单。
(　　)

3. 科目汇总表账务处理程序的缺点之一是科目汇总表不反映各科目的对应关系。
（　　）

4. 科目汇总表只反映各个会计科目的本期借方发生额和本期贷方发生额，不反映各个会计科目的对应关系。（　　）

5. 在不同的账务处理程序下，财务报表的编制依据不同。（　　）

6. 科目汇总表账务处理程序的优点之一是具有试算平衡的作用，有利于保证总账登记的正确性。（　　）

7. 记账凭证账务处理程序，汇总记账凭证账务处理程序和科目汇总表账务处理程序的一般步骤中都包括根据记账凭证编制科目汇总表。（　　）

8. 汇总记账凭证账务处理程序的优点之一是编制汇总记账凭证的程序比较简单。
（　　）

项目十 财务报表

任务一 财务报表概述

培养目标

1. 了解财务报表的概念和种类；
2. 理解财务报表编制的原理和要求。

要点精讲

一、财务报表的概念

财务报表是对企业财务状况、经营成果和现金流量的结构性表述。财务会计报表至少包括以下几层含义：

（1）财务会计报表应当综合反映企业的生产经营状况，包括某一时点的财务状况和某一时期的经营成果与现金流量等信息，以勾画出企业的整体和全貌；

（2）财务会计报表必须形成一个系统的文件，不应是零星的或者不完整的信息。

财务报表至少应当包括下列组成部分：①资产负债表；②利润表；③现金流量表；④所有者权益变动表；⑤附注。

【提示1】 企业的净利润及其分配情况是所有者权益变动的组成部分，相关信息已经在所有者权益变动表及其附注中反映，企业不需要再单独编制利润分配表。

【提示2】 附注是财务报表不可或缺的组成部分，是对在资产负债表、利润表、现金流量表和所有者权益变动表等报表中列示项目的文字描述或明细资料，以及对未能在这些报表中列示项目的说明等。

二、财务报表的分类

(一)按照所反映的经济内容分类

按所反映的经济内容分类,财务报表可分为静态财务报表和动态财务报表。静态财务报表是指综合反映企业在某一特定时点资产、负债和所有者权益状况的会计报表,如资产负债表;动态财务报表是指综合反映企业一定时期经营成果、现金流量或者所有者权益变动的报表,如利润表、现金流量表和所有者权益变动表。

(二)按照编报期间分类

按编制的时间分类,财务报表可分为年度财务报表和中期财务报表。年度财务报表,是指以一个完整的会计年度(自公历1月1日起至12月31日止)为基础编制的财务报表。年度财务会计报表一般包括资产负债表、利润表、现金流量表、所有者权益变动表和附注等内容。"中期"是指短于一个完整的会计年度的报告期间,它可以是一个月、一个季度或者半年,也可以是其他短于一个会计年度的期间。中期财务会计报表必须包括资产负债表、利润表、现金流量表和附注。

(三)按照编报主体分类

按编报的主体分类,财务报表可分为个别财务报表和合并财务报表。个别财务报表,是由企业在自身会计核算基础上对账簿记录进行加工而编制的财务报表,它主要用以反映企业自身的财务状况、经营成果和现金流量情况。合并财务报表,是以母公司和子公司组成的企业集团为会计主体,根据母公司和所属子公司的财务报表,由母公司编制的综合反映企业集团财务状况、经营成果及现金流量的财务报表。

(四)按照报送对象分类

按照报送对象分类,财务报表可分为外部财务报表和内部财务报表。外部财务报表定期对外提供和发布,有统一的报表格式、指标体系和编制时间。如资产负债表、利润表、现金流量表、所有者权益变动表。内部财务报表是为了满足企业内部经营管理需要而定期报送给企业内部管理者的报表,没有统一的格式和指标体系,如成本报表等。

三、财务报表的基本要求

(1)以持续经营为基础编制;
(2)权责发生制原则;
(3)财务报表列报期间;
(4)项目列报重要性原则
(5)财务报表项目列报的一致性原则;
(6)各项目之间的金额不得相互抵销;
(7)信息列报的可比性原则;
(8)财务报表表首列报要求。

四、财务会计报表编制前的准备工作

在编制财务会计报表前,需要完成下列工作:
(1)严格审核会计账簿的记录和有关资料;
(2)进行全面财产清查、核实债务,发现有关问题,应及时查明原因,并按规定程序报批,进行相应的会计处理;
(3)按规定的结账日进行结账,结出有关会计账簿的余额和发生额,并核对各会计账簿之间的余额;
(4)检查相关的会计核算是否按照国家统一的会计制度的规定进行;
(5)检查是否存在因会计差错、会计政策变更等原因需要调整前期或本期相关项目的情况等。

思考练习

一、单项选择题

1. 以"资产=负债+所有者权益"这一会计等式作为编制依据的财务报表是(   )。
   A. 利润表   B. 所有者权益变动表
   C. 资产负债表   D. 现金流量表

2. 中期账务报表可以不提供的报表是(   )。
   A. 资产负债表   B. 利润表
   C. 所有者权益变动表   D. 现金流量表

3. 企业应当以(   )为基础,根据实际发生的交易和事项,按照相关会计准则的规定进行确认和计量,在此基础上编制财务报表。
   A. 会计主体   B. 持续经营
   C. 会计分期   D. 重要性原则

4. 利润表是反映企业在(   )的会计报表。
   A. 特定日期财务状况   B. 一定日期财务状况
   C. 特定日期经营成果   D. 一定日期经营成果

5. 下列各项中,属于企业对外提供的反映企业某一特定日期财务状况和某一会计期间经营成果、现金流量情况的书面文件是(   )。
   A. 资产负债表   B. 利润表
   C. 报表附注   D. 财务报表

6. 在下列各项会计报表中,属于反映企业经营成果的报表是(   )
   A. 资产负债表   B. 利润表
   C. 报表附注   D. 财务报表

7. 会计报表中项目的数字的直接来源有(　　)。
A. 原始凭证　　　　　　　　B. 记账凭证
C. 日记账　　　　　　　　　D. 账簿记录

8. 下列不属于保持各个会计期间财务报表项目列报的一致性的基本要求的是(　　)。
A. 财务报表项目的列报应当在各个会计期间保持一致,不得随意变更
B. 目的是向报表使用者提供对比数据,提高信息在会计期间的可比性,以反映企业财务状况、经营成果和现金流量的发展趋势,提高报表使用者的判断与决策能力
C. 此项基本要求不仅针对财务报表中的项目名称,还包括财务报表项目的分类、排列顺序等方面
D. 企业经营业务的性质发生重大变化或对企业经营影响较大的交易或事项发生后,变更财务报表项目的列报能够提供更可靠、更相关的会计信息

9. 关于财务报表编制前的准备工作,说法正确的是(　　)。
A. 编制报表前,进行局部财产清查、核实债务,并按规定程序报批,进行相应的会计处理
B. 为了尽快编制财务报表,可以将结账日提前
C. 编制报表前,检查相关的会计核算是否按照国家统一的会计制度的规定进行
D. 遵守重要性原则

10. 下列有关财务报表的表述中,不正确的是(　　)。
A. 财务报表是指企业对外提供的反映企业某一特定日期财务状况和某一会计期间经营成果、现金流量等会计信息的文件
B. 财务报表按编报期间不同分为年度财务报表和中期财务报表
C. 附注是财务报表的重要组成部分
D. 中期资产负债表、利润表和现金流量表的格式和内容可以与年度报表不一致

任务二　资产负债表

培养目标

1. 明确资产负债表的基本结构和内容;
2. 掌握资产负债表的编制方法。

要点精讲

一、资产负债表的概念和意义

资产负债表属于静态报表,是反映企业在某一特定日期的财务状况的会计报表。资

产负债表主要提供有关企业财务状况方面的信息,即某一特定日期关于企业资产、负债、所有者权益及其相互关系,从而有助于使用者评价企业资产的质量以及短期偿债能力、长期偿债能力和利润分配能力等。

二、资产负债表的格式

资产负债表正表的列报格式一般有两种:报告式资产负债表和账户式资产负债表。根据我国财务报表列报准则的规定,资产负债表采用账户式的列报格式,即左侧列报资产,一般按资产的流动性大小排列;右侧列报负债和所有者权益,一般按要求清偿时间的先后顺序排列。企业需要提供比较资产负债表,以便报表使用者通过比较不同时点资产负债表的数据,掌握企业财务状况的变动情况及发展趋势,所以,资产负债表还将各个项目再分为"年初余额"和"期末余额"两栏分别填列。

三、资产负债表编制的基本方法

资产负债表的"年初余额"栏内的各项数字,应根据上年末资产负债表"期末余额"栏内所列数字填列。如果本年度资产负债表规定的各个项目的名称和内容与上年度不一致,则应对上年末资产负债表各项目的名称和数字按照本年度的规定进行调整,填入本表"年初余额"栏内。

资产负债表的"期末余额"栏内的各项数字,应以总分类账或有关明细分类账的期末余额为依据填列。有的项目可以直接填列,但也有一些项目不能直接填列,而需要对有关账户资料进行加工、调整计算后填列。具体填列方法主要有以下几种。

(一)根据总账账户的余额直接填列

一般情况下,资产类项目直接根据其总账科目的借方余额填列,负债类及所有者权益类项目直接根据其总账科目的贷方余额填列。

需要注意的是,某些项目,如"应交税费""应付职工薪酬"等项目,是根据其总账账户的贷方期末余额直接填列的,但如果这些账户期末余额在借方,则以"-"号填列。

(二)根据总账账户的余额计算填列

例如:"货币资金"项目需根据"库存现金""银行存款""其他货币资金"三个总账账户余额的合计数填列;"其他非流动资产""其他流动资产"项目应根据有关账户的期末余额分析填列。

(三)根据明细账账户的余额计算填列

例如:"应付账款"项目,应根据"应付账款"和"预付账款"两个科目所属的相关明细科目的期末贷方余额合计数填列;"预收款项"项目,应根据"预收账款"和"应收账款"科目所属各明细科目的期末贷方余额合计数填列;"一年内到期的非流动资产""一年内到期的非流动负债"项目,应根据有关非流动资产或负债科目的明细科目余额分析填列;"长期借款""应付债券"项目,应分别根据"长期借款""应付债券"科目的明细科目余额分析填列；年报中的"未分配利润"项目所属的"未分配利润"明细科目期末余额填列。

★根据明细账科目余额计算填列

（1）"应付账款"＝"应付账款"明细期末贷方余额＋"预付账款"明细期末贷方余额

（2）"应收账款"＝"应收账款"明细期末借方余额＋"预收账款"明细期末借方余额－"坏账准备"

（3）"预收款项"＝"预收账款"明细期末贷方余额＋"应收账款"明细期末贷方余额

（4）"预付款项"＝"预付账款"明细期末借方余额＋"应付账款"明细期末借方余额（如有坏账准备要减去相应的坏账准备）

（四）根据总账账户余额和明细账余额计算填列

例如："长期借款"项目，应根据"长期借款"总账科目余额扣除"长期借款"科目所属的明细科目中将在资产负债表日起一年内到期且企业不能自主地将清偿义务展期的长期借款后的金额计算填列，"长期借款"总账科目所属的明细科目中反映的将一年内（含一年）到期（或偿还）的计入"一年内到期的非流动负债"项目。

★根据总账科目和明细账科目余额分析计算填列方法

（1）"长期借款"＝"长期借款"总账科目余额－"长期借款"科目所属的明细科目中"一年内到期的金额"

（2）"长期待摊费用"＝"长期待摊费用"总账科目余额－"一年内摊销的数额"

★根据有关科目余额减去其备抵科目余额后的净额填列方法

"固定资产"＝"固定资产"－"累计折旧"－"固定资产减值准备"

"无形资产"＝"无形资产"－"累计摊销"－"无形资产减值准备"

（五）综合运用上述填列方法分析填列

例如："应收票据""应收利息""应收股利""其他应收款"项目，应根据有关科目的期末余额，减去"坏账准备"科目中有关坏账准备期末余额后的金额填列；"应收账款"项目，应根据"应收账款""预收账款"和"应付账款"科目所属各明细的期末借方余额合计数，减去"坏账准备"科目中有关预付款项计提的坏账准备期末余额后的金额填列；"存货"项目，应根据"材料采购""原材料""发出商品""库存商品""周转材料""委托加工物资""存货跌价准备"等科目期末余额后的金额填列，材料采用计划成本核算以及库存商品采用计划成本核算或售价核算的企业，还应按加减材料成本差异、商品进销差价后的金额填列。

"存货"＝"原材料"＋"库存商品"＋"委托加工物资"＋"周转材料"＋"材料采购"＋"在途物资"＋"发出商品"＋"材料成本差异"（借方为加，贷方为减）－"存货跌价准备"

（六）资产负债表附注内容根据实际需要和有关备查账簿等记录填列

资产负债表附注的内容，根据实际需要和有关备查账簿等的记录分析填列。

【例题1·单选题】 下列各项资产负债表项目中，期末余额应根据总账科目余额直接填列的是（　　）。

A．在建工程
B．应付票据

C. 长期借款

D. 应收账款

【答案】 B

【解析】 "在建工程"和"应收账款"项目根据有关科目余额减去其备抵科目余额后的净额填列,选项 AD 不正确;长期借款项目根据总账科目和明细账科目余额分析计算填列,选项 C 不正确;应付票据根据总账科目余额填列,选项 B 正确。

【例题2·单选题】 下列各项中,关于资产负债表"预收款项"项目填列方法表述正确的是(   )。

A. 根据"预收账款"科目的期末余额填列

B. 根据"预收账款"和"应收账款"科目所属各明细科目的期末贷方余额合计数填列

C. 根据"预收账款"和"预付账款"科目所属各明细科目的期末借方余额合计数填列

D. 根据"预收账款"和"应付账款"科目所属各明细科目的期末贷方余额合计数填列

【答案】 B

【解析】 "预收款项"项目根据"预收账款"和"应收账款"科目所属各明细科目的期末贷方余额合计数填列。

【例题3·多选题】 下列各项中,应在资产负债表"应收账款"项目列示的有(   )。

A. "预付账款"科目所属明细科目的借方余额

B. "应收账款"科目所属明细科目的借方余额

C. "应收账款"科目所属明细科目的贷方余额

D. "预收账款"科目所属明细科目的借方余额

【答案】 BD

【解析】 本题考核资产负债表应收账款项目的填列。应收账款项目=应收账款所属明细科目的期末借方余额+预收账款所属明细科目的期末借方余额−与应收账款有关的坏账准备的金额。所以选项 BD 正确。

【例题4·单选题】 某企业2014年4月1日从银行借入期限为3年的长期借款1 000万元,编制2016年12月31日资产负债表时,此项借款应填入的报表项目是(   )。

A. 短期借款

B. 长期借款

C. 其他长期负债

D. 一年内到期的非流动负债

【答案】 D

【解析】 2014年4月1日从银行借入期限为3年的长期借款,该项借款到2017年12月31日还有3个月的时间就要到期,则该项借款应填入资产负债表中的"一年内到期的非流动负债"项目中。

【例题5·多选题】 资产负债表中,根据总账科目减去备抵科目差额填列的是(   )。

A. 交易性金融资产   B. 无形资产

C. 固定资产   D. 长期股权投资

【答案】 BCD

【解析】 选项A,交易性金融资产应该直接根据总账科目余额填列,交易性金融资产不计提减值准备,没有备抵科目。

【例题6·单选题】 某企业2016年12月31日"固定资产"科目余额为1 000万元,"累计折旧"科目余额为300万元,"固定资产减值准备"科目余额为50万元。该企业2016年12月31日资产负债表"固定资产"的项目金额为( )万元。

A.650　　　　　　　　　　B.700
C.950　　　　　　　　　　D.1 000

【答案】 A

【解析】 固定资产项目金额="固定资产"－"累计折旧"－"固定资产减值准备"＝1 000－300－50＝650(万元)。

【例题7·多选题】 资产负债表下列各项目中,应根据有关科目余额减去备抵科目余额后的净额填列的有( )。

A.存货　　　　　　　　　　B.无形资产
C.应收账款　　　　　　　　D.长期股权投资

【答案】 ABCD

【解析】 这四个项目都有备抵科目,因此都应该根据总账科目的余额减去备抵科目的余额后的净额填列到资产负债表中。

【例题8·单选题】 下列各科目的期末余额,不应在资产负债表"存货"项目列示的是( )。

A.库存商品　　　　　　　　B.生产成本
C.工程物资　　　　　　　　D.委托加工物资

【答案】 C

【解析】 工程物资应该单独列示,而不计入存货项目。

【例题9·单选题】 某企业期末"工程物资"科目的余额为100万元,"发出商品"科目的余额为80万元,"原材料"科目的余额为100万元,"材料成本差异"科目的贷方余额为10万元,"存货跌价准备"科目的贷方余额为5万元。假定不考虑其他因素,该企业资产负债表中"存货"项目的金额为( )万元。

A.170　　　　　　　　　　B.165
C.265　　　　　　　　　　D.275

【答案】 B

【解析】 资产负债表中"存货"项目的金额＝80＋100－10－5＝165(万元)。工程物资在资产负债表中单独列示,不计入存货项目。

【例题10·多选题】 下列会计科目中,其期末余额应列入资产负债表"存货"项目的有( )。

A.库存商品　　　　　　　　B.材料成本差异
C.生产成本　　　　　　　　D.委托加工物资

【答案】 ABCD

思考练习

一、单项选择题

1. 依照我国《企业会计准则》的要求,资产负债表采用的格式为( )。
   A. 报告式   B. 混合式
   C. 账户式   D. 多步报告式

2. 下列资产项目中,属于非流动资产项目的是( )。
   A. 应收票据   B. 交易性金融资产
   C. 长期待摊费用   D. 存货

3. 下列关于资产流动性的表述中,正确的是( )。
   A. 交易性金融资产的流动性强于银行存款
   B. 固定资产的流动性强于银行存款
   C. 应收账款的流动性强于交易性金融资产
   D. 库存现金的流动性强于固定资产

4. 资产负债表中各负债项目排列顺序的依据是( )。
   A. 重要性   B. 项目的金额大小
   C. 项目流动性的强弱程度 D. 清偿债务的先后顺序

5. 企业持有一年内到期的持有至到期投资应在资产负债表的( )项目列示。
   A. 其他非流动资产
   B. 持有至到期投资
   C. 流动资产类下单设"一年内到期的非流动资产"
   D. 交易性金融资产

6. 资产负债表中"应收票据"项目是根据( )填列。
   A. 总账账户的余额直接填列
   B. 总账账户的余额减去其备抵科目余额后的净额填列
   C. 明细账的余额计算填列
   D. 总账余额和明细账余额计算填列

7. 编制资产负债表时,根据明细账户的余额计算填列的项目是( )。
   A. 货币资金   B. 应付账款
   C. 存货   D. 应付票据

8. "预付账款"科目所属明细科目如有贷方余额,应在资产负债表( )项目中反映。
   A. 预付款项   B. 预收账款
   C. 应收账款   D. 应付账款

9. 资产负债表中的各报表项目( )。
   A. 都按有关账户期末余额直接填列

B.必须对账户发生额和余额进行分析计算才能填列
C.应根据有关账户的发生额填列
D.有的项目可以直接根据账户期末余额填列,有的项目需要根据有关账户期末余额计算分析填列

10.某公司"应收账款"总分类科目下设"A公司"和"B公司"两个明细科目。2016年12月末,"A公司"明细科目为借方余额500 000元,"B公司"明细科目为贷方余额100 000元,则资产负债表中"应收账款"项目为( )元。

A.借方余额500 000　　　　　　B.贷方余额100 000
C.借方余额400 000　　　　　　D.贷方余额600 000

11.某企业期末"应付账款"账户为贷方余额26万元,其所属明细账户的贷方余额合计为33万元,所属明细账户的借方余额合计为7万元;"预付账款"账户为借方余额15万元,其所属明细账户的借方余额合计为20万元,所属明细账户的贷方余额合计为5万元。则该企业资产负债表中"应付账款"和"预付账款"两个项目的期末数分别应为( )万元。

A.38和27　　　　　　　　　　B.33和20
C.53和12　　　　　　　　　　D.26和15

二、实务操作题

金地公司2016年12月31日总分类账户及明细账户的期末余额如下:

总分类账户余额

单位:元

总分类账户名称	借方余额	贷方余额
库存现金	1 895	
银行存款	129 800	
应收账款	4 000	
坏账准备		200
原材料	72 500	
库存商品	62 000	
生产成本	18 000	
固定资产	358 700	
累计折旧		24 700
无形资产	20 000	
累计摊销		3 500
预收账款		8 500
短期借款		27 500
应付账款		23 000
预付账款	5 000	

总分类账户名称	借方余额	贷方余额
长期借款		200 000
实收资本		350 000
盈余公积		18 095
利润分配		16 400
合计	671 895	671 895
账户名称	余额方向	金额
应收账款	借	4 000
——A公司	借	5 500
——奇盛公司	贷	1 500
预收账款	贷	8 500
——C公司	贷	10 000
——D公司	借	1 500
预付账款	借	5 000
——E公司	借	6 200
——F公司	贷	1 200
应付账款	贷	23 000
——G公司	贷	23 000

补充资料：长期借款中将于一年内到期归还的长期借款为 60 000 元。

要求：根据上述资料，计算金地公司 2016 年 12 月 31 日资产负债表的下列项目金额：

(1) 应收账款（　　　）元
(2) 资产合计（　　　）元
(3) 应付账款（　　　）元
(4) 预收款项（　　　）元
(5) 流动负债合计（　　　）元

任务三　利润表

培养目标

1. 明确利润表的基本结构和内容；
2. 掌握利润表的编制方法。

要点精讲

一、利润表的概念和意义

利润表是反映企业在一定会计期间的经营成果的动态报表。

二、利润表的格式

利润表正表的格式一般有两种:单步式利润表和多步式利润表。我国财务报表列报准则规定,企业应当采用多步式列报利润表。

企业可以分以下三个步骤编制利润表:

(1)营业利润=营业收入-营业成本-税金及附加-销售费用-管理费用-财务费用-资产减值损失±公允价值变动损益±投资收益

(2)利润总额=营业利润+营业外收入-营业外支出

(3)净利润=利润总额-所得税费用

【提示】

★"营业收入"项目应根据"主营业务收入"和"其他业务收入"科目的发生额分析填列。

★"营业成本"项目应根据"主营业务成本"和"其他业务成本"科目的发生额分析填列。

【例题1·判断题】 企业出售生产经营用固定资产实现的净收益,应列入利润表的"营业收入"项目。( )

【答案】 ×

【解析】 企业出售固定资产的净收益计入营业外收入,不属于营业收入项目。

【例题2·多选题】 下列各项中,应列入利润表"营业收入"项目的有(   )。

A. 营业外收入　　　　　　　　B. 其他业务收入
C. 投资收益　　　　　　　　　D. 主营业务收入

【答案】 BD

【解析】 营业收入项目,反映企业经营主要业务和其他业务所确认的收入总额。本项目应根据"主营业务收入"和"其他业务收入"科目的发生额分析填列。

【例题3·单选题】 下列各项中,应列入利润表"营业收入"项目的是(   )。

A. 销售材料取得的收入　　　　B. 接受捐赠收到的现金
C. 出售专利权取得的净收益　　D. 出售自用房产取得的净收益

【答案】 A

【解析】 销售材料取得的收入应该计入"其他业务收入";其余选项在"营业外收入"核算,不构成营业收入。

【例题4·单选题】 2016年6月,某企业发生以下交易或事项:支付诉讼费用10万元,固定资产处置净损失8万元,对外公益性捐赠支出5万元,支付税收滞纳金1万元,该企业2016年6月利润表"营业外支出"项目的本期金额为（　　）万元。

A. 14　　　　　　　　　　　B. 16
C. 19　　　　　　　　　　　D. 24

【答案】　A

【解析】　诉讼费计入管理费用,该企业2016年6月利润表"营业外支出"项目的本期金额=8+5+1=14(万元)。

三、利润表编制的基本方法

（一）本期金额栏的填列方法

利润表中的"本期金额"栏根据"营业收入""营业成本""税金及附加""销售费用""管理费用""财务费用""资产减值损失""公允价值变动损益""营业外收入""营业外支出""所得税费用"等损益类科目的发生额分析填列。其中,"营业利润""利润总额""净利润"项目,根据本表中相关项目计算填列。

（二）上期金额栏的填列方法

利润表中的"上期金额"栏应根据上年该期利润表"本期金额"栏内所列数字填列,如果上年该期利润表规定的各个项目的名称和内容同本期不相一致,应对上年该期表各个项目的名称和数字按本期的规定进行调整,填入"上期金额"栏内。

思考练习

一、单项选择题

1. 企业本月利润表中的营业收入为450 000元,营业成本为216 000元,税金及附加为9 000元,管理费用为10 000元,财务费用为5 000元,销售费用为8 000元,则其营业利润为（　　）元。

A. 217 000　　　　　　　　　B. 225 000
C. 234 000　　　　　　　　　D. 202 000

2. 下列各项中,（　　）不会影响企业利润总额增减变化。

A. 销售费用　　　　　　　　　B. 管理费用
C. 所得税费用　　　　　　　　D. 营业外支出

3. 某公司本会计期间的主营业务收入为1 700万元,主营业务成本为1 190万元,税金及附加为170万元,销售费用为110万元,管理费用为100万元,财务费用为19万元,营业外收入为16万元,营业外支出为25万元,其他业务收入为200万元,其他业务成本为100万元,应交所得税按利润总额的25%计算,其营业利润、利润总额、企业净利润分别为( )。
    A.111万元、232万元、174万元   B.211万元、202万元、151.5万元
    C.356万元、232万元、74万元   D.111万元、202万元、151.5万元

4. 下列各项中,不会影响营业利润金额的是( )。
    A. 资产减值损失   B. 财务费用
    C. 投资收益   D. 营业外收入

5. 某企业本月主营业务收入为1 000 000元,其他业务收入为80 000元,营业外收入为90 000元,主营业务成本为760 000元,其他业务成本为50 000元,税金及附加为30 000元,营业外支出为75 000元,管理费用为40 000元,销售费用为30 000元,财务费用为15 000元,所得税费用为75 000元。则该企业本月营业利润为( )元。
    A.170 000   B.155 000
    C.25 000   D.80 000

6. 下列各项中,利润表无法直接反映的是( )。
    A. 主营业务利润   B. 营业利润
    C. 利润总额   D. 净利润

7. 下列资产负债表项目中,( )直接根据一个总分类账户就能填列。
    A. 货币资金   B. 应收账款
    C. 短期借款   D. 预收款项

8. 在编制报表时由总账余额直接填列报表数据的项目是( )。
    A. 预计负债   B. 长期借款
    C. 应收账款   D. 应付账款

9. 编制资产负债表时,根据总账余额和明细账的余额计算填列的项目是( )。
    A. 应付票据   B. 短期借款
    C. 长期借款   D. 应收票据

10. 某企业"应付账款"科目月末贷方余额40 000元,其中:"应付账款——甲公司"明细科目贷方余额35 000元,"应付账款——乙公司"明细科目贷方余额5 000元;"预付账款"科目月末贷方余额30 000元,其中:"预付账款——A工厂"明细科目贷方余额50 000元,"预付账款——B工厂"明细科目借方余额20 000元。该企业月末资产负债表中"应付账款"项目的金额为( )元。
    A.90 000   B.30 000
    C.40 000   D.70 000

11. 资产负债表"货币资金"项目不包括( )账户的余额。
    A. 库存现金   B. 银行存款
    C. 其他货币资金   D. 交易性金融资产

12. 资产负债表中,直接根据总账账户填列的项目有( )。
    A. 交易性金融资产、应付票据、工程物资、短期借款、应付职工薪酬、应交税费、实收资本、盈余公积
    B. 交易性金融资产、应付票据、应收账款、工程物资、短期借款、应付职工薪酬、应交

税费、实收资本、盈余公积

C.交易性金融资产、应付票据、工程物资、短期借款、应付职工薪酬、应交税费、长期借款、实收资本、盈余公积

D.交易性金融资产、应付票据、存货、工程物资、短期借款、应付账款、应交税费、实收资本、盈余公积

13.可以提供企业某一日期的负债总额及其结构,表明企业未来需要用多少资产或劳务清偿债务以及清偿时间的报表是( )。

A.资产负债表 B.利润表
C.现金流量 D.利润分配表

14.某企业期末流动资产余额 2 388 692 元,非流动资产余额 5 361 000 元,流动负债余额 1 937 917 元,非流动负债余额 1 067 900 元,该企业期末所有者权益为( )。

A.5 811 775 B.4 743 875
C.6 681 792 D.2 355 183

15.下列各项口,不应列示在资产负债表中的流动资产部分的是( )。

A.货币资金 B.应收账款
C.预付账款 D.在建工程

16.关于资产负债表的格式,下列说法不正确的是( )。

A.资产负债表主要有账户式和报告式
B.我国的资产负债表采用报告式
C.账户式资产负债表分为左右两方,左方为资产,右方为负债和所有者权益
D.负债和所有者权益按照求偿权的先后顺序排列

17.在资产负债表中,资产是按照( )排列的。

A.清偿时间的先后顺序 B.会计人员的填写习惯
C.金额大小 D.流动性大小

18.某公司"原材料"账户期末余额为150万元,"库存商品"账户期末余额为220万元,"材料采购"账户期末余额为25万元,"存货跌价准备"账户期末余额为12万元,编制资产负债表时,"存货"项目应填列( )万元。

A.383 B.395
C.407 D.360

19.关于资产负债表的格式,下列各项表述中不正确的是( )。

A.我国企业的资产负债表采用报告式结构
B.资产负债表左方为资产项目,按资产的流动性大小排列
C.资产负债表右方为负债和所有者权益项目,按求偿权先后顺序排列
D.资产负债表的平衡等式是:"资产=负债+所有者权益"

20.资产负债表中,根据有关总账期末余额直接填列的项目是( )。

A.短期借款 B.应收账款
C.货币资金 D.存货

21.与计算营业利润有关的项目是( )。

A. 管理费用 　　　　　　　　　B. 营业外收支净额
C. 所得税费用 　　　　　　　　D. 利润总额

22. "预收账款"科目所属明细科目期末有借方余额,应在资产负债表(　　)项目内填列。

A. 预付账款 　　　　　　　　　B. 应付账款
C. 应收账款 　　　　　　　　　D. 预收账款

二、多项选择题

1. 利润表可以提供不同时期收入、费用和利润的比较数字,这些比较数字应填入的栏次有(　　)。

A. 本期计划数 　　　　　　　　B. 本期数
C. 本年累计数 　　　　　　　　D. 上年数

2. 利润表中的"营业成本"项目填列的依据有(　　)。

A. "营业外支出"发生额 　　　　B. "主营业务成本"发生额
C. "其他业务成本"发生额 　　　D. "税金及附加"发生额

3. 利润表的意义体现在(　　)。

A. 通过利润表,可以从总体上了解企业的收入和费用、净利润等的实现及构成情况

B. 通过利润表提供的不同时期的比较数字,可以分析企业的获利能力及利润的变化情况和未来发展趋势

C. 通过利润表,可以了解投资者投入资本的保值增值情况,评价企业经营业绩

D. 通过利润表提供的数据可以了解企业的债务偿还能力

4. 下列资产负债表项目中,(　　)需要根据其明细科目余额计算填列。

A. 应收账款 　　　　　　　　　B. 应收票据
C. 应付账款 　　　　　　　　　D. 货币资金

5. 某企业2016年12月31日应付生产工人薪酬5 000元,应付车间管理人员薪酬6 000元,应付厂部管理人员薪酬3 500元,则该企业2016年12月31日资产负债表中"应付职工薪酬"项目填列的金额不可能是(　　)。

A. 11 000元 　　　　　　　　　B. 14 500元
C. 8 500元 　　　　　　　　　 D. 9 500元

6. 资产负债表中,"预收款项"项目应根据(　　)总分类账户所属各明细分类账户期末贷方余额合计填列。

A. 预付账款 　　　　　　　　　B. 应收账款
C. 应付账款 　　　　　　　　　D. 预收账款

7. 资产负债表中的"存货"项目反映的内容包括(　　)。

A. 发出商品 　　　　　　　　　B. 材料成本差异
C. 委托加工物资 　　　　　　　D. 生产成本

8. 下列各项中,(　　)列在资产负债表左方。

A. 固定资产 　　　　　　　　　B. 无形资产
C. 长期股权投资 　　　　　　　D. 流动资产

9. 下列各项中,( )属于企业资产负债表提供的信息。
   A. 企业资产的构成及其状况　　　B. 企业的负债总额及其结构
   C. 企业利润的形成情况　　　　　D. 企业所有者权益情况

10. 下列应计入资产负债表中"流动负债合计"的项目是( )。
    A. 应收账款　　　　　　　　　　B. 应付账款
    C. 一年内到期的非流动负债　　　D. 预付款项

11. 在编制财务报表的过程中,企业管理当局应对企业持续经营的能力进行评价,评价时需考虑企业目前或长期的( )等因素。
    A. 盈利能力　　　　　　　　　　B. 管理当局经营政策的变更意向
    C. 偿债能力　　　　　　　　　　D. 财务风险

12. ( )是企业财务报表反映的内容。
    A. 某一特定日期财务状况　　　　B. 某一会计期间经营成果
    C. 某一会计期间成本水平　　　　D. 某一会计期间现金流量

13. 下列有关财务报表的表述中,正确的是( )。
    A. 财务报表是指企业对外提供的反映企业某一特定日期财务状况和某一会计期间经营成果、现金流量等会计信息的文件
    B. 企业财务报表可以为年度、半年度、季度或月度财务报表
    C. 财务报表至少应当包括资产负债表、利润表、现金流量表、所有者权益变动表以及附注,即"四表一注"
    D. 财务会计报告就是指财务报表

14. 下列各项中属于企业存货的有( )。
    A. 生产用原材料　　　　　　　　B. 包装材料
    C. 自制半成品　　　　　　　　　D. 国外进口的商品

三、判断题

1. 根据项目列报遵守重要性原则,性质或功能不同的项目,应当在财务报表中单独列报,但不具有重要性的项目除外。（　　）
2. 利润表中的大部分项目都可以根据资产负债账户的发生额填列。（　　）
3. 资产负债表和利润表都是根据有关账户的本期发生额填列的。（　　）
4. 利润表可以帮助报表使用者分析企业某一特定日期的经营成果和利润的未来发展趋势。（　　）
5. 单步式利润表可以得出一些中间性的利润数据,便于使用者理解单位经营成果的不同来源。（　　）
6. 利润表是反映企业一定会计期间财务状况的报表。（　　）
7. 利润表的格式主要有多步式和单步式两种,我国采用多步式。（　　）
8. 资产负债表各项的"期末数",根据总账和有关明细账的期末余额直接填列。（　　）
9. 未弥补亏损在资产负债表的"未分配利润"项目内以"-"号填列。（　　）
10. 资产负债表中"应收账款"项目,应根据"应收账款"账户所属各明细账户的期末

借方余额合计填列。如"预付账款"账户所属有关明细账户有借方余额的,也应包括在本项目内。（   ）

11. 企业的"库存商品""原材料""周转材料"科目期末如果有余额,应该在资产负债表"存货"项目中反映。（   ）

12. 编制资产负债表的依据是"利润＝收入－费用"。（   ）

13. 账户式结构指的是资产负债表按上下顺序依次排列资产、负债及所有者权益项目。（   ）

14. 资产负债表的格式主要有账户式和报告式两种,我国采用的是报告式。（   ）

15. 资产负债表中"工程物资"属于"存货"类项目,属于流动资产类。（   ）

16. 我国企业的季度财务报表至少包括资产负债表、利润表、现金流量表、所有者权益变动表和附注。（   ）

17. 通过编制附注可以对财务报表本身作补充说明,可以更加全面、系统地反映单位财务状况、经营成果和现金流量的全貌,有助于向使用者提供更为有用的决策信息,帮助其做出更加科学合理的决策。（   ）

18. 财务报表至少应当包括资产负债表、利润表、现金流量表、所有者权益变动表和附注等部分。(   )

四、实务操作题

大风厂所得税税率为25%。该公司2016年1月至11月各损益类账户的累计发生额和12月底转账前各损益类账户的发生额如下表所示：

账户名称	12月份发生数		1月至11月累计发生数	
	借方	贷方	借方	贷方
主营业务收入	252 500		2 800 000	5 000 000
主营业务成本	2 600		10 000	
销售费用	1 000		29 000	
税金及附加	7 500		32 500	
其他业务成本	2 000		11 000	
营业外支出	3 000		30 000	
财务费用	4 400	3 000	50 000	
管理费用		20 000		
其他业务收入				
营业外收入		2 500		
投资收益				

则大风厂2016年度利润表的下列报表项目金额为：

(1) 营业收入(   )元;

(2) 营业成本(   )元;

(3) 营业利润（　　　）元；
(4) 利润总额（　　　）元；
(5) 净利润（　　　）元。

任务四　现金流量表

培养目标

1. 明确现金流量表的基本结构和内容；
2. 掌握现金流量表的编制方法。

要点精讲

一、现金流量表的概念和意义

现金流量表是反映企业在一定会计期间内现金和现金等价物流入和流出情况的报表，是一张动态报表。现金流量表以现金及现金等价物为基础，以收付实现制为前提，分别列示经营活动、投资活动和筹资活动三个方面的现金流量信息，以便会计信息使用者客观地评价企业的整体财务状况，分析和评价企业的支付能力、偿债能力和筹资能力，预测企业未来的现金流量以及评价企业的收益质量。

1. 现金流量表的概念

现金流量表是反映企业在一定会计期间现金和现金等价物流入和流出的报表。

2. 关于"现金"

现金是指企业库存现金以及可以随时用于支付的存款，包括库存现金、银行存款和其他货币资金（如外埠存款、银行汇票存款、银行本票存款等）等。

【提示】　不能随时用于支付的存款不属于现金。

3. 关于"现金等价物"

现金等价物是指企业持有的期限短、流动性强、易于转换为已知金额现金、价值变动风险很小的投资。

期限短，一般是指从购买日起三个月内到期。

现金等价物通常包括三个月内到期的债券投资等。

【提示1】　权益性投资变现的金额通常不确定，因而不属于现金等价物。

【提示2】　企业应当根据具体情况，确定现金等价物的范围，一经确定不得随意变更。

4. 现金流量的概念

现金流量是指一定会计期间内企业现金和现金等价物的流入和流出。

【提示1】 若企业发生的经济业务只涉及现金各项目之间的变动或只涉及非现金项目之间的变动,则不会影响现金流量;如:从银行提取现金或将现金存入银行;以固定资产清偿债务;用原材料或固定资产对外投资等业务。

【提示2】 只有发生的经济业务涉及现金各项目和非现金各项目的变动时,才会影响现金流量。如用现金购买材料、用现金对外投资、收回长期债券投资等。

【例题·多项选择题】 下列各项中,影响企业现金流量表中"现金及现金等价物净增加额"项目金额变化的有(   )。

A. 以货币资金购买3个月内到期的国库券

B. 以银行存款支付职工工资、奖金、津贴

C. 将库存现金存入银行

D. 收到出租资产的租金

【答案】 BD

【解析】 以货币资金购买3个月内到期的国库券、将库存现金存入银行都是属于现金与现金等价物内部的增减变动,不会影响现金及现金等价物的增加或减少,选项AC错误;以银行存款支付职工工资、奖金、津贴会引起现金的减少,会影响"现金及现金等价物净增加额"项目金额,选项B正确;收到出租资产的租金,会引起现金的增加,会影响"现金及现金等价物净增加额"项目金额,选项D正确。

5. 现金流量的分类

(1) 经营活动产生的现金流量

经营活动主要包括销售商品、提供劳务、购买商品、接受劳务、支付工资、交纳税费等流入和流出现金和现金等价物的活动或事项。

(2) 投资活动产生的现金流量

投资活动是指企业长期资产的购建和不包括在现金等价物范围内的投资及其处置活动。主要包括:购建固定资产、处置子公司及其他营业单位等。

(3) 筹资活动产生的现金流量

筹资活动是指导致企业资本及债务规模和构成发生变化的活动。主要包括:吸收投资、分配利润、发行债券、偿还债务等

【提示】 偿付应付账款、应付票据等商业应付款等属于经营活动,不属于筹资活动。

二、现金流量表的格式

现金流量表分为主表和附表(即补充资料)两大部分。主表的各项目金额实际上就是每笔现金流入、流出的归属,附表的各项目金额则是相应会计账户的当期发生额或期末与期初余额的差额。附表是现金流量表中不可或缺的一部分。

我国企业现金流量表采用报告式结构,分类反映经营活动产生的现金流量、投资活动产生的现金流量和筹资活动产生的现金流量,最后汇总反映企业某一时期现金及现金等价物的净增加额。

三、现金流量表编制的基本方法

现金流量表的编制方法有直接法和间接法两种。编制现金流量表时,经营活动产生的现金流量的编制方法有两种:直接法、间接法。在直接法下,一般以利润表中的营业收入为起算点;在间接法下,则是以净利润为起算点。投资活动现金流量和筹资活动现金流量采用直接法。《企业会计准则》要求企业采用直接法报告经营活动的现金流量,同时要求在补充资料中用间接法计算现金流量。

现简要介绍现金流量表主要项目的填列方法。

1. 经营活动产生的现金流量

(1)销售商品、提供劳务收到的现金

反映本期销售商品、提供劳务实际收到的现金,以及前期销售商品、提供劳务本期收到的现金(包括应向购买者收取的增值税销项税额)和本期预收的款项,减去本期销售本期退回的商品和前期销售本期退回的商品支付的现金。

【提示】 企业销售材料和代购代销业务收到的现金,也在本项目反映。

(2)收到的税费返还

反映企业收到的增值税、所得税、消费税、关税和教育费附加等。

(3)收到其他与经营活动有关的现金

反映企业经营租赁收到的租金等其他与经营活动有关的现金流入,金额较大的应当单独列示。

(4)购买商品、接受劳务支付的现金

反映企业本期购买商品、接受劳务实际支付的现金(包括增值税进项税额),以及本期支付前期购买商品、接受劳务的未付款项和本期预付款项,减去本期发生的购货退回收到的现金。

【提示1】 企业购买材料和代购代销业务支付的现金,也在本项目反映。

【提示2】 外购固定资产所支付的增值税,属于投资活动产生的现金流量。

(5)支付给职工以及为职工支付的现金

反映企业实际支付给职工的现金以及为职工支付的现金,包括企业为获得职工提供的服务,本期实际给予各种形式的报酬以及其他相关支出(包括代扣代缴的职工个人所得税),如支付给职工的工资、奖金、各种津贴和补贴等,以及为职工支付的其他费用。

【提示】 用现金支付的应由在建工程和无形资产负担的职工薪酬,属于投资活动现金流量。

(6)支付的各项税费

反映企业按规定支付的各项税费,包括本期发生并支付的税费,以及本期支付以前各期发生的税费和预交的税金,如支付的所得税、增值税、消费税、印花税、房产税、土地增值税、车船税、教育费附加等。

(7)支付其他与经营活动有关的现金

反映企业除上述各项目外,支付的其他与经营活动有关的现金,如罚款支出、支付的差旅费、业务招待费、保险费、经营租赁支付的租金等。

【提示】 以融资租赁方式支付的租赁费,属于筹资活动的现金流量。

【例题1·单项选择题】 下列各项中,会引起现金流量表"经营活动产生的现金流量净额"项目发生增减变动的是(　　)。

A. 收取现金股利的现金流入
B. 偿还长期借款的现金流出
C. 购置固定资产的现金流出
D. 购买日常办公用品的现金流出

【答案】 D

【解析】 选项A、C属于投资活动产生的现金流量;选项B属于筹资活动产生的现金流量;选项D属于经营活动产生的现金流量,引起"经营活动产生的现金流量净额"项目发生变动。

2. 投资活动产生的现金流量

(1)收回投资收到的现金

反映企业出售、转让或到期收回除现金等价物以外的对其他企业长期股权投资等收到的现金,但处置子公司及其他营业单位收到的现金净额除外。

(2)取得投资收益收到的现金

反映企业除现金等价物以外的对其他企业的长期股权投资等分回的现金股利和利息等。

(3)处置固定资产、无形资产和其他长期资产收回的现金净额

反映企业出售、报废固定资产、无形资产和其他长期资产所取得的现金(包括因资产毁损而收到的保险赔偿收入),减去为处置这些资产而支付的有关费用后的净额。

【提示】 企业出售投资性房地产收到的现金,属于投资活动产生的现金流量,不属于经营活动产生的现金流量。

(4)处置子公司及其他营业单位收到的现金净额

反映企业处置子公司及其他营业单位所取得的现金,减去相关处置费用以及子公司或其他营业单位持有的现金和现金等价物后的净额。

(5)购建固定资产、无形资产和其他长期资产支付的现金

反映企业购买、建造固定资产、取得无形资产和其他长期资产支付的现金(含增值税款等),包括购买机器设备所支付的现金、建造工程支付的现金、支付在建工程人员的工资等现金支出。

【提示】 企业购买投资性房地产支付的现金,属于投资活动产生的现金流量,不属于经营活动产生的现金流量。

(6)投资支付的现金

反映企业取得除现金等价物以外的对其他企业的长期股权投资等所支付的现金以及支付的佣金、手续费等附加费用,但取得子公司及其他营业单位支付的现金净额除外。

(7)取得子公司及其他营业单位支付的现金净额

反映企业取得子公司及其他营业单位购买出价中以现金支付的部分,减去子公司或

其他营业单位持有的现金和现金等价物后的净额。

(8) 收到其他与投资活动有关的现金

(9) 支付其他与投资活动有关的现金

反映企业除上述(1)至(8)项目外收到或支付的其他与投资活动有关的现金,金额较大的应当单独列示。

【例题2·多项选择题】 下列各项中,属于投资活动产生的现金流量的有(　　)。

A. 支付的业务招待费

B. 转让无形资产所有权收到的现金

C. 支付的现金股利

D. 支付给在建工程人员的职工薪酬

【答案】 BD

【解析】 选项 A 属于经营活动产生的现金流量;选项 C 属于筹资活动产生的现金流量。

【例题3·判断题】 为购建固定资产而发生的借款利息资本化金额,应列示在现金流量表"购建固定资产、无形资产和其他长期资产支付的现金"项目中。(　　)

【答案】 ×

【解析】 为购建固定资产而发生的借款利息资本化金额,应属于筹资活动,应当计入"分配股利、利润或偿付利息支付的现金"项目中。

3. 筹资活动产生的现金流量

【例题4·单项选择题】 下列各项中,不属于企业现金流量表中"筹资活动产生的现金流量"的是(　　)。

A. 吸收投资收到的现金

B. 分配股利、利润支付的现金

C. 处置子公司收到的现金

D. 偿还债务支付的现金

【答案】 C

【解析】 处置子公司收到的现金属于投资活动产生的现金流量;选项 ABD 均属于筹资活动产生的现金流量。

思考练习

一、单项选择题

1. 下列各项中,属于工业企业现金流量表"经营活动产生的现金流量"的是 (　　)

A. 收到的现金股利

B. 支付的银行借款利息

C. 收到设备处置价款

D. 支付的经营租赁租金

2. 下列各项中,会引起现金流量表"经营活动产生的现金流量净额"项目发生增减变动的是 (　　)

A. 偿还长期借款的现金流出

B. 收到现金股利的现金流入

C. 购置固定资产的现金流出

D. 购买日常办公用品的现金流出

3. 下列各项中,不属于现金流量表"筹资活动产生的现金流量"的是 (　　)

A. 取得借款收到的现金

B. 吸收投资收到的现金

C. 处置固定资产收回的现金净额

D. 分配股利、利润或偿付利息支付的现金

4. ABC公司2016年度发生以下业务:以银行存款购买将于2个月到期的国债800万元,偿还应付账款200万元,支付生产工人工资150万元,购买固定资产300万元。假定不考虑其他因素,该企业2016年度现金流量表中"购买商品、接受劳务支付的现金"项目的金额为 (　　)

A. 200万元　　　　　　　　　B. 350万元

C. 650万元　　　　　　　　　D. 1 150万元

5. 下列各项中,属于现金流量表中"投资活动产生的现金流量"的是 (　　)

A. 支付购买固定资产缴纳的契税

B. 支付股东现金股利

C. 购买2个月内到期国债投资

D. 接受新的投资者投资

二、多项选择题

1. 下列各项中,属于投资活动产生的现金流量的有(　　)。

A. 支付的现金股利

B. 支付的业务招待费

C. 转让无形资产所有权收到的现金

D. 支付给在建工程人员的职工薪酬

2. 下列各项中,属于现金流量表"经营活动产生的现金流量"的有(　　)。

A. 支付的借款利息

B. 销售商品收到的现金

C. 企业代扣代缴的职工个人所得税

D. 支付行政人员差旅费

3. 下列各项中,属于工业企业现金流量表"筹资活动产生的现金流量"的有(　　)。

A. 吸收投资收到的现金

B. 分配利润支付的现金

C. 取得借款收到的现金

D. 投资收到的现金股利

4. 下列各项中,属于现金流量表"经营活动产生的现金流量"的有(　　)。

A. 收到的税费返还

B. 偿还债务支付的现金

C. 销售商品、提供劳务收到的现金

D. 支付给职工以及为职工支付的现金

5. 下列交易或事项中,会引起现金流量表"投资活动产生的现金流量净额"发生变化的有(　　)。

A. 购买股票支付的现金

B. 向投资者派发的现金股利

C. 构建固定资产支付的现金

D. 收到被投资单位分配的现金股利

项目十一 基础会计实训

资料：

一、丹桂工厂为增值税一般纳税人

（一）丹桂工厂20××年11月30日总分类账户余额如下：（金额均为元）

账户名称	借方余额	账户名称	贷方余额
库存现金	5 200	累计折旧	23 000
银行存款	254 000	短期借款	120 000
应收账款	42 000	应付账款	56 000
其他应收款	11 000	应交税费	5 000
原材料	113 000	应付利息	2 000
在途物资	—	应付职工薪酬	—
库存商品	160 000	应付股利	—
生产成本	21 000	实收资本	355 000
制造费用	—	盈余公积	—
待处理财产损溢	—	本年利润	330 000
固定资产	312 800	利润分配	28 000
合计	919 000	合计	919 000
损益类账户名称			
主营业务收入			
营业外收入			
主营业务成本			
税金及附加			
销售费用			
管理费用			
财务费用			
营业外支出			
所得税费用			

（二）丹桂工厂 20××年 11 月 30 日,有关明细账户余额如下：

1. 原材料明细账

账户名称	余额	数量	单价
原材料总账	113 000	—	—
原材料——甲材料	57 600	7 200 千克	8.00 元/kg
原材料——乙材料	55 400	4 000 千克	13.85 元/kg

2. 应收账款明细账

账户名称	余额
应收账款总账	42 000
应收账款——吉祥工厂	18 000
应收账款——佛手公司	24 000

3. 其他应收款——刘贝　11 000

4. 生产成本明细账

账户名称	余额合计	直接材料	直接人工	制造费用
生产成本总账	21 000	—	—	—
生产成本——A 产品	11 200	5 900	2 500	2 800
生产成本——B 产品	9 800	5 500	1 800	2 500

5. 库存商品明细账

账户名称	余额合计	单位成本	数量
库存商品　总账	160 000	—	—
库存商品——A 产品	12 800	32 元/件	400 件
库存商品——B 产品	147200	46 元/件	3200 件

6. 应付账款明细账

账户名称	余额
应付账款总账	56 000
应付账款——麒麟工厂	31 000
应付账款——安琪公司	25 000

7. 应交税费明细账

账户名称	余额
应交税费总账	5 000
应交税费——应交消费税	5 000
应交税费——应交增值税	—
应交税费——应交所得税	—

8. 利润分配明细账

账户名称	余额
利润分配总账	28 000
利润分配——未分配利润	28 000
利润分配——提取盈余公积	—
利润分配——应付股利	—

（三）丹桂工厂20××年12月份发生会计事项如下：

会计事项如下：

（1）1日接受国家追加投资250 000元，其中全新设备一台计50 000元，其余款项存入银行。

（2）2日向麒麟工厂购入甲材料8 000千克，单价8.00元/千克，计入64 000元，增值税10 880元，材料已验收入库，按其实际采购成本入账，款项尚未支付。

（3）3日收到佛手公司还来前欠款24 000元，存入银行。

（4）4日仓库发出甲、乙两种材料，由以下各部门领用：

用途	甲材料	乙材料	合计金额
生产B产品	2800千克 ×8.00 合计22 400.00	1500千克 ×13.85 合计20 775.00	43 175.00
生产管理部门		300千克 ×13.85 合计4155.00	4 155.00
行政管理部门		200千克 ×13.85 合计2770.00	2 770.00
合计	2800千克 ×8.00 合计22400.00	2000千克 ×13.85 合计27 700.00	50 100.00

(5)6日以银行存款支付应交税金5 000元。

(6)7日以现金购买办公用品600元,其中行政管理部门领用400元,车间管理部门领用200元。

(7)8日以银行存款归还前欠麒麟工厂账款31 000元。

(8)10日向银行提取现金180 000元,备发工资。

(9)10日以现金发放职工工资180 000元

(10)10日销售给佛手公司B产品3 000件,单价68.00元/千克,计204 000元,增值税额34 680元,款项尚未收到。

(11)11日行政管理人员夏一预支差旅费1 200元,以现金支付。

(12)13日向安琪公司购入乙材料2 000千克,单价13.85元/千克,计27 700元,增值税额4 709元,材料已验收入库,按实际采购成本入账,款项尚未支付。

(13)14日收到吉祥工厂还来前欠账款18 000元,存入银行。

(14)15日以银行存款支付上月所欠安琪公司账款25 000元。

(15)日以银行存款支付银行手续费200元。

(16)16日销售吉祥工厂A产品2 000件,单价47.00元/千克,计94 000元,增值税15 980元,货款尚未收到。

(17)17日仓库发出甲材料7 100千克56 800元、乙材料3 700千克51 245元,由以下各部门领用:其中用于生产A产品耗用52 620元,用于生产B产品耗用44 345元,生产车间耗用6 925元,管理部门耗用4 155元。

(18)18日以现金支付罚款247元。

(19)19日车间管理人员夏一出差回来,报销差旅费1 500元,补给其垫付款300元,结支预借款。

(20)21日收到吉祥工厂付来欠款109 980元,佛手公司付来欠款238 680元,均已存入银行。

(21)22日向麒麟工厂购入甲材料2 000千克,单价7.80元/千克,计15 600元;乙材料3 000千克,单价13.65元/千克,计40 950元,增值税额9 613.50元,款项尚未支付。

(22)24日以现金支付上述甲乙材料的运费1 000元(按材料重量比例分摊)。上述甲乙材料已验收入库,按其实际采购成本转账。

(23)26日盘亏甲材料50千克,单价8.00元/千克,原因待查。

(24)28日以银行存款支付广告费11 080元

(25)29日购入不需安装设备一套,计买价7 800元、增值税额1 326元,以银行存款支付,另以现金支付运杂费320元。

(26)30日以银行存款支付本季度银行借款利息3 200元,本季度已预提2 000元。

(27)30日销售给吉祥工厂A产品2 200件,单价47.00元/千克,计103 400元,增值税额17 578元,货款尚未收到。

(28)31日以银行存款归还短期借款100 000元。

(29)31日以现金支付捐赠支出1 000元。

(30)31日经查,甲材料盘亏系仓库收发过程中的差错,经批准作管理费用处理。

(31) 31日分配结转本月份职工工资180 000元,其中:A 产品生产工人工资48 000元,B 产品生产工人工资70 000元,生产管理部门人员工资15 000元,行政管理部门人员工资47 000元。

(32) 31日,收到银行转来罚款收入1 000元。

(33) 31日分配结转本月应付电费9 411元,其中:A 产品应负担3 991元,B 产品应负担3 420元,生产管理部门应负担1 000元,行政管理部门1 000元。

(34) 31日本月提取固定资产折旧15 100元,其中:生产管理部门应负担6 620元,行政管理部门应负担8 480元。

(35) 31日结转本月制造费用,按 A、B 两种产品生产工人工资比例分摊计入产品生产成本。

(36) 31日本月投产 A 产品全部完工,并已验收入库,按实际成本转账(B 产品尚未完工)

(37) 31日结转本月已销售 A、B 产品的实际生产成本,A 产品单位成本32.00元/件,销量4 200件;B 产品单位成本46.00元/件,销量3 000件。

(38) 31日按本月 B 产品销售收入的5%计提消费税。

(39) 31日将本月损益类账户余额结转"本年利润"账户。

(40) 31日按本月利润总额的25%计算应交所得税,并将"所得税费用"账户余额转入"本年利润"账户。

(41) 31日按本年度税后利润的10%计提盈余公积。

(42) 31日将本年度的税后利润的40%作为应付给投资者的利润。

(43) 31日年终,将"本年利润"账户余额结转"利润分配—未分配利润"账户。

(44) 将"利润分配—提取盈余公积"和"利润分配—应付股利"明细账户的借方余额结转"利润分配—未分配利润"账户。

二、要求:练习最基本的会计核算程序——"记账凭证账务处理程序":

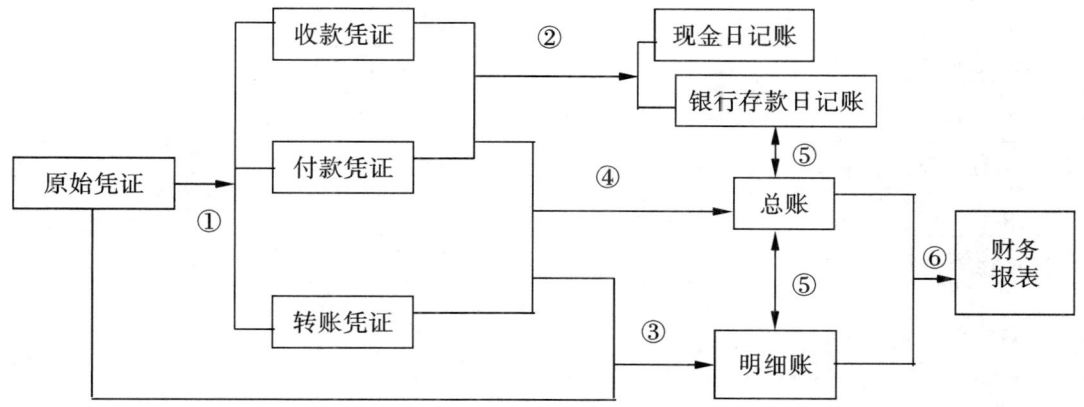

步骤:

1. 根据资料(一)开设总分类账户(三栏式)40 张,并登记期初余额。
2. 开设明细分类账 26 张。

(1)库存现金日记账 1 张、银行存款日记账 1 张;

(2)三栏式账页 15 张;

(3)数量金额式 6 张;(在途物资、原材料、库存商品)

(4)多栏式 2 张(生产成本);

(5)应交增值税 1 张;

3.根据资料(三)编制记账凭证。

4.根据所编制的记账凭证登记有关日记账和明细分类账户,并结出期末余额。

5.根据记账凭证登记总分类账户,并结出期末余额。

6.编制资产负债表和利润表。

<table>
<tr><td colspan="6" align="center">资 产 负 债 表</td></tr>
<tr><td colspan="2">编制单位:</td><td colspan="2" align="center">年 月 日</td><td colspan="2">单 位:元</td></tr>
<tr><td>资　　产</td><td>月初数</td><td>期末数</td><td>负债及所有者权益</td><td>月初数</td><td>期末数</td></tr>
<tr><td>流动资产:</td><td></td><td></td><td>流动负债:</td><td></td><td></td></tr>
<tr><td>　货币资金</td><td></td><td></td><td>　短期借款</td><td></td><td></td></tr>
<tr><td>　交易性金融资产</td><td></td><td></td><td>　应付账款</td><td></td><td></td></tr>
<tr><td>　应收票据</td><td></td><td></td><td>　应交税费</td><td></td><td></td></tr>
<tr><td>　应收账款</td><td></td><td></td><td>　应付利息</td><td></td><td></td></tr>
<tr><td>　预付账款</td><td></td><td></td><td>　应付职工薪酬</td><td></td><td></td></tr>
<tr><td>　其他应收款</td><td></td><td></td><td>　应付股利</td><td></td><td></td></tr>
<tr><td>　存货</td><td></td><td></td><td>流动负债合计</td><td></td><td></td></tr>
<tr><td>流动资产合计</td><td></td><td></td><td>非流动负债:</td><td></td><td></td></tr>
<tr><td>非流动资产</td><td></td><td></td><td>　长期借款</td><td></td><td></td></tr>
<tr><td>　长期股权投资</td><td></td><td></td><td>非流动负债合计</td><td></td><td></td></tr>
<tr><td>　固定资产</td><td></td><td></td><td>负债合计</td><td></td><td></td></tr>
<tr><td>　在建工程</td><td></td><td></td><td>所有者权益:</td><td></td><td></td></tr>
<tr><td>　无形资产</td><td></td><td></td><td>　实收资本</td><td></td><td></td></tr>
<tr><td>非流动资产合计</td><td></td><td></td><td>　资本公积</td><td></td><td></td></tr>
<tr><td></td><td></td><td></td><td>　盈余公积</td><td></td><td></td></tr>
<tr><td></td><td></td><td></td><td>　未分配利润</td><td></td><td></td></tr>
<tr><td></td><td></td><td></td><td>所有者权益合计</td><td></td><td></td></tr>
<tr><td>资产总计</td><td></td><td></td><td>负债及所有者权益合计</td><td></td><td></td></tr>
<tr><td colspan="3">单位负责人:</td><td colspan="3">制表人:</td></tr>
</table>

利润表

编制单位： 年 月　　　　　　　　　　　　　　　单位：

项　　目	本期数	本年累计数
一、营业收入		
减:营业成本		
税金及附加		
销售费用		
管理费用		
财务费用		
资产减值损失		
加:公允价值变动收益(损失以"-"号填列)		
投资收益		
二、营业利润(亏损以"-"号填列)		
加：营业外收入		
减:营业外支出		
三、利润总额(亏损以"-"号填列)		
减:所得税费用		
四、净利润(净亏损以"-"填列)		

参考答案

项目一

任务一 认识会计

一、单项选择题

1. B 2. C 3. B 4. A 5. C 6. A 7. D 8. D 9. A 10. D

二、多项选择题

1. ABC 2. ABCD 3. ABD 4. BCD 5. ABD 6. ABCD 7. AB 8. AD 9. ABC 10. AC

三、判断题

1. √ 2. × 3. √ 4. √ 5. × 6. × 7. × 8. × 9. × 10. √

任务二 会计假设与会计基础

一、单项选择题

1. B 2. C 3. D 4. B 5. B 6. C 7. D 8. A 9. B 10. D

二、多项选择题

1. AD 2. BD 3. ABCD 4. ABCD 5. ABC 6. ABC 7. AB 8. ABC 9. ABC 10. ABCD

三、判断题

1. √ 2. √ 3. × 4. × 5. √ 6. √ 7. × 8. √ 9. × 10. ×

四、实务操作题

1. B 2. D 3. A 4. A 5. D

任务三 会计信息使用者及其质量要求

一、单项选择题

1. A 2. C 3. D 4. C 5. B 6. B 7. C 8. C 9. B 10. A

二、多项选择题

1．ABCD 2．ABC 3．AB 4．BC 5．BCD 6．ABC 7．ABCD 8．CD 9．AD 10．ABC

三、判断题

1．× 2．× 3．× 4．× 5．√ 6．× 7．√ 8．√ 9．√ 10．√

任务四 会计方法

一、单项选择题

1．C 2．B 3．A 4．A 5．B

二、多项选择题

1．ABC 2．ABCD 3．ABC

三、判断题

1．× 2．× 3．√ 4．√ 5．×

项目二

任务一 会计要素

一、单项选择题

1．A 2．B 3．A 4．B 5．B 6．C 7．A 8．B 9．C 10．C 11．D 12．D 13．D 14．C 15．B 16．A 17．D 18．A 19．B

二、多项选择题

1．AC 2．ABC 3．ACD 4．ACD 5．ABCD 6．ABD 7．ACD 8．ABCD 9．BC 10．ABC

三、判断题

1．× 2．× 3．√ 4．√ 5．√ 6．√ 7．× 8．√ 9．√ 10．×

任务二 会计等式

一、单项选择题

1．C 2．A 3．D 4．D 5．D 6．A 7．B 8．C 9．C 10．B 11．D 12．C 13．C 14．A 15．B 16．A 17．B 18．C 19．D 20．D

二、多项选择题

1．BC 2．ABC 3．ABCD 4．CD 5．AD 6．ACD 7．BCD 8．AD 9．AB 10．AB

三、判断题

1．√ 2．√ 3．√ 4．× 5．× 6．√ 7．× 8．√ 9．× 10．×

项目三

任务一 会计科目

一、单项选择题
1. B 2. A 3. B 4. D 5. B 6. C 7. A 8. B 9. C 10. C 11. D

二、多项选择题
1. AB 2. ABC 3. BD 4. BCD 5. ABCD 6. ACD 7. ABC 8. AD 9. BCD 10. BC

三、判断题
1. √ 2. × 3. × 4. √ 5. √ 6. × 7. √ 8. × 9. × 10. ×

四、实务操作题

(一)练习会计要素具体分类

A 企业的资料如下表,指出各个业务对应的会计科目名称以及其所属类别,填入表中相应的位置。

资料	会计科目	类别
例:已收到的资本	实收资本	所有者权益
1. 发行的五年期债券	应付债券	负债
2. 拥有的机器设备	固定资产	资产
3. 应付给职工的工资	应付职工薪酬	负债
4. 已购入的土地使用权	无形资产	资产
5. 财务部门存放的现金	库存现金	资产
6. 存在银行的款项	银行存款	资产
7. 销售产品取得的收入	主营业务收入	损益
8. 以赚取差价为目的对 D 公司的投资	交易性金融资产	资产
9. 因销货收到的商业汇票	应收票据	资产
10. 应付给 C 公司材料款	应付账款	负债
11. 筹借资金而发生的利息费用	财务费用	损益
12. 从银行借入的 3 年后到期的借款	长期借款	负债
13. 仓库储存的材料	原材料	资产
14. 拥有的专利权	无形资产	资产
15. 厂部管理部门办公用品费用	管理费用	损益
16. 销售商品应收未收到的货款	应收账款	资产
17. 年末从利润中提取的公积金	盈余公积	所有者权益
18. 为销售商品而发生的广告费	销售费用	损益
19. 从银行借入的临时周转借款	短期借款	负债
20. 因购货而开出的商业汇票	应付票据	负债
21. 尚未缴纳的增值税	应交税费	负债

(二)练习会计科目的分类

B公司发生以下经济业务,指出每一笔经济业务会涉及到的总分类科目和明细分类科目。

资料	总分类科目	明细分类科目
例:向宇飞公司购进甲材料5吨,每吨2 000元;乙材料2吨,每吨1 000元,以工行存款支付	原材料	甲材料
	原材料	乙材料
	银行存款	工行存款
1.以建行存款偿还前欠光华公司材料款5 000元。	应付账款	光华公司
	银行存款	建行存款
2.从光明公司购入丙材料300千克,货款6 000元尚未支付。	原材料	丙材料
	应付账款	光明公司
3.用现金支付采购员张明预借差旅费3 000元。	其他应收款	张明
	库存现金	
4.收到东方公司还来的前欠货款70 000元存入工行户	银行存款	工行存款
	应收账款	东方公司
5.收到宇通公司投资款100万元存入工行户	银行存款	工行存款
	实收资本(股本)	宇通公司

任务二 会计账户

一、单项选择题

1. A 2. A 3. A 4. B 5. A 6. D 7. C 8. A 9. A 10. B

二、多项选择题

1. AB 2. ABCD 3. ABCD 4. AB 5. BD 6. AB 7. BC 8. ACD 9. ABC 10. ABCD

三、判断题

1. × 2. √ 3. √ 4. √ 5. √ 6. × 7. × 8. × 9. √ 10. √

项目四

任务一 会计记账方法概述

一、单项选择题

1. A 2. A 3. A 4. A 5. D

任务二 借贷记账法

一、单项选择题

1. A 2. A 3. C 4. D 5. D 6. C 7. D 8. B 9. C 10. A 11. C 12. A 13. D 14. B 15. C 16. C 17. A 18. B 19. B 20. B

二、多项选择题

1. BC 2. BD 3. AB 4. ACD 5. BCD 6. CD 7. ACD 8. ACD 9. BC 10. ABD 11. BD 12. BC 13. AC 14. AC 15. ACD 16. ABCD 17. BC 18. ABC 19. AD 20. CD

三、判断题

1. × 2. √ 3. × 4. × 5. × 6. × 7. × 8. √ 9. √ 10. × 11. × 12. × 13. × 14. × 15. √

项目五

任务二 筹集资金业务的核算

一、单项选择题

1. B 2. D 3. D 4. A 5. B 6. A 7. A 8. A 9. B 10. C

二、多项选择题

1. AB 2. ABD 3. AB 4. ABC 5. ABCD 6. ABCD 7. BD 8. ABC 9. ABCD 10. AB

三、判断题

1. × 2. √ 3. × 4. × 5. × 6. × 7. × 8. × 9. × 10. ×

四、实务操作题

1. A. 借:固定资产　　　　　　　　　　　　　　　　3 000 000
　　　贷:实收资本——A　　　　　　　　　　　　　　3 000 000
　B. 借:固定资产　　　　　　　　　　　　　　　　2 000 000
　　　　无形资产　　　　　　　　　　　　　　　　1 000 000
　　　贷:实收资本——B　　　　　　　　　　　　　　3 000 000
　C. 借:银行存款　　　　　　　　　　　　　　　　3 000 000
　　　贷:实收资本——C　　　　　　　　　　　　　　3 000 000
　D. 借:银行存款　　　　　　　　　　　　　　　　4 000 000
　　　贷:实收资本——D　　　　　　　　　　　　　　3 000 000
　　　　　资本公积——资本溢价　　　　　　　　　　1 000 000
　E. 借:无形资产　　　　　　　　　　　　　　　　4 000 000
　　　贷:实收资本——E　　　　　　　　　　　　　　3 000 000
　　　　　资本公积——资本溢价　　　　　　　　　　1 000 000

2.(1)①1月1日借入短期借款:

借:银行存款 120 000
　　贷:短期借款 120 000

②10月1日偿还银行借款本金和利息

借:短期借款 120 000
　　财务费用 3 600
　　贷:银行存款 123 600

(2)①1月1日借入短期借款:

借:银行存款 120 000
　　贷:短期借款 120 000

②每月计提利息:120 000×4%÷12=400(元)

1月末计提利息

借:财务费用 400
　　贷:应付利息 400

2月末计提利息

借:财务费用 400
　　贷:应付利息 400

③3月末支付第一季度银行借款利息(二、三季度相同)

借:应付利息 800
　　财务费用 400
　　贷:银行存款 1 200

④10月1日偿还银行借款本金:

借:短期借款 120 000
　　贷:银行存款 120 000

任务三　采购业务的核算

一、单项选择题

1.C　2.B　3.C　4.C　5.C　6.B　7.B　8.D　9.C　10.C

二、多项选择题

1.ABCD　2.ABC　3.AB　4.ABC　5.ABD　6.ABCD　7.ABD　8.ABCD　9.AC　10.BD

三、判断题

1.√　2.×　3.×　4.×　5.×　6.√　7.√　8.×　9.×　10.×

四、实务操作题

1.(1)借:原材料——甲材料 50 000
　　　　应交税费——应交增值税(进项税额) 8 500
　　　　贷:银行存款 58 500

(2)借:原材料——甲材料 50 000

应交税费——应交增值税（进项税额）	8 500
贷:应付票据	58 500
(3)借:原材料——甲材料	50 000
应交税费——应交增值税（进项税额）	8 500
贷:应付账款	58 500

2016年2月8日

借:应付账款	58 500
贷:银行存款	58 500
(4)借:在途物资——甲材料	50 000
应交税费——应交增值税（进项税额）	8 500
贷:银行存款	58 500
借:原材料——甲材料	50 000
贷:在途物资——甲材料	50 000
2.(1)借:固定资产	30 000
应交税费——应交增值税（进项税额）	5 100
贷:银行存款	35 100
(2)借:在建工程	30 000
应交税费——应交增值税（进项税额）	5 100
贷:银行存款	35 100

2016年3月1日

借:在建工程	5 000
贷:银行存款	5 000

2016年3月7日

借:固定资产	3 5000
贷:在建工程	3 5000

任务四　生产业务的核算

一、单项选择题

1．A　2．B　3．A　4．C　5．B　6．A　7．A　8．D　9．A　10．C

二、多项选择题

1．ABCD　2．BCD　3．AB　4．ABCD　5．AD　6．ABCD　7．ACD　8．ABCD　9．BCD　10．BC

三、判断题

1．×　2．√　3．×　4．√　5．×　6．×　7．×　8．√　9．×　10．×

四、实务操作题

1.借:生产成本——A产品	30 000
——B产品	30 000
制造费用	10 000

    管理费用   20 000
    销售费用   10 000
    贷：原材料   100 000
2．2016 年 5 月 31 日
  借：生产成本——K 产品   400 000
       ——N 产品   260 000
    制造费用   45 000
    管理费用   35 000
    贷：应付职工薪酬   740 000
6 月 3 日
  借：应付职工薪酬   740 000
    贷：银行存款   740 000
3．借：库存商品——A 产品   153 000
   贷：生产成本——A 产品   153 000

任务五 销售业务核算

1．单项选择题
1．D 2．A 3．A 4．C 5．B 6．A 7．D 8．D 9．A 10．A
二、多项选择题
1．AD 2．ABCD 3．BC 4．ABC 5．AC 6．ABD 7．ABC 8．ACD 9．AB
10．BD
三、判断题
1．× 2．× 3．× 4．× 5．× 6．× 7．√ 8．× 9．× 10．×
四、实务操作题
1．(1) 确认销售收入：
借：银行存款   819 000
  贷：主营业务收入   700 000
    应交税费——应交增值税(销项税额)   119 000
结转成本：
借：主营业务成本   500 000
  贷：库存商品   500 000
(2) 借：应收票据   819 000
   贷：主营业务收入   700 000
     应交税费——应交增值税(销项税额)   119 000
借：主营业务成本   500 000
  贷：库存商品   500 000
(3) 借：应收账款   819 000
   贷：主营业务收入   700 000

应交税费——应交增值税(销项税额)	119 000
借:主营业务成本	500 000
贷:库存商品	500 000

11月5日

借:银行存款	819 000
贷:应收账款	819 000
2. 借:应收账款	23 400
贷:其他业务收入	20 000
应交税费——应交增值税(销项税额)	3 400
借:其他业务成本	8 500
贷:原材料	8 500

任务六　利润形成与分配业务核算

一、单项选择题

1. A　2. A　3. C　4. C　5. D　6. B　7. D　8. C　9. D　10. C

二、多项选择题

1. ABD　2. BCD　3. ABC　4. BCD　5. ABC　6. AD　7. CD　8. ABD　9. AB　10. ABCD

三、判断题

1. ×　2. √　3. ×　4. ×　5. √　6. ×　7. ×　8. ×　9. ×　10. ×

四、实务操作题

(1) 营业利润=(7000000+800000)-(5000000+500000)-60000-600000-700000
　　　　　-300000-100000+200000+500000=1 240 000(元)

利润总额=1240000+60000-300000=1 000 000(元)

(2) 结转各项收入、利得类科目:

借:主营业务收入	7 000 000
其他业务收入	800 000
公允价值变动损益	200 000
投资收益	500 000
营业外收入	60 000
贷:本年利润	8 560 000

(3) 结转各项费用、损失类科目:

借:本年利润	7 560 000
贷:主营业务成本	5 000 000
其他业务成本	500 000
税金及附加	60 000
销售费用	600 000
管理费用	700 000

财务费用	300 000
资产减值损失	100 000
营业外支出	300 000

(4) 当期应交所得税额 = 1 000 000 × 25% = 250 000(元)。

| 借:所得税费用 | 250 000 |
| 贷:应交税费——应交所得税 | 250 000 |

结转所得税:

| 借:本年利润 | 250 000 |
| 贷:所得税费用 | 250 000 |

(5) 本年利润年末余额 = 11250000 + 8560000 − 7560000 − 250000 = 12 000 000(元)。

| 借:本年利润 | 12 000 000 |
| 贷:利润分配——未分配利润 | 12 000 000 |

(6) 借:利润分配——提取法定盈余公积　　　　　1 200 000
　　　　　　　　——提取任意盈余公积　　　　　　600 000
　　　　贷:盈余公积——法定盈余公积　　　　　　1 200 000
　　　　　　　　　　——任意盈余公积　　　　　　600 000

(7) 借:利润分配——应付现金股利　　　　　　　1 020 000
　　　　贷:应付股利　　　　　　　　　　　　　　1 020 000

(8) 借:利润分配——未分配利润　　　　　　　　2820 000
　　　　贷:利润分配——提取法定盈余公积　　　　1 200 000
　　　　　　　　　　——提取任意盈余公积　　　　600 000
　　　　　　　　　　——应付现金股利　　　　　　1 020 000

"利润分配——未分配利润"账户余额 = 3000000 + 12000000 − 2820000 = 12180000(元)

项目六

任务一　会计凭证概述

一、单项选择题
1. D　2. C　3. B　4. A　5. D　6. B
二、多项选择题
1. ABC　2. AD　3. ABD　4. ACD　5. CD
三、判断题
1. √　2. ×　3. √　4. ×　5. ×

任务二　原始凭证

一、单项选择题

1．A　2．A　3．D　4．A　5．A　6．C　7．C　8．A　9．A　10．D　11．C　12．B　13．B　14．C　15．A　16．D

二、多项选择题

1．ABCD　2．ABD　3．ABC　4．ABCD　5．ABCD　6．ABCD　7．BC　8．ABC　9．ABCD　10．ACD　11．ACD　12．ABC　13．AC

三、判断题

1．√　2．×　3．×　4．×　5．×　6．×　7．×　8．√　9．√　10．√　11．×

任务三　记账凭证

一、单项选择题

1．C　2．C　3．B　4．C　5．A　6．A　7．A　8．D　9．B　10．A

二、多项选择题

1．ABCD　2．ABC　3．BC　4．ABCD　5．AB　6．AD　7．ACD　8．ABCD　9．ABD　10．ABD

三、判断题

1．√　2．√　3．√　4．×　5．√　6．×　7．√　8．×　9．√　10．√

四、业务练习题

答案仅写出会计分录供参考,填制凭证及编号自己练习。

(1) 借:原材料——甲材料　　　　　　　　　　　　　　　10 200
　　　应交税费——应交增值税(进项税额)　　　　　　　1 700
　　贷:银行存款　　　　　　　　　　　　　　　　　　　11 900

(2) 借:预付账款　　　　　　　　　　　　　　　　　　　20 000
　　贷:银行存款　　　　　　　　　　　　　　　　　　　20 000

(3) 借:银行存款　　　　　　　　　　　　　　　　　　　50 000
　　贷:实收资本　　　　　　　　　　　　　　　　　　　50 000

(4) 借:其他应收款——王冬　　　　　　　　　　　　　　500
　　贷:库存现金　　　　　　　　　　　　　　　　　　　500

(5) 借:库存现金　　　　　　　　　　　　　　　　　　　30 000
　　贷:银行存款　　　　　　　　　　　　　　　　　　　30 000

(6) 借:应付职工薪酬　　　　　　　　　　　　　　　　　30 000
　　贷:库存现金　　　　　　　　　　　　　　　　　　　30 000

(7) 借:银行存款　　　　　　　　　　　　　　　　　　　23 400
　　贷:主营业务收入　　　　　　　　　　　　　　　　　20 000
　　　　应交税费——应交增值税(销项税额)　　　　　　3 400

(8) 借:银行存款　　　　　　　　　　　　　　　　　　　70 000

	贷:预付账款	70 000
(9)借:管理费用		400
	库存现金	100
	贷:其他应收款	500
(10)借:管理费用		200
	贷:银行存款	200
(11)借:销售费用		450
	贷:银行存款	450
(12)借:应付职工薪酬		400
	贷:库存现金	400
(13)借:生产成本——A		30 000
	——B	20 000
	制造费用	2 000
	管理费用	4 000
	贷:原材料	56 000
(14)借:生产成本——A		24 000
	——B	20 000
	制造费用	3 000
	管理费用	5 000
	贷:应付职工薪酬	52 000
(15)借:制造费用		6 000
	管理费用	2 800
	贷:累计折旧	8 800
(16)借:生产成本——A		6 000
	——B	5 000
	贷:制造费用	11 000
(17)借:库存商品——A		60 000
	——B	45 000
	贷:生产成本	105 000
(18)借:主营业务成本		12 000
	贷:库存商品——A	12 000
(19)借:财务费用		1 000
	贷:应付利息	1 000
(20)借:所得税费用		6 000
	贷:应交税费——应交所得税	6 000
(21)借:利润分配——提取法定盈余公积		5 000
	贷:盈余公积——法定盈余公积	5 000

任务四　会计凭证的传递和保管

一、单项选择题

1．A　2．C　3．D　4．B　5．B　6．B　7．D

二、多项选择题

1．ABCD　2．ABC　3．ACD　4．AB　5．BC　6．ABCD　7．ACD　8．ABCD　9．ABCD
10．CD

三、判断题

1．×　2．√　3．×　4．×　5．×　6．√　7．√　8．√　9．×　10．×

项目七

任务一　会计账簿概述

一、单项选择题

1．C　2．A　3．C　4．D　5．D　6．D　7．B　8．C　9．A　10．A　11．A

二、多项选择题

1．ABCD　2．BCD　3．AB　4．ABD　5．ACD　6．AD　7．AD　8．CD　9．BCD
10．AB

三、判断题

1．×　2．×　3．×　4．×　5．×　6．√　7．×　8．×　9．×　10．×

任务二　会计账簿的设置与登记

一、单项选择题

1．C　2．B　3．C　4．A　5．D　6．A　7．B　8．A　9．D　10．D　11．B　12．C　13．C　14．D　15．D　16．C

二、多项选择题

1．ABD　2．ABC　3．BD　4．BCD　5．AB　6．ABD　7．ABD　8．BCD　9．ABC
10．BC　11．ABCD　12．ABC

三、判断题

1．√　2．√　3．×　4．×　5．√　6．√　7．√　8．×　9．×　10．×

四、实务操作题：

库存现金日记账

2016年		凭证		摘要	对方科目	√	收入（借方）金额									付出（贷方）金额									借或贷	结存金额									√
月	日	字	号				千	百	十	万	千	百	十	元	角	分	千	百	十	万	千	百	十	元	角	分		千	百	十	万	千	百	十	元	角	分	
6	1			期初余额																							借					2	2	0	0	0	0
6	1	付	1	存现	银行存款						2	0	0	0	0	0											借						2	0	0	0	0
6	15	付	3	预支差旅费	其他应收款																	1	0	0	0	0	借							1	0	0	0	0
6	15	付	4	提取现金	银行存款						3	0	0	0	0	0											借						4	0	0	0	0	0
6	28	付		提取现金	银行存款						5	8	0	0	0	0											借						6	2	0	0	0	0
6	28	付	7	发放工资	应付职工薪酬																5	8	0	0	0	0	借							4	0	0	0	0
6	30	付	9	补付差旅费	其他应收款																	2	0	0	0	0	借							3	8	0	0	0
6	30			本月合计							6	1	0	0	0	0					7	9	2	0	0	0	借							3	8	0	0	0

银行存款日记账

2016年		凭证		摘要	对方科目	√	收入（借方）金额										付出（贷方）金额										借或贷	结存金额										√
月	日	字	号				千	百	十	万	千	百	十	元	角	分	千	百	十	万	千	百	十	元	角	分		千	百	十	万	千	百	十	元	角	分	
6	1			期初余额																							借			1	5	0	0	0	0	0	
6	1	付	1	存现	库存现金					2	0	0	0	0	0												借			1	7	0	0	0	0	0	
6	2	收	1	收到货款	应收账款					8	0	0	0	0	0												借			2	5	0	0	0	0	0	
6	14	付	2	偿付前欠货款	应付账款															4	0	0	0	0	0		借			2	1	0	0	0	0	0	
6	15	付	4	提现	库存现金																3	0	0	0	0	0	借			2	0	7	0	0	0	0	
6	18	付	5	偿还短期借款	短期借款															1	0	0	0	0	0	0	借			1	0	7	0	0	0	0	
6	28	付	6	提现	库存现金																5	8	0	0	0	0	借				4	9	0	0	0	0	
6	29	付	8	上交税费	应交税费																3	7	0	0	0	0	借				4	5	3	0	0	0	
	30			本月合计					1	0	0	0	0	0	0					2	0	4	7	0	0	0	借				4	5	3	0	0	0	

任务三 对 账

一、单项选择题
1. A 2. A 3. C 4. C 5. B 6. A 7. C 8. B 9. D 10. B

二、多项选择题
1. ABCD 2. ABCD 3. ABC 4. AB 5. ABCD 6. ABD 7. ACD

三、判断题
1. √ 2. × 3. × 4. × 5. √ 6. √ 7. × 8. × 9. × 10. √

任务四 结 账

一、单项选择题
1. B 2. C 3. A 4. D

二、多项选择题
1. ABCD 2. CD 3. BC 4. BC 5. ABC

三、判断题
1. √ 2. × 3. √ 4. √ 5. × 6. ×

任务五 错账查找与更正方法

一、单项选择题
1. B 2. D 3. B 4. D 5. B 6. C

二、多项选择题
1. ABCD 2. BCD 3. ABC 4. AB 5. BCD 6. BD 7. ABC 8. BC

三、判断题
1. × 2. × 3. √ 4. √ 5. × 6. × 7. × 8. × 9. × 10. √

四、实务操作题：
(1) 红字更正法

借：应收股利　　　　　　　　　　　　　　　　　　　　2 000 000
　　贷：交易性金融资产　　　　　　　　　　　　　　　　2 000 000
借：应收股利　　　　　　　　　　　　　　　　　　　　2 000 000
　　贷：投资收益　　　　　　　　　　　　　　　　　　　2 000 000

(2) 红字更正法

借：管理费用　　　　　　　　　　　　　　　　　　　　　 90 000
　　贷：银行存款　　　　　　　　　　　　　　　　　　　　 90 000

(3) 补充登记法

借：银行存款　　　　　　　　　　　　　　　　　　　　5 265 000
　　贷：主营业务收入　　　　　　　　　　　　　　　　　4 500 000
　　　　应交税费——应交增值税(销项税额)　　　　　　　　765 000

(4) 划线更正法

无需编制分录，只需要按划线更正法将账簿中的金额由2万元改为20万元。

任务六 会计账簿的更换与保管

一、单项选择题
1. A 2. D 3. B 4. D 5. A

二、多项选择题
1. BCD 2. AB 3. ABC 4. ACD 5. ABCD

三、判断题
1. × 2. × 3. × 4. × 5. √ 6. × 7. √ 8. × 9. √ 10. √

项目八

任务一 财产清查概述

一、单项选择题

1．B 2．C 3．B 4．A 5．C 6．D 7．A 8．A 9．D 10．B

二、多项选择题

1．ABCD 2．ABC 3．ABCD 4．ABD 5．ABC 6．ACD 7．BCD 8．AC

任务二 财产清查方法

一、单项选择题

1．D 2．B 3．A 4．D 5．A 6．B 7．A 8．D 9．B 10．C

二、多项选择题

1．BC 2．AB 3．BCD 4．BD 5．ACD 6．AC 7．AD 8．CD 9．AB 10．AD

任务三 财产清查的账务处理

一、单项选择题

1．A 2．B 3．B 4．D 5．A 6．B 7．A 8．D 9．A 10．C

二、多项选择题

1．AB 2．ABD 3．AC 4．BD 5．BCD 6．AB 7．BC 8．ABCD 9．AB 10．BCD

三、判断题

1．× 2．× 3．√ 4．× 5．× 6．× 7．√ 8．√ 9．√ 10．× 11．√ 12．×
13．√ 14．× 15．× 16．× 17．× 18．× 19．√ 20．√ 21．√ 22．√ 23．√
24．× 25．√

四、实务操作题

1．(1)22 000 (2)119 700 (3)47 600 (4)4 500 (5)119 700

银行已收企业未收的款项合计＝22 000(元)

企业已收银行未收的款项合计＝12 600+35 000＝47 600(元)

企业已付银行未付的款项合计＝4 500(元)

调节后余额＝98 500+2 2000-800＝76 600+47 600-4 500＝119 700(元)

2．(1)借：原材料　　　　　　　　　　　　　　　　163.4

　　　应交税费——应交增值税(进项税额)　　　27.71

　　　　贷：应付票据　　　　　　　　　　　　　　191.11

(2)借：原材料　　　　　　　　　　　　　　　　　1 415

　　　应交税费——应交增值税(进项税额)　　　240.55

　　　　贷：实收资本　　　　　　　　　　　　　1 655.55

(3)借：银行存款　　　　　　　　　　　　　　　200.07

	贷：其他业务收入	171
	应交税费——应交增值税（销项税额）	29.07
借：其他业务成本		168
	贷：原材料	168
（4）借：待处理财产损溢		14
	贷：原材料	14
借：营业外支出		4
其他应收款		10
	贷：待处理财产损溢	14
（5）借：生产成本		560
制造费用		196
管理费用		126
	贷：原材料	882

项目九

任务一 账务处理概述

一、单项选择题
1．B 2．C 3．D 4．A 5．D 6．D

二、多项选择题
1．ABC 2．AB 3．ABCD 4．BCD 5．ABD 6．AB 7．BCD

三、判断题
1．√ 2．× 3．× 4．× 5．√ 6．× 7．× 8．√ 9．×

任务二 记账凭证账务处理程序

一、单项选择题：
1．D 2．C 3．A 4．C 5．B 6．A 7．C 8．C 9．A

二、多项选择题
1．CD 2．AB 3．AB 4．ABCD 5．ABCD

三、判断题
1．× 2．√ 3．√ 4．× 5．× 6．√ 7．× 8．√ 9．√

任务三 汇总记账凭证账务处理程序

一、单项选择题
1．D 2．A 3．B 4．B 5．B 6．B 7．A 8．B 9．C 10．C

二、多项选择题

1．ABCD　2．BC　3．ABD　4．AB　5．ABC　6．AD　7．AC　8．BC　9．ABC　10．ABD

三、判断题

1．×　2．√　3．×　4．×　5．×　6．×　7．×　8．×　9．√　10．×　11．×

任务四　科目汇总表账务处理程序

一、单项选择题

1．D　2．C　3．C　4．C　5．C　6．B　7．D　8．A　9．B　10．D　11．B　12．B

二、多项选择题

1．AB　2．ABD　3．ABC　4．AB　5．ABC　6．BC　7．AB　8．AB　9．ABCD

三、判断题

1．×　2．×　3．√　4．√　5．×　6．√　7．×　8．×

项目十

任务一　财务报表概述

一、单项选择题

1．C　2．C　3．B　4．D　5．D　6．B　7．D　8．B　9．C　10．D

任务二　资产负债表

一、单项选择题

1．C　2．C　3．D　4．D　5．C　6．B　7．B　8．D　9．D　10．A　11．A

二、实务操作题

(1)6 800　(2)647 695　(3)24 200　(4)11 500　(5)123 200

应收账款＝5 500+1 500-200＝5 800(元)

资产合计＝1 895+129 800+6 800+6 200+72 500+62 000+18 000+358 700-24 700+20 000-3 500＝647 695(元)

应付账款＝23 000+1 200＝24 200(元)

预收款项＝10 000+1 500＝11 500(元)

流动负债合计＝11 500+27 500+24 200+60 000＝123 200(元)

任务三　利润表

一、单项选择题

1．D　2．C　3．B　4．D　5．B　6．A　7．C　8．A　9．C　10．A　11．D　12．A　13．A　14．B　15．D　16．B　17．D　18．A　19．B　20．A　21．A　22．C

二、多项选择题

1．BD　2．BC　3．ABC　4．AC　5．ACD　6．BD　7．ABCD　8．ABCD　9．ABD　10．

BC 11. ABCD 12. ABD 13. ABC 14. ABCD

三、判断题

1.√ 2.× 3.× 4.× 5.× 6.× 7.√ 8.× 9.√ 10.× 11.√ 12.× 13.× 14.× 15.× 16.× 17.√ 18.√

四、实务操作题

(1) 1 947 500

(2) 25 600

(3) 1 820 500

(4) 1 790 000

(5) 1 342 500

营业收入 = 5 000 000 - 2 800 000 - 252 500 = 1 947 500（元）

营业成本 = 2 500 + 10 000 + 2 000 + 11 000 = 25 600（元）

营业利润 = 1 947 500 - 25 600 - (7 500 + 32 500) - (1 000 + 29 000) + 20 000 - 4 400 + 3 000 - 50 000 = 1 820 500（元）

利润总额 = 1 820 500 + 2 500 - 3 000 - 30 000 = 1 790 000（元）

净利润 = 1 790 000 × (1 - 25%) = 1 342 500（元）

任务四 现金流量表

一、单项选择题

1. D 2. D 3. C 4. A 5. A

二、多项选择题

1. CD 2. BCD 3. ABC 4. ACD 5. ACD

项目十一

日期	凭证字号	摘要	会计科目及子目	借方金额	贷方金额
1	收字1号	收到投资	银行存款	200 000	
			实收资本		200 000
1	转字1号	收到投资	固定资产	50 000	
			实收资本		50 000
2	转字2号	购入材料	原材料——甲材料	64 000	
			应交税费——应交增值税（进项税额）	10 880	
			应付账款——麒麟工厂		74 880
3	收字2号	收回欠款	银行存款	24 000	
			应收账款——佛手公司		24 000

日期	凭证字号	摘要	会计科目及子目	借方金额	贷方金额
4	转字3号	发出材料	生产成本——B产品	43 175	
			制造费用	4 155	
			管理费用	2 770	
			原材料——甲材料		22 400
			原材料——乙材料		27 700
6	付字1号	交税	应交税费——应交消费税	5 000	
			银行存款		5 000
7	付字2号	购买办公用品	管理费用	400	
			制造费用	200	
			库存现金		600
8	付字3号	归还欠款	应付账款——麒麟工厂	31 000	
			银行存款		31 000
10	付字4号	提取现金	库存现金	180 000	
			银行存款		180 000
10	付字5号	发放工资	应付职工薪酬	180 000	
			库存现金		180 000
10	转字4号	销售产品	应收账款——佛手公司	238 680	
			主营业务收入		204 000
			应交税费——应交增值税(销项税额)		34 680
11	付字6号	预支差旅费	其他应收款——夏一	1 200	
			库存现金		1 200
13	转字5号	购入材料	原材料——乙材料	27 700	
			应交税费——应交增值税(进项税额)	4 709	
			应付账款——安琪公司		32 409
14	收字3号	收回欠款	银行存款	18 000	
			应收账款——吉祥工厂		18 000
15	付字7号	归还欠款	应付账款——安琪公司	25000	
			银行存款		25000
15	付字8号	支付银行手续费	财务费用	200	
			银行存款		200
16	转字6号	销售产品	应收账款——吉祥工厂	109 980	
			主营业务收入		94 000
			应交税费——应交增值税(销项税额)		15 980

日期	凭证字号	摘要	会计科目及子目	借方金额	贷方金额
17	转字7号	发出材料	生产成本——A产品	52 620	
			生产成本——B产品	44 345	
			制造费用	6 925	
			管理费用	4 155	
			原材料——甲材料		56 800
			原材料——乙材料		51 245
18	付字9号	支付罚款	营业外支出	247	
			库存现金		247
19	转字8号	报销差旅费	管理费用	1 200	
			其他应收款——夏一		1 200
19	付字10号	补付差旅费	管理费用	300	
			库存现金		300
21	收字4号	收回欠款	银行存款	348 660	
			应收账款——吉祥工厂		109 980
			应收账款——佛手公司		238 680
22	转字9号	购入材料	在途物资（甲）	15 600	
			在途物资（乙）	40 950	
			应交税费——应交增值税（进项税额）	9 613.5	
			应付账款——麒麟工厂		66 163.5
24	付字11号	分配支付运费	在途物资（甲）	400	
			在途物资（乙）	600	
			库存现金		1 000
24	转字10号	材料验收入库	原材料——甲材料	16 000	
			原材料——乙材料	41 550	
			在途物资（甲）		16 000
			在途物资（乙）		41 550
26	转字11号	材料盘亏	待处理财产损溢	400	
			原材料——甲材料		400
28	付字12号	支付广告费	销售费用	11 080	
			银行存款		11 080
29	付字13号	购买设备	固定资产	7 800	
			应交税费——应交增值税（进项税额）	1 326	
			银行存款		9 126

日期	凭证字号	摘要	会计科目及子目	借方金额	贷方金额
29	付字 14 号	支付运杂费	固定资产	320	
			库存现金		320
30	付字 15 号	支付利息	财务费用	1 200	
			应付利息	2 000	
			银行存款		3 200
30	转字 12 号	销售产品	应收账款——吉祥工厂	120 978	
			应交税费——应交增值税（销项税额）		17 578
			主营业务收入		103 400
31	付字 16 号	归还借款	短期借款	100 000	
			银行存款		100 000
31	付字 17 号	支付捐赠款	营业外支出	1 000	
			库存现金		1 000
31	转字 13 号	处理盘亏	管理费用	400	
			待处理财产损溢		400
31	转字 14 号	分配工资	生产成本——A 产品	48 000	
			生产成本——B 产品	70 000	
			制造费用	15 000	
			管理费用	47 000	
			应付职工薪酬		180 000
31	收字 5 号	收到罚款	银行存款	1 000	
			营业外收入		1 000
31	转字 15 号	分配电费	生产成本——A 产品	3 991	
			生产成本——B 产品	3 420	
			制造费用	1 000	
			管理费用	1 000	
			应付账款——供电局		9 411
31	转字 16 号	计提折旧	制造费用	6 620	
			管理费用	8 480	
			累计折旧		15 100
31	转字 17 号	结转制造费用	生产成本——A 产品	13 789	
			生产成本——B 产品	20 111	
			制造费用		33 900

日期	凭证字号	摘要	会计科目及子目	借方金额	贷方金额
31	转字 18 号	结转完工产品	库存商品——A 产品	129 600	
			生产成本——A 产品		129 600
31	转字 19 号	结转成本	主营业务成本	272 400	
			库存商品——A 产品		134 400
			库存商品——B 产品		138 000
31	转字 20 号	计提税费	营业税金及附加	10 200	
			应交税费——应交消费税		10 200
31	转字 21 号	结转收入	主营业务收入	401 400	
			营业外收入	1 000	
			本年利润		402 400
31	转字 22 号	结转费用	本年利润	362 032	
			主营业务成本		272 400
			营业税金及附加		10 200
			销售费用		11 080
			管理费用		65 705
			财务费用		1 400
			营业外支出		1 247
31	转字 23 号	计算所得税	所得税费用	10 092	
			应交税费——应交所得税		10 092
31	转字 24 号	结转所得税	本年利润	10 092	
			所得税费用		10 092
31	转字 25 号	提取盈余公积	利润分配——提取盈余公积	36 027.6	
			盈余公积		36 027.6
31	转字 26 号	分配股利	利润分配——应付股利	144 110.4	
			应付股利		144 110.4
31	转字 27 号	结转本年利润	本年利润	360 276	
			利润分配——未分配利润		360 276
31	转字 28 号	结转利润分配	利润分配——未分配利润	180 138	
			利润分配——提取盈余公积		36 027.6
			利润分配——应付股利		144 110.4

参考文献

[1] 中华人民共和国财政部. 企业会计准则[M]. 北京:中国财政经济出版社,2006.
[2] 企业会计准则编审委员会. 企业会计准则:应用指南[M]. 上海:立信会计出版社,2017.
[3] 陈文铭. 基础会计习题与案例[M]. 大连:东北财经大学出版社,2016.
[4] 吴韵琴. 基础会计操作技能实训[M]. 北京:中国人民大学出版社,2013.
[5] 全国会计专业技术资格考试辅导用书编写组. 初级会计实务精讲精练[M]. 北京:中国财政经济出版社,2016.
[6] 刘春华. 新编基础会计:知识与技能训练[M]. 北京:经济科学出版社,2012.
[7] 张笑. 会计基础与应用[M]. 北京:首都经济贸易大学出版社,2016.
[8] 仲岩. 会计基础与应用[M]. 北京:中国人民大学出版社,2011.